礼乐文化与象征

——对两周礼乐文化的象征性艺术精神之考察

褚春元/著

图书在版编目(CIP)数据

礼乐文化与象征:对两周礼乐文化的象征性艺术精神之考察/褚春元著.—合肥:安徽大学出版社,2017.2
(博学文库)
ISBN 978-7-5664-1342-0

Ⅰ.①礼… Ⅱ.①褚… Ⅲ.①礼乐－传统文化－研究－中国－周代 Ⅳ.①K892.9

中国版本图书馆 CIP 数据核字(2017)第 021683 号

巢湖学院学术著作出版资助项目

礼乐文化与象征——对两周礼乐文化的象征性艺术精神之考察 褚春元 著

出版发行:	北京师范大学出版集团 安徽大学出版社 (安徽省合肥市肥西路 3 号 邮编 230039) www.bnupg.com.cn www.ahupress.com.cn
印　　刷:	合肥远东印务有限责任公司
经　　销:	全国新华书店
开　　本:	152mm×228mm
印　　张:	19.5
字　　数:	235 千字
版　　次:	2017 年 2 月第 1 版
印　　次:	2017 年 2 月第 1 次印刷
定　　价:	45.00 元

ISBN 978-7-5664-1342-0

策划编辑:卢　坡		装帧设计:李　军	
责任编辑:卢　坡　朱　荣　赵　丽		美术编辑:李　军	
责任印制:陈　如			

版权所有　　侵权必究
反盗版、侵权举报电话:0551－65106311
外埠邮购电话:0551－65107716
本书如有印装质量问题,请与印制管理部联系调换。
印制管理部电话:0551－65106311

目 录

代序　打开礼乐文化秘密的锁钥……………………〔001〕

绪　论………………………………………………〔001〕

　一、主要研究对象及范围……………………………〔001〕

　二、两周礼乐文化及其与象征性艺术精神研究综述
　　　………………………………………………〔006〕

　三、两周礼乐文化的文献典籍和出土文物概述……〔016〕

　四、主要研究问题与研究方法………………………〔022〕

第一章　先秦礼乐文化概说…………………………〔027〕

　第一节　多元互促
　　　　　——先秦礼乐文化的起源…………………〔027〕

　第二节　从娱神、敬鬼到治人国
　　　　　——先秦礼乐文化的演变…………………〔042〕

　第三节　尚声与乐治
　　　　　——殷商以乐为治的礼乐文化……………〔061〕

　第四节　宗法制与制礼作乐
　　　　　——周代礼乐文化的鼎盛…………………〔068〕

第二章　从祭祀到象征
——两周礼乐文化中的象征性艺术精神之形成 〔086〕

第一节　关于象征及象征性艺术精神 〔086〕

第二节　祭祀
——两周礼乐文化的核心 〔096〕

第三节　"佩玉"与"尸"
——两周礼乐文化的典型象征 〔110〕

第四节　两周礼乐文化与象征性艺术精神之关系 〔124〕

第三章　两周礼乐文化中的象征性艺术之表现 〔134〕

第一节　从写实到象征
——史前艺术到"三代"艺术的流变 〔134〕

第二节　"乐者,德之华也"
——两周礼乐文化中的乐舞艺术的象征 〔151〕

第三节　"问鼎"与饕餮
——两周礼乐文化中的青铜艺术的象征 〔175〕

第四节　比兴与"赋诗言志"
——两周礼乐文化中的诗歌艺术的象征 〔203〕

第四章　象征艺术观
——先秦儒家对象征性艺术精神的承传 〔223〕

第一节　"岁寒,然后知松柏之后凋也"
——先秦儒家象征思维观 〔223〕

第二节　"舞意天道兼"
——先秦儒家象征艺术观 〔240〕

第五章　两周礼乐文化中的象征性艺术精神对后世的
　　　　影响……………………………………………〔253〕

　　第一节　劝谕诗、玄理赋
　　　　　　——汉代诗赋艺术的象征 …………………〔253〕
　　第二节　玄言诗、哲理诗
　　　　　　——魏晋文学艺术的象征 …………………〔271〕

结束语 ………………………………………………………〔282〕

主要参考文献 ………………………………………………〔289〕

后记 …………………………………………………………〔297〕

代序　打开礼乐文化秘密的锁钥

对于礼乐文化的研究,属于我们民族文化的源头研究。这是一个许多人不敢问津的领域。然而"源头研究"对于一个民族认识和理解自己的文化特别重要。巴乔芬(J. J. Bachofen)认为:"一个真正科学的认识论不仅回答关于事物的本质的问题。它(还)试图揭示事物发生的源头,以及把源头同其随后的发展结合起来。只有当知识包括起源、发展和最终命运时,知识才真正转变为大写的理解(Understanding)。"① 而中国人对自己文化的理解,离真正的"大写的理解"还有相当远的距离,这其中一个关键的问题,就是对自己民族文化的源头研究还相当落后,主要表现在观念和方法上的非科学状态。

中国学界研究先秦文化,首先是不知应当将先秦文化放在人类学或文化人类学的总体视野中去关照中国文化。如不知通过揭示中华民族原始文化与其他民族共同的东西,即那些合乎文化人类学一般规律性的东西,来鉴别古代文献的真伪,从而把握中国文化的真谛。例如,根据人类学的研究,巫术文化是每个民族都要经历的文化阶段,在巫术文化阶段,早期的皇权总是与巫术结合在一起的,所以,那时拥有皇权的人,往往是一些最大的巫师。如《周易·系辞》中说的,古者包牺氏王天下

---

① [瑞]J. J. 巴乔芬:《母权制》,法兰克福,1975年版,第8页。

而作八卦,后神农氏"取诸益"。黄帝、尧、舜"通其变"而"取诸乾坤",以及《史记》中记载的"文王拘而演周易"之说,应该说都是合乎人类学规律的现象,应当说是真实的。《山海经》中黄帝与蚩尤大战,被描述为两位巫师斗法的过程,也应当是真实的,因为资料显示蚩尤也是一位想"王天下"的巫师。但是,由于中国学者继承苏联学界对历史唯物主义的误解,所以铸成大错。如郭沫若先生认为,黄帝、尧、舜都是神话中的"天神",已经不是历史唯物主义应该关注的现实人物,所以不可信;他们都"已经超出古代",属于"史前史"的范围,已经不属于"历史"研究的对象了,因此,历史学者不能以神话传说为依据。其实,郭氏所谓"史前史"的说法极不合理,不知人类的历史和华夏民族的历史从哪一年才能算作真正的开始。这样,就画地为牢地将自己的史学眼光局限在很晚很晚的时代,将我国悠久的历史自我裁剪成十分短小的历史,将我国许多有价值的文献排除在历史研究的视野之外,从而真正地陷入了历史唯心主义。

更有甚者,中国学者还忽视了人类文化历史的一个重要阶段的存在,即每个民族都经历了漫长的无文字文化阶段,它的历史往往以"口传文化"的形式保留在民族的记忆里。这种"口传文化"有它明显的特征,如加强记忆链的某种形式和一定"套语"的特征。虽然一个民族口传文化一般要早于有文字纪录的文化阶段,但是,口传文化的文本形式却并不因文字的出现而消失,有些民族以史诗的形式一直流传至今;有些则逐渐被后人用文字记录下来,成为一种以文字文本存在的口传文化形式。而这些知识对我国历史文献研究者来说,却基本上是缺乏的。

由于以上原因,"五四"以来的现代学者,则基本上对古代文献失去了较为科学的鉴别能力。例如,《易传》,仍被夏商周断代工程的首席专家认定为孔子所为;而台湾著名学者考证的结果,却是战国后期稷下学派道家末流所为。不能自圆其说的是，如果是孔子所为，为什么对仁、义的解释与《论语》大异其趣；如果是稷下末流所为，为什么类似于孔子"正名"的内容两解还言不及义，竟然未及"君臣"？其实，从《易传》的整体上的杂乱和局部上精警如箴的语言风格看，它很可能是后人用文字辑录的口传文化时代"套语"的汇编，一种世代积累的关于《易经》的总体性解说词，肯定是出现在道家、儒家之前，处在文化源头的位置上。而中国现代学术，却把这种具有中国文化的源头性质的文献，说成是春秋或战国后期的作品，则完全颠倒了历史的顺序。

由于后人可以用文字将无文字时代的历史文化记录或转述出来，这就有可能出现"急用先录"的问题，由于巫术占卜牵涉军国大事和贵族生活，所以《易经》及《易传》就有可能被记录得早；而适用价值不明显，或者说不合儒家文化继承者口味的东西，就可能被记录得很晚，如《山海经》。然而文本晚出者，并不一定它所涉及的内容就一定晚。而顾颉刚先生却以为文本越晚出就越靠不住。学术界喜欢采用乾嘉学派考证方法，不知中国古代许多文献都不是成书于某人或某时，而他们却以出现于文本中的最为晚近的只言片语为推断文本成书年代的根据，而使文本中很古很古的内容失去了学术价值。发展为"五四"疑古主义思潮，将古代大量的文献断为"伪书"。如顾颉刚先生将《尚书》中的《尧典》《禹贡》和《皋陶谟》断为战国人的"伪作"，是十分武断的。其实，如果以人类学和巫术文化的眼光来审查这些文献，便可以得出新的结论。如《尧典》中尧被描述为"光被四表，格于上下"，舜登基时出现"击石拊石，百兽率舞"场面，以及"人神以和"等，正是合乎人类学和巫术文化特征的表现，而这些特征，反而证明了《尧典》的真实性，那是战国人或秦汉人无法伪造的。

看来，引入人类学的观点和巫术文化的视角从事先秦文化研究，是一个十分迫切的学术观念转变的问题，对于改变我国目前古代文化研究的落后状态,具有非常重大的学术意义。可喜的是我国许多青年学者已经由此捷足先登了。我欣喜地看到,褚春元博士的新著《礼乐文化与象征——对两周礼乐文化的象征性艺术精神之考察》,已经煌煌地摆在了我们的面前了。他采用文化诗学和文化人类学的视角,将我国礼乐文化,看成一种由周代官方在殷礼的基础上有所增删调整的上古礼乐制度,即我国巫术文化的礼乐仪式最终形态,因此完好地保留了巫术文化的性质和特征。根据黑格尔的考察和推断,"象征"无论就其概念还是就它在历史上的出现的次第来说,都是艺术的开始。而我国的礼乐文化,实际上就是这种具有原始性质的"艺术",不过是由诗、乐、舞、仪混编的综合艺术而已。黑格尔还认为,在一种象征的观照里,其中的一切事物随时可以转化为神性的东西,而神性的东西也随时可以转化为一定的目的和意义,即通过象征,从而实现了如维柯所说的神权理性与政权理性的统一。所以,抓住了象征,就抓住了揭开人类巫术文化的全部秘密的锁钥。

  所以,褚春元试图通过"象征"的视角,来研究我国礼乐文化,这种学术观念和眼光,是值得赞许的。与"五四"一代学者相比,青年学者的国学功底可能远远比不上他们,但由于观念和方法束缚,前辈学者走了多少弯路啊!而从褚春元对新的学术观念选择上,我们看到了希望,看到了一代青年学者可以轻易地超越前贤的可能性。我衷心希望褚春元能取得更大的成绩,希望能有更多青年学者,像褚春元这样,用新的学术观念和视角,去超越前贤。

  新观念、新方法固然重要,但还要看对于我国古代文化适合不适合。褚春元发现,由于我国礼乐文化的巫术文化性质,所以它将象征性思维贯彻得特别彻底。不仅礼乐文化整体上是一种象征体系,而且即使在局部上,如所用乐器系统,也是有着严格对应意义的象征系统;不仅礼乐文化整体上是一种天人感应的象征系统,而且每一个细节都是由一个个局部象征构成。他选择了"佩玉"和"尸"这两个典型的象征细节来加以说明。《礼记·曲礼》云:"君无故,玉不去身。"为什么必须这样呢?因为佩玉不仅是君子服饰上的装饰,更是君子温文尔雅、纯洁仁爱良好品德的象征。佩玉是随时提醒贵族阶级成员要用君子的道德要求和礼仪规范约束自己。同时,佩玉也直接就是贵族高贵身份的象征。其次是"用尸"的细节。原来"尸"字有两义:一是指尸体而言,沿用至今;还有一义是指宗庙祭祀时,用来代替祖先神灵而接受他人祭拜的人。此人称为"尸",他往往由受祭拜的祖先的孙辈或同姓人中的孙辈来充当,装扮成祖先的模样接受祭拜。这种做法称为"用尸"或"立尸"。据唐代杜佑《通典》考证,"自周之前,天地宗庙社稷,一切祭享,凡皆立尸"。总之,这是一个古老而又普遍的制度。"立尸而主意",它是一个意象,以此象征祖先的灵魂。褚春元就通过对"佩玉"和"用尸"这两个典型的细节的剖析,说明了以象征构成整个礼乐制度的基本原理。这样看待我们的礼乐文化,显然是一种学术创见。

而这种创见的学术意义还在于,它将大幅度地提高我们的对于源头文化研究的质量,从而对我国审美文化的"发乎情,止乎礼义"的哲理美特征,对孟子说的"理义之悦我心,犹刍豢之悦我口"的关于哲理美的表述等儒家象征主义审美传统,便有了回归正确认知的可能了。这样清代沈德潜说的"《文赋》云:'诗缘情而绮靡',言志章教,唯资涂泽,先失诗人之旨";纪昀说的"知'发乎情'而不必'止乎礼义',自陆平原'缘情'一语,引入歧途"的说法,便有一定道理了。而刘勰的"为情造文"说就以偏概全了,成了一种有限的真理。于是唐诗主情论与宋诗主理论,还有历来就有的言史论,便有了三分天下的可能。人们还会发现,魏晋玄言诗、唐代佛理诗、宋代哲理诗和明清多次出现的"宋诗运动"乃是有其历史渊源的文学现象,而不能被像现在的各种新编文学史那样将其有意抹杀了。文艺三元在历史长河中的此起彼伏、循环往复的轨迹,便成为文化史、文艺史和美学史必须揭示的规律,而重写中国美学史、文艺史的任务,就十分迫切了。总之,诚如前文所说,源头研究的成果,必然会带来对"发展"的重新认识,起到牵一发而动全身的学术效应。所以,褚春元关于礼乐文化象征的研究,其学术意义是不能低估的。

但不用讳言的是,此著对礼乐文化的象征性对后代的影响,虽然做了专章论述,但与这个问题应当引起的连锁反应相比,却是单薄的、不够的。也许他会在将来的著作中,将这个遗憾补上,我们为此期待着。

不过,我们还是为他取得如此有价值的成果而欣慰。仅以此为序。

顾祖钊于安徽大学,2016年仲夏

绪 论

一、主要研究对象及范围

在世界文化艺术发展的历史长河中,涌动过一次又一次的文化艺术发展和繁荣的潮峰,流淌着无数朵璀璨耀目的文化艺术浪花。无论在西方抑或东方,无论是在古老的中国还是在文明的古希腊,都有过文化艺术昌盛繁荣的历史时期,并取得过辉煌的艺术成就。而在中华民族的文化艺术发展的历史过程中,夏商周"三代"时期的文化艺术便是最为绚丽和引人注目的文化艺术之一。

中华民族经过了漫长的史前社会和原始社会的历史发展阶段后,约在公元前21世纪进入了我国历史上的夏、商、周"三代"时期。在"三代"时期,中华民族的文化、艺术得到了进一步的发展,并得以确立和奠定根基,取得了辉煌的成就。"三代"时期的礼乐文化正突出地表现了这一点,它足以表明当时文化艺术取得的成就之大。我国礼乐文化产生的历史久远,非严格意义上的礼乐文化早在原始社会时期就已经萌芽和产生。夏、商二代,礼乐文化得到充分发展,到了周代,礼乐文化则达到了历史上的鼎盛阶段。周代的礼乐文化也就最能代表中华民族的礼乐文化。西周时期,周人总结了殷人失国的经验教训,得知仅靠鬼神来治国是不能长久和有效的,于是以"人治"来替代

"鬼治",建立了宗法制和礼乐制度,将统治者的意志以礼乐的形式来治国和统治天下,礼乐制度成了社会生活的主宰,礼乐文化则达到了鼎盛阶段;东周时期尤其是其中后期,随着宗周势力的衰微和诸侯争霸的兴起,战争频仍,百业俱废,礼乐教化和礼乐制度生存的环境逐渐遭到破坏,礼乐制度难以继续实行下去,出现了所谓的"礼崩乐坏"的局面,但礼乐文化并没有消失,直至战国时期,礼乐文化生存的政治文化土壤丧失殆尽,礼乐文化才逐渐衰退。但这主要是礼乐制度层面上的规范仪制丧失破坏,其内在文化精神却长久地保存了下来,一直贯穿在中华民族的历史文化进程中,对后世影响巨大。"中国者,礼义之国也。"(《春秋公羊传》隐公七年何休注)可以说,世界上没有哪个民族能够像中华民族这样称得上是"礼仪之邦",其影响之大,可以从广义上说中华文化就是礼乐文化。两周的礼乐文化包括礼和乐两方面,礼乐并重,密切配合,渗透在周人生活的各种制度和仪式中,其内容丰富多彩、思想博大精深,是中华民族文化的元文化,而体现于两周礼乐文化中的艺术也绚丽多姿、辉煌灿烂,是中华民族艺术的元艺术。这些艺术中表现出的艺术精神也就是中国艺术精神的元艺术精神,是中国艺术精神的滥觞。这些艺术精神为中华民族的艺术精神奠定了根基和基本走向,具有重要的指向作用,尤其是两周礼乐文化中的象征性艺术精神更具有特别重要的意义。

《左传·成公十三年》曰:"国之大事,在祀与戎,祀有执膰,戎有受脤,神之大节也。"[1]这就是说,在两周社会(尤其是在西周社会)中,国家大事无外乎两个方面,一个是举行祭祀,一个是进行战争,而就在战争中,也有"戎有受脤",即战争中也有接受祭肉的礼,可见在周人的社会生活中,祭祀活动占据着重要

---

[1] (清)阮元:《十三经注疏·春秋左传正义》,北京:中华书局,1980年版,第1191页。本文中以下所引"十三经"引文均引自阮元校刻本《十三经注疏》。

的地位。这在一定意义上可以说,两周礼乐文化实际上就是一种祭祀文化。祭祀常常要举行各种祭祀仪式并进行隆重的乐舞表演。祭祀活动和乐舞表演在长期的举行过程中逐渐形成了一套特定的仪式(或动作),这种仪式(或动作)及其内在的意义就在程序化的过程中逐渐沉淀为一种象征。如两周宗庙祭祀中的用"尸"制度就是一种象征。宗庙祭祀时常常使用"尸","尸"是祭祀时充当祖先神灵受人祭拜的人,往往由受祭祖先的孙辈之人来充当。祭祀时"尸"充当祖先神灵,作为祖先神灵的象征,接受晚辈儿孙的祭拜。因此,"尸"就是典型的象征。不仅祭祀活动中充满着象征,两周的其他礼乐生活中也都具有象征性。两周礼乐文化正是通过一些程序化的动作或仪式向人们暗示和传达某种观念,它实际上就是一种象征文化,体现的文化精神就是一种象征性文化精神,可以说象征性文化精神是两周礼乐文化中体现出的一种典型的文化精神。正是在这种文化精神的影响下,两周礼乐文化中的艺术就自然地形成了一种象征性艺术精神。这种象征性艺术精神表现在两周礼乐文化中的青铜艺术、乐舞艺术、诗歌艺术等之中。

如两周礼乐文化中的乐舞艺术从来就不是作为纯粹意义上的艺术而存在,它总是和社会政治紧密地联系在一起,承载着巨大的社会意义。乐舞艺术不仅是人们用以表达情感的需要,更主要的是作为一种社会伦理道德的象征。正如《礼记·乐记》所说:"乐者,通伦理者也。"[1]周代的"六大舞"之一——《大武》乐舞就是如此。此乐舞是表现周武王伐纣克商的过程,共有六成(一成相当于一幕),每一成所表现的内容都是作为一种象征,即象征着周武王的战功武绩。周代的青铜器艺术也是一种象征艺术。无论是青铜礼器,还是青铜兵器,都是周代奴隶主贵族阶级的身份地位和等级权势的象征,青铜器上的纹饰

---

[1] 阮元:《十三经注疏·礼记正义》,第1528页。

和造型也就是周代奴隶主贵族阶级的精神意志和情感意愿的集中体现。因此,乐舞艺术也好,青铜艺术也好,体现于其中的艺术精神就是一种象征性艺术精神。这种象征性艺术精神为后世的艺术精神奠定了根基和基本走向,具有重要的指向作用。

德国学者、哲学家雅斯贝尔斯曾把古希腊、两河流域地区、印度和中国的历史上曾经出现过的古典文化昌盛时期称为"轴心时代",并认为:"人类一直靠轴心时代所产生的思考创造一切而生存,每一次新的飞跃都回顾这一时期,并被它重新燃烧起火焰。"① 雅斯贝尔斯认为古老的中国、印度、古希腊的历史上都曾有过"轴心时代",而"轴心时代"的古典文化取得过巨大成就,并对后世影响甚大。中国历史上的"轴心时代"正是在先秦时期,两周时代的礼乐文化自然对后世的影响也就甚大。而体现于周代礼乐文化中的象征性艺术精神自然也影响着后世的艺术精神。先秦儒家就深受其影响,在对艺术的看法上就表现为象征性艺术观。儒家总是把自然万物、社会人事、文学艺术与"礼""义"联系起来,重视礼(礼节、仪式)和乐(诗歌、音乐、舞蹈的综合艺术)所象征的"仁""义""理"等道德内涵,在他们眼中,自然万物、社会人事、文学艺术都具有象征意义。《论语·子罕》曰:"岁寒,然后知松柏之后凋也。"② 松柏之所以受到儒家的欣赏和高度赞扬,是因为它象征着君子的坚贞不屈的高尚品格。对于《诗》,孔子用"思无邪"来做道德概括和评价,认为它思想纯正,没有邪念。

先秦之后的历朝历代,其乐舞艺术、雕塑艺术、文学艺术等都蕴涵着深刻的象征意蕴,体现出象征性艺术精神。两汉时期,统治阶级罢黜百家,独尊儒术,儒家思想复兴,儒家象征艺

---

① [德]雅斯贝尔斯:《历史的起源与目标》,北京:华夏出版社,1989年版,第14页。

② 阮元:《十三经注疏·论语注疏》,第2491页。

术观重新兴起,象征性艺术精神贯穿于其时的文学艺术之中,汉代的劝谕诗、玄理赋、哲理诗等都充满着象征意味。魏晋时期,玄学兴起,清谈之风盛行,玄言诗产生并兴盛一百多年而不衰,玄言诗即是典型的哲理诗,具有深刻的象征性。唐宋时期,象征性艺术精神也一以贯之,尤其在宋代,无论是在诗歌创作中,还是在理论主张上,都重视以议论为诗、以哲理为诗。唐代的诗歌中有许多象征之作,晚唐诗人杜牧、李商隐的诗歌就充满着象征意味。宋代诗人苏轼的许多脍炙人口之作充满着象征意蕴,追溯其源头,这与两周礼乐文化中的象征性艺术精神的影响不无关系。元明清时期,在主情派文学大为兴盛之时,还有一股主理派的文学思潮长期存在着。元代的姚燧、明代的方孝孺、清代的叶燮等人都主张文学艺术要有"言志""载道"作用,都强调和重视作品蕴涵的象征意味。而在创作领域,明清小说中充满着隐喻和荒诞,具有深刻的象征性。究其根源,这些都与早期的象征性艺术精神对后世的影响密切相关。

两周礼乐文化中的艺术上体现出一种象征性艺术精神,这种艺术精神是中国的元艺术精神,后来一直贯穿在中国的传统艺术中,对后世的艺术精神影响很大,具有特别重要的意义和作用。因此,研究两周礼乐文化中的象征性艺术精神及其对后世文艺创作和艺术精神的影响,就很有必要和很有意义了。本书主要从先秦礼乐文化概说、两周礼乐文化中的象征性艺术精神之形成、象征性艺术之表现、儒家对象征性艺术精神的承传以及两周礼乐文化中的象征性艺术精神对后世的影响等五个方面进行梳理、考察和研究,发掘和研究蕴涵于两周礼乐文化中的象征性艺术精神的根源、性质、表现及其对后世艺术精神的深远影响等,以便我们更好地理解和把握这种象征性艺术精神并确立它在中国艺术精神中的地位、价值和作用。

二、两周礼乐文化及其与象征性艺术精神研究综述

1. 基本概况

20世纪末以来,大量的西方文化著作被翻译介绍到中国来,造成西方文化对中国本土文化的"侵蚀"。面对这种"侵蚀",人们逐渐认识到要"对抗"它,最好的"武器"是重新认识和发扬光大中国的传统文化。因此,学界对中国传统文化的研究一时间形成了一股热潮,所取得的成就也颇大。而对先秦礼乐文化的研究和对中国早期艺术精神的研究自然也就成为一个研究热点,一时间涌现出大量的研究论文和专著。不过在对先秦礼乐文化的研究中,大多数研究者的研究视角着眼于政治、宗教、文化、社会、伦理、哲学等角度。在对中国早期艺术精神的研究中,也较少把它和先秦礼乐文化联系起来。研究先秦礼乐文化中的两周礼乐文化,并把它与中国早期艺术精神结合起来,特别是进行两周礼乐文化中的象征性艺术精神研究及其对后世艺术精神影响的研究,学界还较少有人涉及,目前只有少量研究论文发表,还没有专门研究专著出版。因此,这一研究领域还有许多问题亟待继续研究和探讨,还存在着较大的学术空间。本人博士论文《周代礼乐文化中的中国早期艺术精神研究》对周代礼乐文化中体现的中国早期艺术精神做了较为系统的阐述,其中部分内容涉及象征性艺术精神研究,但是由于论文篇幅限制和研究重点非在此处等因素影响,论文中对两周礼乐文化中的象征性艺术精神,特别是它对后世的影响等内容还没有充分展开和详细论述,因此现在有必要再继续深入研究下去。

2. 对前人研究成果的梳理和回顾

较早对先秦礼乐文化进行研究的是20世纪的一些历史学

家,如郭沫若、顾颉刚、陈公柔、杨宽等学者,他们在研究中国古代历史特别是先秦历史时曾探讨过先秦的礼乐文化或关涉先秦的礼乐文化。如郭沫若的《青铜器时代》一文就把殷、周时期的青铜礼器的发展分为四个时期:鼎盛期、颓败期、中兴期、衰落期等,就是非常精辟的见解,得到多数人的承认①。20世纪60年代,杨宽的《古史新探》出版②,阐释了从原始氏族社会到秦汉时期的古代礼制,把实物与文献结合起来,史与论结合起来互证和论述,见解深刻,论述精辟。如他对某些礼仪的起源和形成进行了有意义的探讨:乡饮酒礼是起源于原始氏族社会的会食风俗;冠礼是起源于原始聚落成员的成丁礼等。

不过上述一些关涉先秦礼乐文化的研究主要还是着眼于对古史的研究,对礼乐文化的研究只是捎带研究。因此,这一时期的礼乐文化研究还不够深入和广泛。真正对礼乐文化特别是对先秦礼乐文化进行广泛而深入的研究,是随着对传统文化研究热潮的兴起而到来的,是在20世纪八九十年代以后。这一时期的研究成果颇丰,研究论文和研究专著大量出现,研究质量也较高,而且研究者的研究方法和研究视角突破了传统的礼学研究方法和视角,多学科、多角度地研究礼乐文化成为一种新的尝试。

20世纪90年代,沈文倬的专著《宗周礼乐文明考论》出版③,此著是作者以前的论文的汇编集,主要是对宗周礼乐文明的有关问题进行考证,如《宗周岁时祭考实》《观礼本义述》《略论礼典的实行和〈仪礼〉书本的撰作》等。杨向奎的《宗周社会与礼乐文明》是对周代的礼乐文明进行系统研究的专著④。

---

① 郭沫若:《青铜器时代》,见《青铜时代》,北京:中国人民大学出版社,2005年版。
② 杨宽:《古史新探》,北京:中华书局,1965年版。
③ 沈文倬:《宗周礼乐文明考论》,杭州:浙江大学出版社,1999年版。
④ 杨向奎:《宗周社会与礼乐文明》,北京:人民出版社,1997年版。

此著对宗周社会的政治、经济、文化、思想等方面做了较为详细的研究,上卷讨论的是宗周社会,主要是从社会学、历史学的角度对宗周社会进行研究;下卷讨论的是宗周的礼乐文明,主要是从礼的起源、周公对礼的改造和加工、孔子对礼乐的加工与改造等方面进行研究。不过此著虽研究了周代的礼乐,但只是在下卷部分探讨了宗周的礼乐文明,且作者的目的在于考证,具体论述较少。张岩的《从部落文明到礼乐制度》主要从人类学、考古学、社会学等多学科多角度地研究了从部落文明到礼乐制度的历史进程①,考证内容减少了,论述内容增多了。此著分为两编,第一编探讨族群结盟与部落文明,详细地论述了澳洲原住民部落的社会组织结构、通婚规则、教育制度等;第二编探讨古代中国的礼乐制度,论述了夏、商、周的礼乐文化和制度。张岩认为,古代中国的礼乐文化和制度产生于古代文明的形成过程中,其产生基础是此前部落社会中的相关文化和制度;它的产生,既有因袭的成分,也有创造的成分。因袭的成分来自部落社会。礼乐文化和制度的产生要经过两个步骤:首先是通过和平结盟和武力征服的双重手段实行初步统一;其次是创立制度和整合文化,这两个步骤同等重要。张岩的论述很有见解,对我们理解礼乐文化和制度是如何产生的具有很大的启示作用。

以上所述的一些著作主要是从考证的角度来论述先秦礼乐文化或礼乐文明。再从社会学研究角度来看,研究先秦礼乐文化或礼乐制度的著作也不少。李安宅的《〈仪礼〉与〈礼记〉之社会学的研究》2005年由上海世纪出版集团重新出版②。此著研究了礼的本质、功用和理论,乐的定义和作用,宗教仪式,社会组织等内容,对礼和乐做了通俗化的介绍。此著值得注意和

---

① 张岩:《从部落文明到礼乐制度》,上海:三联书店,2004年版。
② 李安宅:《〈仪礼〉与〈礼记〉之社会学的研究》,上海:上海世纪出版集团,2005年版,第5页。

重视的是它从文化学的角度探讨了先秦礼乐,认为"礼就是人类学上的'文化',包括物质和精神两方面"。这就改变了过去的一些研究方法,因而具有较新的研究视角和新的研究价值。陈戍国的《先秦礼制研究》以《仪礼》为中心,参及《礼记》《周礼》等多种古文献和考古资料,全面论述了先秦礼制的起源、演变、鼎盛和衰退的过程①。此著分为六个章节,包括绪论、先殷礼、殷礼、西周礼、周礼的衰退和周礼的崩溃等方面内容。此著虽提出一些新见解,解决了一些问题,但对先秦礼乐文化方面阐述较少,还是属于礼制研究。晁福林的《先秦社会形态研究》则对先秦时代的社会性质、社会权力结构、社会结构与社会制度、社会结构与社会观念、社会形态的变迁等方面内容进行研究②。此著认为整个中国古代的社会形态以秦朝的统一为分界,可以划分为前后相连的两个阶段:"氏族时代"和"编户齐民时代";从社会性质上看,夏、商以降的先秦时代是氏族封建社会、宗法封建社会,而秦朝及以后则是地主封建社会。此著作虽着眼于社会学的角度来研究先秦社会历史,涉及礼乐文化的研究不多,但它对我们了解先秦社会的形态结构和状况很有意义和价值。

刘源的专著《商周祭祖礼研究》将有关商周时期祭祖的考古、古文字、文献等方面材料结合起来,研究和探讨了商代后期、西周、春秋时代贵族阶层祭祖仪式的类型、内容及其反映的祖先崇拜与社会组织关系等问题,提出了许多新的见解③。如认为周代祭祖礼类型可划分为常祀和临时祭告两大类等。

陈来的《古代宗教与伦理——儒家思想的根源》④、谢谦的

---

① 陈戍国:《先秦礼制研究》,长沙:湖南教育出版社,1991年版。
② 晁福林:《先秦社会形态研究》,北京:北京师范大学出版社,2003年版。
③ 刘源:《商周祭祖礼研究》,北京:商务印书馆,2004年版。
④ 陈来:《古代宗教与伦理——儒家思想的根源》,北京:三联书店,1996年版。

《中国古代宗教与礼乐文化》①等是从宗教学的角度来研究先秦礼乐文化的专著。《古代宗教与伦理——儒家思想的根源》一著认为,夏、商、周三代的文化模式分别为巫觋文化、祭祀文化和礼乐文化。和虞夏、殷商的礼乐文化相比,西周的礼乐文化人文气息浓厚了,神的色彩淡化了;西周的礼乐文化在本质上是一种宗法文化的体现,贯穿其中的精神和原则就是"亲亲、尊尊、长长、男女有别"等;这就使礼乐文化具有多种功能,诸如政治功能、道德功能、节制情感的功能等。《中国古代宗教与礼乐文化》一著系统地论述了古代宗教与郊庙礼乐的起源、西周的宗教维新与郊庙礼乐的政治化、春秋时期儒家人文主义与郊庙礼乐的伦理化、春秋后的五行观念对礼乐的影响等方面内容。作者还从礼乐文化的宗教因素出发,认为儒家的礼乐文化虽是以人伦为本位的人文之学,但却与古代宗教密切相关,它是起源于古代的宗教仪式的,而且在以后的发展演变中却还奉行着一定的宗教仪式;因此儒学并非宗教,但它却保持着古代宗教的传统。

彭林的《礼乐人生》是一部介绍中华礼乐文明的普及读物,但此著中的部分内容对儒家的礼乐教化之道,古代的礼制等内容也有较深的研究,提出了一些新见解②。杨华的专著《先秦礼乐文化》将古文字学、考古学、民俗学、文献学、艺术史等方面的材料结合起来,把礼制与乐舞联系起来研究,从先秦的"乐"入手来考察研究先秦礼乐文化③。此著探讨了礼乐文化的原始形态、礼乐文化的政治化、礼乐制度的主体结构、宗周雅乐的艺术构成、《诗》乐与古代礼俗社会、礼乐制度的衰落和先秦礼乐文化的区域差异等方面内容。作者还认为,礼乐文化在先秦时期应分成三个阶段:一是从原始祭礼祭乐到周代前期的制礼作

---

① 谢谦:《中国古代宗教与礼乐文化》,成都:四川人民出版社,1996年版。
② 彭林:《礼乐人生》,北京:中华书局,2006年版。
③ 杨华:《先秦礼乐文化》,武汉:湖北教育出版社,1997年版。

乐为原始礼乐文化时期,这一时期礼和乐"自为"地结合在一起;二是西周中期到春秋末年为礼乐制度时期,这一阶段礼和乐"人为"地、功利性地结合在一起,形成一种政治制度和伦理体系;三是从战国时期起为礼乐文化的世俗时期,这一阶段礼和乐趋于分离,成为社会习俗和娱乐手段。作者对先秦礼乐文化的这种划分还是较为新颖的见解,是值得关注的。王雅的博士论文《周代礼乐文化研究》认为,所谓"礼乐文化"包括政治、经济、军事、外交、刑法、教育、文化、人伦及意识形态等方面内容,周代社会的各个方面都是礼乐文化的组成部分,其基本内容是"亲亲、尊尊";礼乐文化在治理国家和个人修养方面都起着重要的作用①。此一观点与《古代宗教与伦理——儒家思想的根源》一著中所持的观点和见解很相似,目前学界基本上也是持此观点。

从社会政治学的角度来探讨礼乐文化的著作主要有柳肃的《礼的精神——礼乐文化与中国政治》②、刘丰的《先秦礼学思想与社会的整合》③等。柳著关注的是礼、乐与政治之间的关系,着重探讨了礼与中国民族精神、礼乐与中国政治等方面问题。其内容包括六个方面:政治体制的文化背景、民族精神的精髓、原始意识的表象、审美观念的境界、社会心理的承传和民俗民情的形态等。每一方面论题又再分为许多小的论点进行论述,但论述较为粗疏、简单,许多问题没有展开进行。刘著则从思想史的视角,采用思想史与社会史相结合的方法,探讨了先秦礼学思想及其与中国传统社会的整合。刘丰认为先秦礼学的发展是一个连续的历史过程,春秋战国时代的"礼崩乐坏"

---

① 王雅:《周代礼乐文化研究》,吉林大学中国古代史专业,1998年。
② 柳肃:《礼的精神——礼乐文化与中国政治》,长春:吉林教育出版社,1990年版。
③ 刘丰:《先秦礼学思想与社会的整合》,北京:中国人民大学出版社,2003年版。

只是礼学发展中的一次转型,其时的礼乐并没有走向衰亡。作者还认为礼对人和社会具有控制性:一是对人的内在控制,即礼植根于人的性情和道德意识当中,使人处于等级规范礼仪之中;二是礼对社会的外在控制,即礼作为国家权力,与专制王权密切结合起来,控制整个社会。因此,礼对人的控制和对整个社会的控制,使礼在实现社会整合的过程中具有重要作用。刘丰这一观点和大多数人的观点一致,得到许多人的认同。

关于中国艺术精神的研究,目前学界有不少人在进行这一领域的研究和探讨,所取得的成果也颇丰,但把礼乐文化与中国艺术精神结合起来研究,探讨它们之间的关系,这方面研究却很少;探讨和研究两周礼乐文化中的象征性艺术精神的研究专著和论文更是少见。不过与此相关的研究也有一些,值得我们关注。翁礼明的专著《礼乐文化与诗学话语》将中国古代礼乐传统作为中国古典诗学产生的文化语境,将古典诗学的生成、发展过程与礼乐文化发生、演绎的历史结合起来,考察古典诗学与礼乐文化之间的相因互动的历史过程①。此著提出了一些新的见解和观点,认为中国古典诗学植根于礼乐文化传统之中;远古时期的礼典活动将礼、诗、乐、舞融为一体,促进了中国文学的发生,在礼制中萌发了古代的文体分类;乐也和诗学话语密切相关,从诗、乐一体到诗、乐分离是古代诗歌发展的重要特点等。翁氏认为古典诗学话语的萌芽、发展和形成与礼乐文化密切相关,这是深刻的见解,不过他没有考察礼乐文化与象征性艺术精神之间的关系,略显美中不足。

徐复观的《中国艺术精神》第一章探讨了古代音乐在教育、政治、人格修养等方面的价值和作用以及孔子对乐教的接受与传承等内容②。徐复观认为孔门艺术精神在战国后期已经日归湮没了,到后世只是零星地存在。这一观点曾引起学界的热

---

① 翁礼明:《礼乐文化与诗学话语》,成都:巴蜀书社,2007年版。
② 徐复观:《中国艺术精神》,上海:华东师范大学出版社,2001年版。

烈反响和讨论。笔者认为徐氏的观点值得商榷，依笔者陋见，中国艺术精神是有两条线索的：一条是由先秦礼乐文化导引出的儒学的艺术精神，另一条是发端于老庄思想的道家的艺术精神。道家的艺术精神自然在后世的纯艺术上表现突出，但儒学的艺术精神在战国以后并没有消亡，它和道家的艺术精神同行并进，并在不同的时代，或儒学的艺术精神或道家的艺术精神占据着主导地位。儒家深受礼乐文化影响而形成的象征性艺术观和礼乐文化中的象征性艺术精神一直对后世产生深远的影响。王培元、廖群的专著《中国文学精神（先秦卷）》与礼乐文化的联系比先前提及的几部专著都要紧密①。此著第二章就是探讨和研究礼乐文化与先秦文学的伦理情感与道义精神之关系，并在具体的论述中对先秦礼乐文化中的艺术精神进行阐释。周卫东的专著《先秦儒家文学思想》则对西周礼乐文化的起源、发展与繁荣，西周礼乐文化对先秦儒家的影响，先秦儒家文学思想的流变等内容进行探讨和论述②。此著把先秦儒家的文学思想放在礼乐文化传统中来考察，这是很有意义和价值的；但此著中没有论述儒家的象征文艺观，对其他问题的论述也不够全面。

  周代礼乐文化主要是祭祀文化，祭祀文化主要是通过祭祀歌舞和祭祀仪式体现出来的。祭祀歌舞、祭祀活动在长期的实行过程中形成一套特定的仪式，这种仪式及其内在的意义在程序化的过程中逐渐沉淀为一种象征。周代礼乐文化通过程序化的仪式向人们暗示或传达某种观念就是一种象征文化，体现的精神就是象征性文化精神或艺术精神。这种象征性艺术精神在后来儒家的艺术观上就表现为象征性艺术观。关于儒家象征性艺术观的论点，顾祖钊的专著《华夏原始文化与三元文

---

① 王培元、廖群：《中国文学精神（先秦卷）》，济南：山东教育出版社，2003年版。
② 周卫东：《先秦儒家文学思想》，北京：中央编译出版社，2005年版。

学观念》中的"先秦儒家象征文艺观"一章对此论述得颇为详细①。顾祖钊认为,以孔子为代表的儒家把日常衣食举止、周围的事物都与"礼""义"紧密联系起来,将它们视为理和义的象征;就思维方式来看,孔子的思维方式就是象征思维方式;孔子用象征思维方式来看待文艺,就在认识、理解和欣赏诗歌、音乐、舞蹈等艺术形式时,特别注重它们所象征的"仁""礼""义"等伦理道德内涵;孔子之后,孟子、荀子继承了这种象征性思维方式,逐渐形成了先秦儒家象征文艺观。顾祖钊还认为,先秦儒家的象征文艺观的形成并非孔子杜撰的,它是直接承传于春秋时代的断章取义的"用诗"之风,其渊源则又可以追溯到《周易》的象征思维方式。顾祖钊对儒家象征艺术观的揭示和探讨,很有意义和价值,对我们正确理解儒家的艺术观具有重要的意义。不过他没有重视先秦儒家的象征文艺观与两周礼乐文化之间的密切关系,也没有探讨两周礼乐文化中的象征性艺术精神及其对后世的影响,因此,这一领域还需做进一步的探讨。

　　严云受、刘锋杰的专著《文学象征论》则讨论文学领域中的象征理论问题,全书分为七章和一个绪论,分别对象征研究的回顾、象征形象的创造和内在机制、象征与典型的互渗、象征形象的营构与透射、象征形象的接受与阐释、象征方式与直陈方式、象征在中外文学史上的表现等方面内容进行介绍和阐释②。该著重要的一点是简述了中国文学史上前后不断的象征性作品,并对部分作品进行了解读。这说明中国文学史上的象征性艺术和象征性艺术精神一直连绵不断,此点与本论文的观点基本一致。林兴宅的专著《象征论文艺学导论》认为象征是把握艺术的真正秘密,离开象征,便无法窥见艺术深层次的

---

① 顾祖钊:《华夏原始文化与三元文学观念》,北京:北京大学出版社,2005年版。
② 严云受、刘锋杰:《文学象征论》,合肥:安徽教育出版社,1995年版。

本质,艺术的生命是象征功能;象征是艺术的本质;艺术创作是象征结构的创造;艺术欣赏是象征的表现活动①。林兴宅如此强调和重视艺术的象征,恰恰说明文学艺术史上象征的重要和象征性艺术精神的经久不衰。居阅时、瞿明安编著的《中国象征文化》则从宗教、梦、语言文字、文学、艺术、建筑、民俗等角度论述象征存在于中国文化的根底中,特别是对文学、艺术中的象征,此著论述得较充分②。以上这些著作都对文学艺术中的象征有所论述,但往往是横断面上的研究,还没有对中国文艺史上的象征性艺术精神作史的线性描述,更没有追溯它的历史渊源在何处,因此,中国文学艺术中的象征现象和象征性艺术精神还有待进一步研究。

以上是对相关的研究专著方面进行的综述。关于两周礼乐文化和象征性艺术精神的相关研究论文也有不少,如李壮鹰的《古代的乐》③、薛艺兵的《论礼乐文化》④、赵旗的《西周礼乐文化及其意义》⑤、陈来的《春秋礼乐文化的解体和转型》⑥、聂振斌的《礼乐文化与儒学艺术精神》⑦、孙邦金的《儒家乐教与中国艺术精神》⑧等论文或对先秦礼乐文化或对艺术精神(象征性艺术精神)的相关内容进行了有意义的探讨和研究。李梦奎的《略论周代社会的用玉制度和崇玉习俗》则对周代的使用玉

---

① 林兴宅:《象征论文艺学导论》,北京:人民文学出版社,1993年版。
② 居阅时、瞿明安:《中国象征文化》,上海:上海人民出版社,2001年版。
③ 李壮鹰:《古代的"乐"》,见《逸园丛录》,济南:齐鲁书社,2005年版。
④ 薛艺兵:《论礼乐文化》,《文艺研究》,1997年第2期。
⑤ 赵旗:《西周礼乐文化及其意义》,《山西大学师范学院学报》,2001年第4期。
⑥ 陈来:《春秋礼乐文化的解体和转型》,《中国文化研究》,2002年第3期。
⑦ 聂振斌:《礼乐文化与儒学艺术精神》,《江海学刊》,2005年第3期。
⑧ 孙邦金:《儒家乐教与中国艺术精神——徐复观〈中国艺术精神〉读后》,《武汉大学学报》,2002年第1期。

的习俗进行了探讨①。谢崇安的《兽面纹与神圣王权——先秦艺术与中国文明起源研究之一》讨论了商周时期兽面纹的象征意义②。限于篇幅,本文在此不作详细综述。不过从目前学界发表的研究论文来看,直接探讨两周礼乐文化中的象征性艺术精神及其对后世的影响的研究论文还较少,这些研究论文的综述也就从略。对于海外学者对礼乐文化研究的现况,就本人了解的资料来看,只有台湾地区和日本国的一些学者出版了专著,但这些专著对我们的研究范围内的内容较少涉及,这里综述从略。

三、两周礼乐文化的文献典籍和出土文物概述

研究两周礼乐文化中的象征性艺术精神及其对后世的影响,必然要以两周礼乐文化为基础和对象,但是两周礼乐文化毕竟是历史的产物,是在一定历史阶段出现并随着历史的发展而发展,直至没落和衰退,因此,它远离现代,遥远而古老,那么对其研究也就只能借助于历史文献典籍和考古文物。

1. 历史文献典籍

两周礼乐文化体现在周代的政治制度、祭祀制度、军事制度等社会生活和日常生活方方面面中,但其历史性使它只能成为一种过去,不可复现于当代。不过在《周礼》《仪礼》和《礼记》等"三礼"文献典籍中记载着两周礼乐文化的典章制度、仪式规范,见证了两周礼乐文化的鼎盛与辉煌。

《周礼》是记载周代国家政治统治与行政管理的典章制度

---

① 李梦奎:《略论周代社会的用玉制度和崇玉习俗》,《北华大学学报》,2000年第2期。
② 谢崇安:《兽面纹与神圣王权——先秦艺术与中国文明起源研究之一》,《广西民族学院学报》,1998年第2期。

或官政之法,主要以三百多个职官组成的职官体系,关涉周代的国家政体、政权形式、机构设置和官员职责等。《周礼》原名并非称《周礼》,而曰《周官》。"周礼"作为书名的称谓是西汉后期的事,而在此前皆称《周官》。如《史记·封禅书》曰:"《周官》曰:'冬日至,祀天于南郊,迎长日之至;夏日至,祭地祇。'"①一般认为《周官》改称《周礼》,时间是在刘歆以后。实际上从内容上看,"周礼"称《周官》更为恰当。而在先秦典籍中,"周礼"一词基本含义是泛指西周初年建立起来的礼法制度。如《左传·闵公元年》:"公曰:'鲁可取乎?'对曰:'不可,犹秉周礼。周礼,所以本也。鲁不弃周礼,未可动也。'"②句中的"周礼"就不是指书名《周礼》,而是指周初建立的礼法制度等。《周礼》记载周代的职官,其体系庞大和完善,官职划分详细和合理,职责分工明确和细致,这是令人惊叹的。因此,其成书年代和作者究竟为何人,历来为人们所关注,也一直有争论。目前在多种说法中,一般认为《周礼》典章制度的制定有周公姬旦的参与,不过大多内容为战国时人所作,其成书时间也在战国时期。它主要是战国时期人们对于国家的大一统制度的向往,大部分思想和观念是源于西周时期实行的一些典章制度和西周以来的历史传说,另一部分思想是对春秋以来的社会现实的反映,而且可能包含有战国时人的社会理想和政治憧憬。《周礼》是周代人写定并编纂成书,这一观点已经得到学界普遍的肯定,它基本上能够代表周代礼乐文化和礼乐制度的思想。

"三礼"中的另一"礼"是《仪礼》。这是一部礼书,记载着周代"士"以上贵族的社会生活的行为规范和礼仪制度。《仪礼》具有发达的形式表现和形式仪节,是周代贵族的生活与交往关系的形式表现。《仪礼》最初称为《礼》,大约在整个先秦时期都是如此,如《庄子·天运》曰:"丘治《诗》《书》《礼》《乐》《易》《春

---

① 司马迁:《史记》,北京:中华书局,1982年版,第1357页。
② 阮元:《十三经注疏·春秋左传正义》,第1786页。

秋》六经。"① 到了汉代,《仪礼》称为《礼》,也称为《士礼》或《礼经》。至于把《仪礼》称为《仪礼》的准确时间难以断定,不过大致上可以确定在汉末到东晋初年。因为,《晋书·荀崧传》记载东晋元帝时,尚书仆射荀崧上疏请求增设博士,其中有"置《仪礼》博士一人"之说,这说明东晋元帝时《仪礼》作为书名已出现。

和《周礼》的作者和成书年代有争论一样,《仪礼》的作者和成书年代也有不同说法。其中有两种说法较为流行。其一,《仪礼》的成书时间在西周建国以后,作者就是周公。周革殷命,深知治国的不易和殷代的"鬼治"不能保国。因此,以周公为首的周代最高行政官僚,可能借鉴和"损益"殷礼,制定一套较为严密而有效的礼义制度,来适应新兴的周王朝的需要,支撑和维系它的有效运行和发展。当然,最初的《仪礼》不会像现在所见《仪礼》那样内容详细完备。其二,《仪礼》是春秋之前某人所作,不过到孔子时已经散佚,孔子"闵王路废而邪道兴",于是搜集整理,重新编定成书。如《史记·儒林列传》曰:"孔子……论次《诗》《书》,修起《礼》《乐》。"②春秋时期,宗周势力逐渐衰微,各路诸侯的势力大为增强,周王室的礼乐教化和礼乐制度生存的环境逐渐遭到破坏,礼乐制度难以继续实行下去,出现了所谓的"礼崩乐坏"的局面。孔子尊崇"周礼",幻想建立一个礼制的社会来拯救现实,可能会对原有的礼仪进行一些加工修订,使它完备而严密。因此,孔子有可能"损益"过《仪礼》。不过,不管《仪礼》是周公制作,还是孔子修订,抑或他人所作,《仪礼》的编定成书时间却是大致能确定的,即《仪礼》是一部战国之前就编定的礼学著作③。因此,它基本上能够代表周代礼乐文化和礼乐制度的思想。

"三礼"中的《礼记》(指《小戴礼记》)是一部由 49 篇阐发仪

---

① 陈鼓应:《庄子今注今译》,北京:中华书局,1983 年版,第 389 页。
② 司马迁:《史记》,北京:中华书局,1982 年版,第 3115 页。
③ 参见勾承益:《先秦礼学》,成都:巴蜀书社,2002 年版,第 32 页。

礼的意义和功能的文章组成的文章集。它是给《仪礼》作传,并非出自一时之作,也非一人之手。一般认为,它的作者可能是春秋后期的孔门弟子或再传弟子以及一直到汉武帝之前的儒家群体;它的编纂成书的时间相传在汉代,编定者是戴圣。《礼记》的成书时间在汉代,编定者又是汉代人,因此,它可能含有汉代人的思想,这使得《礼记》的思想很复杂,历来都有人质疑其内容的真伪。不过,要知道《礼记》的作者与《礼记》的编定成书实是两个问题,不能因为它成书于汉代,就否定它基本上能反映周代礼乐文化和礼乐制度的思想。比如,《礼记》中的《中庸》《坊记》《表记》《缁衣》等篇,据考证是孔子的孙子子思或其弟子所作。楚简中有一篇与《礼记》中《缁衣》的篇名和内容基本相同的篇章,就有力地证实了这些篇章中确有子思一系的作品。《隋书·音乐志》也记载南朝沈约的言论,"《中庸》《表记》《坊记》《缁衣》,皆取《子思子》"①。当然今日所见的篇章中不排除一些内容是后代人所加。《礼记》中的其他篇章,有些也可以断定它的写定年代。如《冠义》《昏义》《乡饮酒义》《射义》《祭义》等应是先秦之时所作;《大学》《礼运》《学记》《礼器》等具有秦汉的特色等。

总体上来说,《礼记》中的绝大部分篇章内容是在两周时期就已写定,表现了周代礼乐文化的思想风貌,不过后代可能略加增删了。而其他一些少数作品,尽管出于汉代时期,有着汉代人的思想,但这并不否定它们在思想上或许有更古的渊源,在资料上或许有更古老的依据。因此,《礼记》基本上代表周代礼乐文化和礼乐制度的思想,这是可以肯定的。它自然也就成为研究两周礼乐文化和其体现的象征性艺术精神的重要的思想资源和材料,不过在利用这些思想资源时也要秉有警惕之心,必要时还要甄别辨伪。

---

① 参见龚建平:《意义的生成与实现——〈礼记〉哲学思想》,北京:商务印书馆,2005年版,第14页。

两周的礼乐文化主要见证于"三礼",但其他的一些古典文献资料如《尚书》《左传》《国语》《诗经》《逸周书》等也记载了许多周代的礼乐文化和礼乐制度。因此,本书以"三礼"作为研究两周礼乐文化中的象征性艺术精神的主要文献资料,必要时也会以其他资料作为参考文献。

2. 出土考古文物

对两周礼乐文化及其象征性艺术精神进行研究,主要以历史文献为研究资料,除此之外,出土的两周时期的文物也是绝好的研究资料。如果说历史文献资料可能有后人的篡改的话,那么出土文物则可避免这一缺陷,它以铁一般的事实证实历史的真实性。多年来,大量的商周时期的文物出土,特别是青铜器(包括礼器和兵器等)给我们研究周代的礼乐文化提供了丰富、可靠的证据。比如,从考古发掘来看,1978年,湖北随县曾侯乙墓出土的编钟和编磬所悬挂的位置和方式,就基本符合周礼中的"诸侯轩县"的用乐制度,这就成为研究周代礼乐文化的宝贵的资料。

再如,《尚书》和《逸周书》中记有武王伐纣的历史事件,但人们对此持有怀疑态度,但记载这一历史事件的青铜器——"利簋"的出土,则以无可辩驳的证据证实了它的真实性。近些年来,周代的大量的墓葬被发现和发掘,其出土的青铜鼎器的数量、种类、质量、排列方式等基本符合文献所载的周代的"列鼎"制度。不仅出土文物有助于周代礼乐文化研究,大量的出土文献也是难得的资料。比如,楚简中有与《礼记》中《缁衣》篇的名称和内容相同的篇章,这就证明了这些篇章早在战国时期就已经存在。近年来出土的上博竹简亦对研究周代礼乐文化大有益处。总之,无论是周代的出土文物,还是出土文献,都成为我们研究周代礼乐文化及其象征性艺术精神的重要的资源和材料。

3. 对历史文献典籍真伪的看法

研究两周礼乐文化和两周礼乐文化中的象征性艺术精神要以"三礼"等文献典籍和出土文物为研究资料。出土文物的真伪自然易于辨识,不必多说,但"三礼"的真伪却受到疑古者的质疑。在此笔者想做个说明。

疑古辨伪之风在中国历史上早已有之,在宋代尤盛行,清代考据学的出现,便对历史文献典籍做全面的辨伪,到康有为时则把疑古推向极端。"五四"时期疑古之风亦盛行,新文化运动倡导者"整理国故",打倒"孔家店",以辨别历史文献的真伪为己任。古史辨者的工作指向亦给古代史料证伪。先秦文献典籍如《尚书》《周易》《周礼》《仪礼》《礼记》《山海经》等自然被疑古者所圈中。其实,就"三礼"来说,"三礼"所载的典章制度和礼乐制度并非不是反映两周礼乐文化的史实。周代的中央集权和诸侯国的加盟以形成一个大一统的王朝需要一个有效的形式来运作,而这个最有效的形式就是用礼乐制度来治理国家和社会。周代的社会需要和政治文化土壤完全适应和促使礼乐文化的繁荣和兴盛。因此,两周的礼乐文化达到我国历史上的最鼎盛阶段,这是历史的史实。"三礼"所载的典章制度和礼乐制度在很大程度上都是真实的,尽管它们可能是春秋战国时人所编。正如杨宽先生所说:"有关'周礼'的史料,留存到今天的很多。这些史料虽然多数出于春秋、战国时人的编定,没有把西周时代的'礼'原样保存下来,但是,由于'礼'的本身具有很顽固的保守性,所谓'礼也者,反本循古,不忘其初者也'(《礼记·礼器》),我们不仅可以从中探索出部分西周的情况来,甚至还可由此摸索到一些氏族制末期的情况。"① 因此,"三礼"等书虽然编定于春秋前后,但它们反映了历史的真实,是可

---

① 杨宽:《古史新探》,北京:中华书局,1965年版,第234页。

以作为了解和研究两周礼乐文化的资料。而且随着我国考古工作的不断发展,越来越多的出土文物重现于世,证实了许多传世历史文献的真实性。一百多年前,晚清学者王国维就提出要用出土文物证实传世文献真伪的"二重证据法"理论,它具有方法论上的意义,对历史文献的真伪辨别具有重要作用,今天依然具有意义。近年来,战国秦汉时期的墓葬中出土的简帛文物等就有力地证实了一些"伪书"不伪,如周代的青铜器上所刻金文中的官制内容就在很大程度上证实了《周礼》的真实。这一切使得有些学者强烈地呼吁要走出疑古时代,这是深有道理的①。总之,《周礼》《仪礼》和《礼记》等"三礼"文献典籍中记载了两周礼乐文化的典章制度、仪式规范,在很大程度上具有历史的真实性,是我们研究两周礼乐文化和两周礼乐文化中的象征性艺术精神的文献资料。当然,我们在使用时也要适时地进行辨别。

四、主要研究问题与研究方法

1. 主要研究问题

两周礼乐文化艺术上体现出一种象征性艺术精神,这种象征性艺术精神是中国艺术精神的一种元艺术精神,后来一直贯穿在中国的传统艺术中,对后世的艺术精神影响很大。本书拟从先秦礼乐文化概说、两周礼乐文化中的象征性艺术精神之形成、象征性艺术之表现、儒家对象征性艺术精神的承传以及这种象征性艺术精神对后世的影响等五个方面问题进行考察,发掘和研究体现于两周礼乐文化中的象征性艺术精神之根源、性质与表现及其对后世艺术精神的影响等,具体研究问题如下:

---

① 张岩:《从部落文明到礼乐制度》代序,上海:三联书店,2004年版。

(1)周代是我国历史上礼乐文化达到最鼎盛的时期,礼和乐渗透在周代的国家生活、社会生活的方方面面,礼乐并存,相需为用。但在周代的礼乐生活中,祭祀活动占据着重要地位,甚至是核心地位。《左传·成公十三年》曰:"国之大事,在祀与戎。"这就说明祭祀活动在周人的社会生活中的重要地位。因此,在一定意义上,两周礼乐文化实际上就是一种祭祀文化。而祭祀活动常常要举行隆重的祭祀仪式,进行隆重的乐舞表演。祭祀活动和乐舞表演经常性举行,就会形成一套特定的仪式或动作,这种仪式或动作及其内在的意义在仪式化、程序化的历史过程中会慢慢沉淀为一种象征。周代贵族阶级钟爱"佩玉"在身,一举手一投足,泠泠之声不绝于耳。但这种"佩玉"行为绝不仅仅是为了装饰身体、美化自身,更主要的是"佩玉"作为一种象征,是君子的良好的品德和高尚情怀的象征。同样如此,周代宗庙祭祀中的用"尸"制度也不仅仅是一种仪式,而是充满着象征意味。宗庙祭祀时由受祭祖先的孙辈之人来充当的"尸",充当着祖先神灵,是作为祖先神灵的象征。因此,"尸"就是典型的象征。不仅"佩玉"和"尸"充满着浓厚的象征意味,两周的其他礼乐生活和仪式活动中也都具有象征意味。两周礼乐文化正是通过一系列的仪式化、程序化的动作或仪式来向人们暗示和传达某种观念,因此,它实际上是一种象征文化。而贯穿在这种象征文化中的精神就是一种象征性文化精神。对于艺术精神来说,它和文化精神密切相关,有什么样的文化精神会直接影响什么样的艺术精神的形成。两周礼乐文化中的象征性文化精神自然形成其象征性艺术精神。

(2)两周礼乐文化中的艺术充满着象征性,体现出象征性艺术精神,不过这种象征性艺术精神并不是在艺术的起始阶段就有的,而是随着艺术的发展而逐渐形成的。艺术的发展有一个从写实到抽象的过程,艺术只有发展到抽象阶段,象征性艺术和象征性艺术精神才能产生。周代的艺术具有浓厚的象征意味,其青铜艺术和乐舞艺术等艺术形式中体现出特别明显的象征性艺术精神。两周的乐舞艺术从来就不是作为纯艺术的形式而存在,"乐者,通伦理者也"①。乐舞艺术与社会政治、伦理道德紧密联系在一起,承载着巨大而深刻的社会意义。"乐者,德之华也"②。乐舞艺术不仅是周人用它来表达情感,而且更主要的是作为一种社会伦理道德的象征。周人在表演和欣赏乐舞艺术的过程中,传达和领悟社会伦理道德。两周的青铜艺术也具有浓厚的象征性。这些青铜兵器或青铜礼器都是周代奴隶主贵族阶级的身份地位和等级权势的象征,谁拥有的铜器数量越多、质量越高、种类越全,谁的地位就越高,权势就越大。青铜器上的纹饰和造型也是周代奴隶主贵族阶级的精神意志和情感意愿的集中体现。两周的诗歌艺术也具有象征性。诗歌中用"比兴"的手法,从广义上说,也是一种象征。在周代的各种礼仪和宴会场合中,演奏诗歌乐章或"赋诗言志"都是把诗歌作为一种象征。因此,两周礼乐文化中的艺术是一种象征艺术,体现的艺术精神就是一种象征性艺术精神。这种象征性艺术精神对后世的艺术精神产生巨大而深远的影响。

(3)两周礼乐文化中的象征性艺术精神对后世的艺术发展和艺术精神的走向产生重要影响。首先是先秦儒家深受其影响,认为乐舞艺术是一种象征,"舞意天道兼"③,乐舞艺术兼含"天道(天意)",它要表达的是"天道",因而乐舞艺术就是"天道"的象征。因此,先秦儒家在艺术观上就表现为一种象征性艺术观,其秉有的艺术精神也就是一种象征性艺术精神。受这种象征性艺术精神的影响,先秦儒家总是把自然万物、社会人事与"礼""义"联系起来,重视礼(礼节、仪式)和乐(诗歌、音乐、舞蹈三位一体)所象征的"仁""义""理"等道德内涵。在先秦儒

---

① 阮元:《十三经注疏·礼记正义》,第1528页。
② 阮元:《十三经注疏·礼记正义》,第1536页。
③ 王先谦:《荀子集解》,北京:中华书局,1988年版,第383页。

家的眼中,无论是乐舞艺术,还是自然万物、社会人事,都具有象征意义。"岁寒,然后知松柏之后凋也"。儒家欣赏和颂扬岁寒而后凋的松柏,就是因为它象征着君子的坚贞不屈的高尚品格。

(4)两周礼乐文化艺术上体现的象征性艺术精神对后世产生深远的影响。象征性艺术精神一直贯穿在先秦之后的历代的艺术之中。汉代时期,在统治阶级罢黜百家、独尊儒术的思想指导下,儒家思想复兴,儒家的象征艺术观重新兴起,象征性艺术精神贯穿于其时的诗、赋等艺术形式中。到了魏晋时代,玄学兴起,清谈之风盛行,在此背景下玄言诗产生并兴盛一百余年,而大多数玄言诗属于哲理诗,充满着浓厚的象征意味,体现出象征性艺术精神。唐宋时期,象征性艺术精神在诗歌艺术中体现得较为明显。唐代诗人杜甫是位现实主义诗人,但他的许多诗歌却属象征之作;晚唐诗人杜牧、李商隐的诗歌更是充满着象征意味。而在宋代,无论是诗歌创作中,还是理论主张上,都重视以议论为诗、以哲理为诗,自然隐喻和象征之作颇多。

2.主要研究方法

任何一门学科或一个领域的研究都要有一种恰当的研究方法,不恰当的方法难以使研究顺利进行,甚至会得出错误的结论。两周礼乐文化内容丰富,思想博大精深,要对其中的象征性艺术精神及其对后世影响的研究,取得更好的研究效果,就需要有正确、恰当的研究方法,只有如此,才能促进问题的发现和研究的深入。本书在研究方法上主要采用下列一些方法:

(1)采用"文化诗学"的研究方法。

对两周礼乐文化中的象征性艺术精神的研究,一定要把它放在当时的历史文化语境中去研究,即采用"文化诗学"的研究方法,从跨学科、跨文化的研究视野出发(主要从巫术文化的角度),还原象征性艺术精神产生、发展、演变的历史文化情境,才能突破以前的研究窠臼,获得更好的研究成果。

(2)宏观梳理和微观把握相结合的方法。

研究两周礼乐文化中的象征性艺术精神及其对后世的影响,首先要在宏观上对两周礼乐文化的传世文献(如"三礼"及先秦儒家的相关文献)和历代的文学艺术的发展进行梳理和研究,同时还要在微观上把握具体的问题和研究点,做到宏观梳理和微观把握相结合,这样才能更好地发现问题、研究问题。

(3)历史文献和考古文物相结合的方法。

研究两周礼乐文化中的象征性艺术精神及其对后世的影响,首先要重视历史传世文献,从具体的文献资料入手研究,但也要重视地下出土的考古文物,特别是新近发掘出土的与本书有关的地下材料,做到历史文献和考古文物相结合研究。历史文献和考古文物相结合的"二重证据法"的理论和方法对本书的研究具有特别重要的意义和作用。

(4)多学科、跨学科研究的方法。

研究两周礼乐文化中的象征性艺术精神及其对后世的影响,关涉两周礼乐文化的研究、象征性艺术精神的研究以及它对后世的影响等方面研究,因此需要打破单一的学科研究,进行跨学科综合性研究,要从艺术学、考古学、文化人类学、民俗学、语言学、历史学等多学科、多角度、综合性地开展研究。唯有如此,才能更好地发现问题、研究问题与解决问题。

第一章　先秦礼乐文化概说

第一节　多元互促——先秦礼乐文化的起源①

世界上每一个民族、每一个国家都有自己的礼乐文化,但是没有哪个民族能够像中华民族这样称得上是"礼仪之邦"。从一定意义上说,中华民族就是礼乐的民族,中华的文化就是礼乐文化。中华民族历史上的礼乐文化源远流长,内容丰富,思想博大精深,要想全面深刻地了解它,首先就需要弄清楚它的起源问题。考古学资料表明,礼乐文化的起源时间上大致可以追溯到原始先民社会。但究竟是如何起源的,历来说法不一。下面我们先对礼的起源做初步的探讨,然后再探讨乐的起源及礼乐文化的起源。关于礼的起源,比较有代表性的说法有以下几种。

---

① "起源"一词本来是用来描述河流形成之初的状态。将"起源"一词用于描述音乐的发生,是词语意义上的借用。所谓"起源"所描述的,就是"事物产生之前的某种相关状态"或是"直接孕育了某一新生事物或其构成要素特征的事物总和"。如果我们说"A 起源于 B",则 B 事物应与 A 事物有着从形式到内容上的千丝万缕的联系,B 的进一步演变,或多种 B 的有机结合即成为 A。若 A 与 B 是两个风马牛不相及的、性质截然不同的事物,则二者之间就不能构成所谓的"起源"关系。(参见江海燕《对"音乐起源"问题的几点认识》,《中国音乐学》,2006 年第 1 期)我们在这里使用"起源"一词来描述礼乐文化的发生,也是在这个意义上使用它。

(1) 宗教祭祀说。这种观点认为礼起源于原始氏族社会的鬼神崇拜、巫术占卜、宗教祭祀等。首先,原始先民们对自然界和人类自身的认识极其有限和浅陋,他们的生产力水平极其低下,防范和抵御自然灾害的能力极弱,自然就会对自然力产生畏惧感和崇拜感;他们还对一些自然现象和自身的梦境不能做出合理的解释,只好将其归因于冥冥之中神灵的支配。他们置身于自己编织的神话世界中,认为万事万物都有神灵。其次,当原始先民们把自己以血缘关系为纽带组成的氏族和家庭区别于动物群体时,他们便朦胧地认识到每个氏族成员在这个氏族中的作用,因而在后人的观念中出现对死去祖先的崇拜感。于是对天地自然的崇拜和对祖先的崇拜结合起来,就会有神鬼和祖先神灵的意志左右着活着的生人的意志,因此祈求神鬼和祖先神灵的攘灾、庇佑和赐福的活动就产生了,这就是宗教祭祀,而祭祀活动总伴有一套礼仪或仪式,这就产生了礼。据此人们认为礼起源于宗教祭祀。从考古材料来看,在辽宁喀左发现的距今5000多年前的红山文化遗址中,就有大型的祭坛、神庙等,这些祭坛、神庙可能就是原始先民们举行宗教祭祀的地方。这就从实物上证明了我国远古时期就有宗教祭祀活动和相应的礼俗仪式,因此,礼乐活动很可能起源于此时。宗教祭祀活动与巫术活动常常紧密地联系在一起,原始先民们认识自然、征服自然的能力有限,出于对天地自然的敬畏、崇拜和占有的欲望,常举行巫术活动,而巫术活动常常有一定的仪式,并伴随有一定的乐舞表演,礼乐就在巫术活动中产生了。由于"宗教祭祀说"和"巫术活动说"属于类似的礼的起源说,在此就只对"宗教祭祀说"做些讨论。

礼起源于宗教祭祀,这种观点并非今有,早在汉代就出现,许慎的《说文解字》就是持此观点,又经近现代学术大家王国维、刘师培、郭沫若等人的论证,在学术界影响颇大。许慎在《说文解字》示部中说:"禮,履也,所以事神致福也。从示、从豊,豊亦声。"①示,《说文》曰:"示,天垂象见吉凶以示人也,从二三,垂日月星也,观乎天文以察时变,示神事也。"②豊,《说文》曰:"豊,行礼之器也。从豆,象形。"③可见,"禮(礼)"与事神致福密切相关。《荀子·大略》中说:"礼(禮)者,人之所履也,失所履,必颠蹶陷溺。"④段玉裁《说文解字注》云:"'履,足所依也。'……又引申之训礼。"⑤凡所依皆曰履,履者足所依,"禮"者,人之所履,为人所依也,可见,"禮"对人来说是多么的重要。不过甲骨文、金文中都没有"禮"字,但是有"豊"字。王国维在《观堂集林·释礼》中就他所看到的卜辞中的"豊"字做了如下分析:

  《说文》示部云:"禮,履也,所以事神致福也。从示、从豊,豊亦声。"又豊部:"豊,行礼之器也。从豆,象形。"案:殷墟卜辞有豊字,其文曰:"癸未卜贞酾豊。"……豊又其繁文,此诸字皆象二玉在器之形。古者行礼以玉,故《说文》曰:"豊,行礼之器。"其说古矣。……盛玉以奉神人之器谓之丰、若豊,推之而奉神人之酒醴亦谓之醴,又推之而奉神人之事通谓之礼。其初,当皆用丰若豊二字,其分化为醴、礼二字,盖稍后矣。⑥

王国维认为,"礼"字最初是指在器皿中盛放两串玉来敬献鬼神,后来也指以酒醴献祭鬼神,再后来指一切献祭鬼神之事。他的解释和许慎的解释基本一致。

  许慎和王国维都是从字源学上推断出"礼"最初的意思是

---

① 许慎:《说文解字》,北京:中华书局,1963年版,第7页。
② 许慎:《说文解字》,北京:中华书局,1963年版,第7页。
③ 许慎:《说文解字》,北京:中华书局,1963年版,第102页。
④ 王先谦:《荀子集解》,北京:中华书局,1988年版,第495页。
⑤ 段玉裁:《说文解字注》,上海:上海古籍出版社,1981年版,第402页。
⑥ 王国维:《观堂集林》卷六,石家庄:河北教育出版社,2001年版,第177页。

"奉神人之事",这就说明了礼可能起源于宗教祭祀活动。对此,我们也能在《礼记·礼运》中找到佐证:"夫礼之初始诸饮食,其燔黍捭豚,污尊而抔饮,蒉桴而土鼓,犹若可以致其敬于鬼神。及其死也,升屋而号,告曰:'皋!某复。'然后饭腥而苴孰。故天望而地藏也,体魄则降,知气在上,故死者北首,生者南向,皆从其初。"①孔颖达《疏》云:"诸,于也。始于饮食者,欲行吉礼,先以饮食为本。"②这就是说,礼是伴随着燔黍捭豚、抔饮土鼓等原始的生存活动而"致其敬于鬼神"的活动。就是在人死后,也还"升屋而号",希望能把他的灵魂呼唤回来,以便能使他起死回生,直到确认这一切不能实现时,才按照习俗下葬,而后世之礼"皆从其初"。这一切都说明"礼"最初的起源与宗教祭祀一类的活动有着密切的关系。大戴辑《礼记·礼三本》中也有类似的观点:"礼有三本:天地者,性之本也;先祖者,类之本也;军师者,治之本也。无天地焉生?无先祖焉出?无军师焉治?三者偏亡,无安之人。故礼,上事天,下事地,宗师先祖而宠军师,是礼之三本也。"③《荀子·礼论》中也有与大戴辑《礼记·礼三本》几乎相同的论述④。这里的事天、事地、事先祖当然是出于宗教心理,"事"即祭祀之意。可见,大戴《礼记》和荀子都认为礼起源于宗教祭祀。郭沫若也持这样的观点。他说:"禮是后来的字,在金文里面我们偶尔看见有用豊字的,从字的结构上来说,是在一个器皿里面盛两串玉具以奉事于神,《盘庚篇》里面所说的'具乃贝玉',就是这个意思。大概礼之起

---

① 阮元:《十三经注疏·礼记正义》,第 1415 页。
② 阮元:《十三经注疏·礼记正义》,第 1415 页。
③ 黄怀信:《大戴礼记汇校集注》(上册),西安:三秦出版社,2005 年版,第 96—98 页。
④ 《荀子·礼论》:"礼有三本:天地者,生之本也;先祖者,类之本也;君师者,治之本也。无天地恶生?无先祖恶出?无君师恶治?三者偏亡焉,无安人。故礼上事天,下事地,尊先祖而隆君师,是礼之三本也。"(王先谦:《荀子集解》,北京:中华书局,1988 年版,第 349 页。)

于祀神,故其字后来从示,其后扩展而为对人,更其后扩展而为吉、凶、军、宾、嘉的各种仪制。这都是时代进展的成果。"①人类社会大概最初只有祭礼,而祭礼产生于宗教祭祀之中。不过随着原始社会的发展,母系氏族、父系氏族的产生,社会分工和交换的出现,礼的种类就会越来越多,不止一类祭礼了。

(2)抑制人欲说。这种观点认为礼起源于原始先民的主观欲望与客观环境的矛盾。在原始先民们生活的洪荒时代,自然条件恶劣,生产力极其低下,人们过着群体的生活,一起劳作,一起休憩,平均分配生活资料,共同维持着生活。但是那时的人类刚刚从动物界脱离出来,必然带有动物的某些本能欲望,比如希图对食物的全部占有,对性事的强制进行等,然而这些本能欲望在那时不可能全部得到实现,人们并不能随心所欲。这就需要有一种特有的方式来节制人类的自然欲求,协调人与人之间的关系,否则人类生活就无法继续下去。这种特有的方式就是礼。于是人类开始有男女老幼的伦理秩序;有互尊互重的社会群体意识;有互相合作的协作精神,这就是礼的产生。

荀子就是持这种观点。《荀子·礼论》说:"礼起于何也?曰:人生而有欲,欲而不得,则不能无求,求而无度量分界,则不能不争;争则乱,乱则穷。先王恶其乱也,故制礼义以分之,以养人之欲,给人之求,使欲必不穷乎物,物必不屈于欲,两者相持而长,是礼之所起也。"②荀子的这段话清楚地说明了,礼之所起是用来制约人的行为,礼可以调节原始先民们的主观欲求与当时现实环境不能满足人类的欲求之间的矛盾,从而维持着原始社会的存在和延续的平衡。因此,在那时,渐渐地生出一些人们彼此可以接受的规矩和仪节,那就是一些礼节的萌芽。不过荀子在这里却又把礼节的产生完全归为先王的制作,这是不正确的,虽然先王可能在礼节的产生中起过重要的作用。《礼

---

① 郭沫若:《十批判书》,北京:东方出版社,1996年版,第87页。
② 王先谦:《荀子集解》,北京:中华书局,1988年版,第346页。

记·乐记》和荀子几乎持相同的观点:"人生而静,天之性也。感于物而动,性之欲也。物至知知,然后好恶形焉。好恶无节于内,知诱于外,不能反躬,天理灭矣。夫物之感人无穷,而人之好恶无节,则是物至而人化物也。人化物也者,灭天理而穷人欲者也。于是有悖逆诈伪之心,有淫泆作乱之事。是故强者胁弱,众者暴寡,知者诈愚,勇者苦怯,疾病不养,老幼孤独不得其所,此大乱之道也。是故先王之制礼乐,人为之节。"①《乐记》作者认为,人的本性原是宁静的,但是受到外物的影响,就会产生欲求,欲求得不到节制,而又不能反躬自身,人就会被外物所化,天理就会泯灭,就会一味地对欲望进行追求,于是"悖逆诈伪之心""淫泆作乱之事"就会出现,社会上就会以大欺小,以众暴寡,出现混乱的局面。这时圣人就出来制礼作乐,用礼乐来节制人欲,维持社会的平衡和稳定,礼乐就是这样产生的。同样,这里也把礼乐的产生归为先王圣人的制作,当然这是不完全正确的,对此我们姑且不论。

(3)风俗习惯说。这种观点认为礼起源于原始氏族的风俗习惯。持这种观点的人主要是杨宽先生。他在《古史新探》中说:"'礼'的起源很早,远在原始氏族公社中,人们已惯于把重要行动加上特殊的礼仪。原始人常以具有象征意义的物品,连同一系列的象征性动作,构成种种仪式,用来表达自己的感情和愿望。这些礼仪,不仅长期成为社会生活的传统习惯,而且常被用作维护社会秩序、巩固社会组织和加强部落之间联系的手段。进入阶级社会后,许多礼仪还被大家沿用着,其中部分礼仪往往被统治阶级所利用和改变,作为巩固统治阶级内部组织和统治人民的一种手段。我国西周以后贵族所推行的'周礼',就是属于这样的性质。"②杨宽认为,礼仪起源于原始氏族社会末期的风俗习惯,这些风俗习惯在当时人们的生活、生产

---

① 阮元:《十三经注疏·礼记正义》,第1529页。
② 杨宽:《古史新探》,北京:中华书局,1965年版,第234页。

中成为全体氏族成员共同遵守的规范①,等到阶级社会和国家产生后,贵族统治阶级就对其中的某些风俗习惯加以改造和发展,并逐渐形成各种礼仪,用它来维护整个统治秩序和社会稳定。杨宽先生还具体探讨了某些礼仪的起源和形成,如乡饮酒礼就是起源于原始氏族聚落的会食习惯,在这种会食活动中,长老者和有德者得到氏族成员的尊重和敬养,长老者享有的威信在活动中也得到显示。乡饮酒礼就是周族在氏族社会末期的这种会食风俗习惯基础上形成的,以显示长老者享有的威信和为人所尊重。到周王朝建立后,它也就成了贵族统治阶级礼治的一种方式。再如,籍礼是源于氏族社会时期由族长或长老所组织的鼓励成员们进行集体劳动的仪式;大蒐礼是源于军事民主制时期的武装"民众大会",冠礼是源于氏族社会的成丁礼。

杨宽先生认为礼是由原始氏族末期的风俗习惯演变而来的,他主要是就周礼来探讨这一问题的。如果我们继续追问一下,这些氏族末期的风俗习惯又为什么会形成?它的作用又是什么?我们就会发现,这些风俗习惯在很大程度上是用来调节人们的行为,维护原始社会的稳定和平衡的。它们之所以会形成,也是由于节制人的欲望的需要。因此,认为礼起源于原始氏族的风俗习惯,归根到底还是可以追溯到礼起源于调节原始先民的主观欲望与客观环境的矛盾上来。

(4)礼尚往来说。这种观点认为礼起源于原始社会的物品交易行为。《礼记·曲礼上》中说:"礼尚往来:往而不来,非礼也;来而不往,亦非礼也。"②在原始社会,人们的生活资料和生

---

① 邹昌林也持此说,他认为,礼原本是人类原始时代的习俗体系,当时人们的生产、生活、习惯、信仰、经验、知识的积累,无不混而为一地保留在这个称为"礼"的文化体系中。(邹昌林:《中国礼文化》,北京:社会科学文献出版社,2000年版,第18页。)

② 阮元:《十三经注疏·礼记正义》,第1231页。

产资料都非常匮乏,为了能继续生产生活下去,物品必须互通有无,有赠有报,有来有往,否则人们就不能生存下去,社会就不能延续。所以说,"礼尚往来:往而不来,非礼也;来而不往,亦非礼也"。在这种带有商业性质的"礼尚往来"中,一些礼节也就应运而生了。杨向奎先生就是持这种观点的。他说:"在生产领域内,自原始社会末到奴隶社会,封建社会都曾有过祭祀土、谷神的典礼。在交换领域内,更可以看出自奴隶社会到封建社会初期,许多人世间的礼仪交往都和原始社会的物品交易有关,在原始社会中之所谓礼品交换实际是商业交易行为;或者我们说当时的交易行为是用礼品赠与和酬报的方式进行,即《礼记·曲礼》所谓:'礼尚往来,往而不来非礼也,来而不往亦非礼也。'其实这也可以追溯到物品交易的对等原则。这种交换的事实可以帮助我们理解中国古代礼仪的起源、演变和发展中的若干问题,礼品和商品在当时只是不同时间的不同称谓罢了。"①杨向奎认为,在原始社会中,本没有今天意义上的商品交易行为,当时的交易行为是用礼品赠与和酬报,或是一种强迫的赠给制度,他还引用了法国莫斯教授解释的"potlatch"现象来说明我国古人的"礼尚往来"的含义,并认为礼的起源可能追溯到此。杨向奎的观点在《礼记》中可以找到佐证。《礼记》中就有多处关于礼之往来必有"报"的论述,"报"就是有来有往的意思。《礼记·乐记》曰:"乐也者,施也;礼也者,报也。"②《礼记·祭义》曰:"礼得其报则乐,乐得其反则安。礼之报,乐之反,其义一也。"③《礼记·中庸》曰:"体群臣则士之报礼重,子庶民则百姓劝,来百工则财用足,柔远人则四方归之,怀诸侯则天

---

① 杨向奎:《宗周社会与礼乐文明》,北京:人民出版社,1997年版,第244页。
② 阮元:《十三经注疏·礼记正义》,第1537页。
③ 阮元:《十三经注疏·礼记正义》,第1598页。

下畏之。"①这些论述都是在强调有礼必有报,给予得越多,回报得也会越多,这就是"礼尚往来",先民们在一来二往中,也就产生了礼。汪延也持类似的观点。他说:"从历史上看,'礼'发源于原始部落社会,中外学者普遍认为,'礼'最初来自原始部落间的物质交换,所谓'来而不往,非礼也',正是'礼'的初义。"②

以上所述是关于礼的起源较有代表性的四种说法,此外还有其他说法,如"礼以情起"说。《礼记·丧服四制》曰:"凡礼之大体,体天地,法四时,则阴阳,顺人情,故谓之礼。訾之者,是不知礼之所由生也。"③人们认为,原始人类从蒙昧、野蛮进入文明,慢慢地感情就会发生变化,丰富起来,最后情动于中而发于外,一些礼节就会自然产生。因此说,礼是因情而起的。再如"礼以义起"说。《礼记·礼运》说:"故礼也者,义之实也。协诸义而协,则礼虽先王未之有,可以义起也。"④持这种观点的人就认为礼是因义而起的。

上述关于礼的起源的各种说法,从各自的角度来看,都有各自的道理,但是在探讨一般礼的起源时,往往又显得理论不足。比如,从"禮"字的字源学上探讨出礼起源于宗教祭祀,就有一定的问题。"禮"字取义于祭祀礼仪,只能说明"禮"字这种字体产生的当时所依据的情形,能否说在"禮"字字体产生之前,在更远古的时代就没有其他不同于祭祀礼仪的礼俗形式呢?这显然是有问题的。再如,礼起源于原始氏族的风俗习惯的观点,也是有一定问题的。因为由原始氏族社会的礼俗演变而来的礼仪,毕竟还是很小的一部分,除此之外,还有大量的其他礼仪并非由风俗习惯演变而来的,对此我们又怎么能犯以偏

---

① 阮元:《十三经注疏·礼记正义》,第1630页。
② 汪延:《先秦两汉文化传承述略》,西安:陕西人民教育出版社,1998年版,第79页。
③ 阮元:《十三经注疏·礼记正义》,第1694页。
④ 阮元:《十三经注疏·礼记正义》,第1426页。

概全的逻辑错误,笼统地说礼起源于原始氏族社会的习俗呢？这也是有问题的。总之,单说礼的起源如何如何,局限于某种狭隘的观点,这都是有一定问题的。如今,学术界从考古学、文化人类学、民俗学、语言学、历史学等多学科多角度地考察礼的起源,发现礼的起源并不是单一的,而是多元的,礼的多元起源说已被学术界所赞同。其实,说礼的起源,我们不能武断地说凡礼都起源于某时、某种原因。我们更应该注意到各种礼是在不同时期、不同情况下产生的,它的意义也不尽相同,有祭祀礼仪意义上的礼,有生活行为规范意义上的礼,有习俗庆典意义上的礼等等。礼也有一个逐渐繁富、逐渐复杂的过程。夏代的礼已种类较多,殷代的礼门类繁杂,而周代的礼则"郁郁乎文哉"①。所以清人邵懿辰说："礼本非一时一世而成,积久服习,渐次修整而臻于大备。"(《礼经通论·论孔子定礼乐》)因此,笼统地说礼的起源如何如何,势必要遇到较大的困难。

  以上我们就礼的起源做了一些论述。礼的产生,也就意味着礼文化的产生,或者说一个社会群体中产生了礼,也就产生了礼文化。我们追溯礼的起源,也可以说是在追溯礼文化的起源。至于乐的产生,在时间上来说,至少不迟于礼的产生,甚至早于礼的产生。殷墟出土的甲骨文字中已有"乐"(樂)字,是一个似木架上装有三面鼓的象形文字。许慎《说文解字》曰："五声八音总名。象鼓鞞。木,虡也。"②"乐"这个字出现的时间很早,这从一个侧面说明了"乐"在人类生活的很早时期就产生了,到了殷代它已经相当成熟,在殷代先民们的生活中起着重要的作用,所以甲骨文中就造有"乐"字③。那么"乐"是如何起

---

① 阮元：《十三经注疏·论语注疏》,第2467页。
② 许慎：《说文解字》,北京：中华书局,1963年版,第124页。
③ 我们这里所说的"乐"并不是单指"音乐",而是指诗歌舞三位一体的"乐",因为在先秦时期,诗歌舞是紧密联系在一起的,还没有严格地区分开来。

源的呢？历来说法不一。就目前学界的观点来看，大致有以下几种：

（1）情感说。这种观点认为乐起源于人的情感表达。因为在所有的高级生命中，人是最富有感情的，而人又处于丰富多彩的大自然和纷繁复杂的社会关系中，难免会被深深触动，自然情感上要有所表达，而乐是最宜表情达意的，这样以乐来表达情感，乐也就产生了。《礼记·乐记》说："凡音之起，由人心生也。人心之动，物使之然也。……乐者，音之所由生也，其本在人心之感于物也。"①就明确地说明了音乐是由于人心受到外物的触动而产生，并用它来表达感情的。《吕氏春秋·音初》中记载了"四音"（东音、南音、西音、北音）产生的传说，都说明了音乐是由于人要表达情感的需要而产生的。比如，"南音"是涂山氏之女因思念大禹而把她的情感表达出来产生的，"禹行功，见涂山之女，禹未之遇而巡省南土。涂山氏之女，乃令其妾，候禹于涂山之阳，女乃作歌，歌曰'候人兮猗'，实始作为南音"②。荀子也肯定乐的产生是因人的感情而起，不过他是从另一个角度来说的。《荀子·乐论》说："夫乐者，乐也，人情之所必不免也，故人不能无乐。乐则必发于声音，形于动静，而人之道，声音动静，性术之变尽是矣。故人不能不乐，乐则不能无形，形而不为道，则不能无乱。先王恶其乱也，故制雅、颂之声以道之，使其声足以乐而不流，使其文足以辨而不諰。"③和论礼的产生相类似，荀子也认为乐的产生是由于人的情感受外物的触动，会引起惑乱，从而圣王制乐以泄导人情的结果。荀子关于圣王制乐的观点正确与否，我们姑且不论，但他认为乐的产生与人的感情密不可分，这是有一定道理的。

（2）巫术说。又称"宗教说""魔法说"。这种观点认为音乐

---

① 阮元：《十三经注疏·礼记正义》，第1527页。
② 许维遹：《吕氏春秋集释》卷六，北京：中国书店影印，1985年版。
③ 王先谦：《荀子集解》，北京：中华书局，1988年版，第379页。

起源于原始人的巫术宗教活动。原始人类在生产力极其低下的情况下过着群居的生活,共同劳动,共同分配劳动果实。在极为恶劣的自然环境中,为了求得生存,他们同大自然做艰苦的斗争。在不能战胜大自然、也无法解释大自然的某些现象时,他们就需要精神力量的支持并把精神力量神秘化,久而久之就演变为宗教巫术活动。原始人在举行宗教巫术活动时,常常要取悦万物神灵,祈求神灵的庇佑,他们认为发出动听悦耳的声音,做出协调的肢体动作就可以达到这一目的,因此,就尽情地酣歌漫舞,这样乐舞艺术也就慢慢地产生了。法国考古学家雷纳克、英国人类学家爱德华都持这种观点。王国维在《宋元戏曲史》中说:"歌舞之兴,其始于古之巫乎?巫之兴也,盖在上古之世。"①其也认为音乐舞蹈起源于远古时代的宗教巫术活动。

(3)模仿说。这种观点认为音乐起源于人类对大自然的模仿。大自然中有许许多多的声响,如风怒号、雨潇潇、虫鸣、鸟叫、流水叮咚等。原始人类从这些美妙的大自然的声响中得到启示,模仿它们,就创造了音乐。古希腊哲学家德谟克利特说:"在许多重要的事情上,我们是模仿禽兽,作禽兽的小学生的。从蜘蛛我们学会了织布和缝补;从燕子学会了造房子;从天鹅和黄莺等歌唱的鸟学会了唱歌。"②他认为艺术就是起源于人类对自然的模仿,音乐就是人类从对天鹅和黄莺的歌声模仿中创造出来的。其后,亚里士多德继承了模仿说并做了进一步阐述和发挥,自此模仿说成了西方文艺理论史上经久不衰的艺术起源说理论。

(4)劳动说。马克思主义从历史唯物主义和辩证唯物主义观点出发,认为音乐艺术起源于人类的劳动实践。人类在生产

---

① 王国维:《宋元戏曲史》,天津:百花文艺出版社,2002年版,第1页。
② 伍蠡甫:《西方文论选》(上卷),上海:上海译文出版社,1988年版,第4—5页。

劳动的过程中,创造了人类自身,也创造了音乐赖以产生的一切条件。一方面,劳动使人的手变成灵巧的能够演奏音乐的双手,使人的咽喉变成了能够唱出歌声的歌喉,使人的耳朵变成能欣赏音乐的耳朵,使人的大脑变成了能够进行艺术思维的大脑;另一方面,在生产劳动过程中,远古时代的人们为了彼此协调劳动的动作,减轻劳动带来的疲劳,鼓舞劳动的热情,他们常常发出有节奏的劳动呼号声,久而久之,就产生了音乐。现代民歌中的打夯歌、船夫号子、秧歌等都还可以看到音乐产生之初的影子。

除此之外,还有人认为音乐起源于原始人在精力剩余时的游戏,或起源于异性之间的求爱和人的本能等等[①],在此不再做讨论。上述几种音乐起源说都各从一个侧面来说明音乐的起源问题,都各有一定的道理,但也有一定的局限性。如"宗教说"就是如此。巫术宗教活动在音乐艺术的发展中起着重要的作用,但它还不是音乐艺术真正的起源,因为,巫术宗教活动并不是人类最早的活动,它是在人类历史的一定阶段上才出现的,巫术宗教活动产生时,音乐艺术可能已经产生了。总之,从人类生理、心理特点以及劳动生活对人的影响等多方面、多层次地去考察,"乐"的起源并不是单一的,而是多元的,是多种因素促成了"乐"的产生。关于这些,学界已有文章论述,在此不再赘述。

上文我们对乐的起源进行了论述。和礼的产生意味着礼文化的产生一样,乐的产生也就意味着乐文化的产生。礼和乐的产生可能并不是同时出现的,乐的产生应该是人类历史上很

---

① "游戏说"源于康德,代表人物有席勒、斯宾塞、谷鲁斯。席勒在其《审美教育书简》中认为:"艺术起源于游戏冲动,而游戏冲动是来源于人的过剩精力。""异性求爱说"是英国生物学家达尔文提出的,他认为音乐起源于鸟鸣声,史前动物往往以鸣声追求异性,声音越优美就越能吸引异性,于是争相发出动听悦耳的声音,原始人对其模仿来求爱,就产生了音乐。

早的事情,礼相对于乐来说,大概是后起的事情。但是礼在它产生之后,就与乐联系在一起,礼中有乐,乐中有礼,礼乐并存。上文中为了方便起见,分别对礼和乐进行论述。实际上,礼和乐一开始时就本能自然地联系在一起。(当然,最初的礼乐关系不可能像后来"三代"时期那样联系紧密,礼乐的真正结合是在阶级社会产生之后,是统治阶级的有意为之。)那么为什么礼乐会联系和结合在一起,出现礼乐并存的现象呢?对此我们就两个方面来讨论:

第一,在原始初民社会,人们过着一种无阶级压制的生活,诗性的思维是他们主要的思维①,乐无论是人们寄托着情感和理想,还是起着娱悦神灵、协调劳作的作用,都是人类生活中不可缺少的东西,是和谐人类生活的调节剂。而那时的礼还是初级形态的礼,还没有严格森严的等级秩序,礼和原始先民们的生活是浑融在一起的,礼也有着寄托人类情感、安顿人的灵魂的作用,甚至还可以起到传授知识和传递信息的作用,人们对礼是从内心深处的认同和遵从,礼和乐一样也是人们生活中不可缺少的调节剂,正是礼和乐具有这样的特点,礼和乐一开始就联系和结合起来,不过这种联系和结合是自发的、不自觉的。

第二,到了阶级社会,礼和乐开始自觉地联系和结合在一起,因为,在阶级社会,礼和乐具有强烈的现实功用性,统治阶级依靠和利用礼和乐来实行教化和统治。这时候的礼已经具有了严格森严的等级秩序,礼是作为一种对全体社会成员具有约束力和牵制力的礼法规定而存在,礼和人们的生活不再是浑融在一起的,因而人们对礼的遵从就不是从内心深处发出的。

---

① 参见维柯:《新科学》第二卷,北京:人民文学出版社,1986年版。

礼会使人们之间的关系出现疏离,如果"礼胜"①,这种疏离就会加剧和紧张,势必给社会造成不稳定。因此就需要有一种缓解这种紧张关系的方式,乐恰好具有这种功能,它的亲和力能够解决这一问题。因此,在阶级社会中礼和乐也会自觉地联系和结合在一起,礼乐并存,相需为用。因此,无论是原始形态的礼和乐,还是阶级社会的礼和乐,都是人们社会生活中不可缺少的。礼和乐一开始就联系和结合在一起,只不过原始形态的礼和乐是自发地联系和结合在一起,而阶级社会中的礼和乐是自觉地联系和结合在一起。有的学者从巫术祭祀的角度探讨礼和乐的结合并认为:"礼仪一开始就是以带有感官愉悦性的形式表现出来的,祭祀就是娱神、娱鬼,以求得神鬼的欢心。因此,礼与乐在它们的初始时期就结下了不解之缘。"②这是深有道理的。对此我们可以从远古时代的巫术宗教活动中得到见证。原始先民们常常举行宗教祭祀活动,在举行祭祀礼仪的形式时,常常伴随着原始的歌舞,他们或敲击着棍棒打出拍子,或应和着节奏做出各种肢体动作,或念着咒语和祷词。他们以此方式来取悦祖先神灵和上帝鬼神,希冀得到它们的庇佑和赐福。这点也可以从《说文解字》中对"巫"字的解释上得到佐证:"巫,祝也,女能事无形以舞降神者也,象人两褎舞形。"③巫,是古代先民们在举行巫术活动或宗教祭祀时沟通人与神之间的媒灵,常为女性,巫常常伴随着巫术仪式而起舞,以祈求神灵的降临。所以,《说文解字》把"巫"和"舞"联系在一起,这是有一定道理的。巫术宗教祭祀活动的仪式中伴随有一定的乐舞,同

---

① 《礼记·乐记》曰:"乐者为同,礼者为异。同则相亲,异则相敬。乐胜则流,礼胜则离。合情饰貌者,礼乐之事也。"即是说,乐强调过分会使人们过于随便而不知敬,礼强调过分会造成人与人之间隔阂而不相亲。(阮元:《十三经注疏·礼记正义》,第1529页。)
② 柳肃:《礼的精神——礼乐文化与中国政治》,长春:吉林教育出版社,1990年版,第7页。
③ 许慎:《说文解字》,北京:中华书局,1963年版,第100页。

样在其他的礼仪场合下,也必然有乐舞艺术的出现。因此,我们可以说,礼和乐一开始就自然地联系在一起,礼中有乐,乐中有礼,礼乐并存。

综上所述,礼和乐的产生,是由多种因素促成的,礼和乐的起源应该是多元互促的。又由于一个社会中礼的产生意味着礼文化的产生,乐的产生意味着乐文化的产生,而礼和乐一开始时就自然地联系和结合在一起,因此,礼文化的产生和乐文化的产生并结合起来也就意味着礼乐文化的产生。当然,这种礼乐文化还是一种原始形态的礼乐文化,是初级形态的礼乐文化。既然礼和乐的起源,我们说是多元互促的,那么礼乐文化的起源我们也就可以说是多元互促的。弄清了礼乐文化的起源问题,我们还要知道礼乐文化从产生到发展再到鼎盛,也有一个不断演变的过程,关于这一点我们将在下一节做进一步的论述。

第二节 从娱神、敬鬼到治人国
——先秦礼乐文化的演变

人类社会从原始公社制社会到奴隶制社会,再到封建制社会,其间经历了漫长的历史过程。在这漫长的历史过程中,人类从自由平等的无阶级社会过渡到阶级社会。礼乐文化从人类社会之初就产生一直到阶级社会这段时间里,经历了从萌芽到发展,从发展到鼎盛,又从鼎盛到衰退的变化过程;礼和乐也经历了从无到有,从分到合,又从合到分的变化过程。而礼乐文化的这一变化过程在时间上正处于我国历史上的远古时期到夏商周三代时期,即先秦时期①。纵观先秦礼乐文化的演变

---

① 李泽厚在《美的历程》中把"先秦"时期界定为"春秋战国"时期,他说:"所谓'先秦',一般均指春秋战国而言。"(见李泽厚:《美学三书》,合肥:安徽文艺出版社,1999年版,第55页。)我们这里所说的"先秦时期"并非仅指"春秋战国",而是指广义上的"先秦时期"。

过程,我们可以粗略地认为,"三代"之前的原始社会时期是礼乐文化的发生时期;夏、商时代是礼乐文化的发展时期;西周时代是礼乐文化的鼎盛时期;春秋战国是礼乐文化的衰亡时期。先秦礼乐文化从发生、发展到鼎盛再到衰亡,其演变过程有着自己内在的规律和特点,这个规律和特点就是作为娱神敬鬼的礼乐转变为重人娱人的礼乐,而这个转变时期在时间上处于商周之际。因此,要想更准确、更深入地理解先秦礼乐文化特别是周代的礼乐文化,我们有必要对其特点和规律及其演变过程进行一次梳理。

(1)先秦礼乐文化的发生期。从时间上来说,先秦礼乐文化的发生期大概处于远古到"三代"之前的这一段历史时期(即传说中的三皇五帝的前后时期),这一时期的礼乐文化,我们可以称其为原始礼乐文化。原始时代的人们生活在人类的童年时代,他们因生产力的不发达和文明的落后,在面对变化莫测的自然现象及与飞禽猛兽的斗争过程中,常常感到困惑不解和力不从心,从而感到神秘和恐惧,认为冥冥之中总有某种神秘的力量在主宰着自己的命运。于是他们就把自然万物和自然现象人格化为神灵,顶礼膜拜①,并用音乐、舞蹈、咒语等手段来表达他们的敬畏和崇拜之情。当这些崇拜的仪式在特定的时间,用特定的方式反复举行,便被固定下来时,就成了原始先民生活中的一种习俗和制度。《吕氏春秋·古乐》说:"昔葛天氏之乐,三人操牛尾投足以歌八阕:一曰《载民》,二曰《玄鸟》,三曰《遂草木》,四曰《奋五谷》,五曰《敬天常》,六曰《建帝功》,七

---

① 恩格斯:"在远古时代,人们还完全不知道自己身体的构造,并且受梦中景象的影响,于是就产生一种观念:他们的思维和感觉不是他们身体的活动,而是一种独特的、寓于这个身体之中而在人死亡时就离开身体的灵魂的活动。……由于十分相似的原因,通过自然力的人格化,产生了最初的神。"(《马克思恩格斯选集》《第四卷》,北京:人民出版社,1995年版,第223—224页。)

曰《依地德》，八曰《总万物之极》。"①这里所说的"葛天氏之乐"，我们今天已无从知晓它的具体情况，但是从所记载的文字上看，它应该是远古时代的先民们在举行崇拜仪式时所表演的乐舞。从其歌颂的玄鸟、草木、五谷、天地等来看，先民们把这些自然物都当成了神灵，企图用崇拜仪式和歌舞表演来娱悦它们，以祈求年成的丰收等。内蒙古自治区碇口县西北托林沟畔北山后石壁上有一幅原始社会时期的岩画，画面中间有四个连臂顿足而舞的舞者，排列整齐，饰有长长的尾饰，富有韵律感；左上方不远处有一个舞者，双手叉腰，正在跳舞，另一个舞者扮成鸟形，似乎振臂欲飞。这幅画似乎表现当时人们在巫术仪式中跳狩猎舞的情形，可以看出来，原始人企图用舞蹈来娱悦神灵，以便使自己获得好的狩猎成果。1984年，民俗文化学者在吉林省长白山区的原始森林中一个小山村里，发现了一个完整的朝鲜原始舞蹈《手拍舞》。此舞的表演者赤身、裸脚，腰系兽皮，肩抗猎物，走到森林边，在乐师身旁放下猎物。乐师开始敲打乐器，发出有节奏的响声。舞蹈者开始耸动双肩，拍打身体跳起舞来。在打击自己身体的过程中，穿插再现狩猎的过程，并做出种种面部表情，发出震撼人心的叫声。和上例相比较而言，《手拍舞》的原始巫术意味减弱了，但从中还是可以看出，舞蹈者企图用这种方式来祈求狩猎的丰收。②这种现象在世界上各个民族的原始时期都曾出现过，只有在古老的中国，它才成了后来礼乐文化的萌芽。

原始礼乐文化中的礼和乐结合得还不是很紧密，在大多数情况下，是只见乐、不见礼。《覆瓿存稿·"乐"与乐神》中说："实际上，且不要说礼、乐这两种社会上层建筑与永恒的天地精神并不沾边，就是从发生过程来讲，它们也不是同一历史层次上的东西。'乐'产生并起作用于奴隶社会以前，而'礼'却是封

---

① 许维遹：《吕氏春秋集释》卷五，北京：中国书店影印，1985年版。
② 刘锡诚：《中国原始艺术》，上海：上海文艺出版社，1998年版，第374页。

建社会的政治形式,它是伴随着封建制的出现而产生。"①这里所说的不是一个历史层次上的礼和乐,是指严格意义上的礼和乐而言,但它也从一个侧面道出了原始礼乐结合不紧密的真实现象。原始礼乐文化中的礼乐还不具有等级色彩,它们是原始先民们表达理想和宣泄狂热激情的一种方式。因此,从严格意义上来说,它们还不是后来那种作为等级制度和等级体系的礼乐,只是一种社会成员约定俗成的、共同遵守的、没有等级观念的习俗习惯。这时期的礼乐也不具有礼法的实际效用,而主要是用来娱悦神灵,达到人和神的和谐,从而能够祈求到神灵的保佑和赐福。《尚书·舜典》中说:"帝曰:'夔!命汝典乐,教胄子,直而温,宽而栗,刚而无虐,简而无傲。诗言志,歌永言,声依永,律和声。八音克谐,无相夺伦,神人以和。'夔曰:'於!予击石拊石,百兽率舞。'"②帝舜命令乐师夔去主管音乐,并要求八类乐器奏出和谐的声音,相互间不能乱了次序,其目的是娱悦神灵,让神灵高兴,从而使人与神和谐共乐,得到神的保佑和赐福。《吕氏春秋·古乐》中也有类似的记载:"帝颛顼生自若水,实处空桑,乃登为帝。惟天之合,正风乃行,其音若熙熙凄凄锵锵。帝颛顼好其音,乃令飞龙作效八风之音,命之曰《承云》,以祭上帝。……帝尧立,乃命质为乐。质乃效山林溪谷之音以歌,乃以麋革各置缶而鼓之,乃拊石击石,以象上帝玉磬之音,以致舞百兽。瞽叟乃拌五弦之瑟,作以为十五弦之瑟,命之曰《大章》,以祭上帝。"③从这段文字记载来看,帝颛顼命令乐师飞龙作《承云》之乐,并不是给自己或群臣享受,而是用其祭祀上帝,从而取悦上帝,希望得到上帝的保佑和恩赐。帝尧时代,帝尧命令乐师质作《大章》之乐,和帝颛顼的用意一样,也是用来祭祀上帝。远古先民们认为,祭帝祭神是为了表达对神的崇

---

① 李壮鹰:《覆瓿存稿》,天津:百花文艺出版社,1995年版,第10页。
② 阮元:《十三经注疏·尚书正义》,第131页。
③ 许维遹:《吕氏春秋集释》卷五,北京:中国书店影印,1985年版。

敬,而敬神最好的方式是娱神。敬神和娱神的终极目的都是为了求治,而乐正好能够承担这一神学政治的重任。所以司马迁说:"夫上古明王举乐者,非以娱心自乐,快意恣欲,将欲为治也。"①这就明确地说明了本是"娱心自乐"的乐在上古时期承担着娱神的功能和求治的目的。因此,原始时期的礼乐文化还没有尊卑贵贱的等级观念和仁孝亲敬的伦理观念,它主要是用来娱悦各种神灵,祈求神灵的保佑和赐福,从而使天下太平大治。当然原始先民们有时也试图通过礼乐的巫术效应来影响神灵,改善自然。如《礼记·郊特牲》:"伊耆氏始为蜡。蜡也者,索也,岁十二月,合聚万物而索飨之也。……(其蜡辞)曰:'土返其宅,水归其壑,昆虫毋作,草木归其泽。'"②相传伊耆氏是上古时代的部落首领,在伊耆氏时代,先民们在礼飨百神的时候,希图利用咒语性的歌唱来影响神灵和控制自然。

  对于原始礼乐文化,这里还想说两点:(1)无论是原始礼乐文化中的"礼",还是"乐",也各自有一个发展过程,这个过程应该是一个线性的逻辑发展过程。我们以"乐"的发展为例,原始的"乐"在其演变过程中,先后经历了萌发期、形成期、发展期、成熟期。在这个过程中,原始的"乐"发生了一些重要的变化。其一,原始乐器功能开始分化,出现乐器和礼器合二为一的现象;其二,"乐"的功能开始分化,乐与宗教紧密联系,出现以乐通神、以乐娱神的观念。这两点变化对原始礼乐文化的形成起着重要的作用。(2)就原始礼乐文化的发展来看,在其发展过程中,还有一个现象,就是在其发展进程中,形成了多个呈动态发展的"礼""乐"文化圈。如中原黄河流域主要形成了"乐"文化圈,东南太湖流域和东北辽河流域主要形成了"礼"文化圈。不同地区、不同性质的文化圈相互接触、相互渗透融合,终于形

---

① 司马迁:《史记》,北京:中华书局,1982年版,第1236页。
② 阮元:《十三经注疏·礼记正义》,第1454页。

成了以中原礼乐文化圈为中心的华夏原始礼乐文化①。

(2) 先秦礼乐文化的发展期。从时间上来说,先秦礼乐文化的发展期大约在夏、商二代。处于发展时期的礼乐文化,比之发生期的礼乐文化来说,礼和乐开始从分离走向结合,二者的联系比之以前明显地紧密了。

夏代是我国第一个奴隶制社会。"夏传子,家天下"②,结束了原始社会的禅让制和全体氏族成员之间的平等关系,以父系家长制为社会基础的国家开始形成。夏代,阶级的产生和等级观念的出现使得原始意义上的"礼""乐"发生了嬗变,原有的建立在军事民主制基础上的部落联盟被一切以王权为中心的国家形式所替代,这时的"礼"和"乐"开始以王权为中心而建立,这点可以从帝禹命皋陶作乐之事上得到证明。《吕氏春秋·古乐》曰:"禹立,勤劳天下,日夜不懈,通大川,决壅塞,凿龙门,降通漻水以导河,疏三江五湖,注之东海,以利黔首。于是命皋陶作为《夏籥》九成,以昭其功。"③帝禹治水功成之后,命令皋陶作乐舞《夏籥》九成,是以帝王的个人英雄功绩为赞颂对象,作乐

---

① 参见黄厚明:《原始礼乐文化:华夏文明形成研究的新视野》,《南通师范学院学报》,2003年第2期。
② 《史记·夏本纪》:"十年,帝禹东巡狩,至于会稽而崩。以天下授益。三年之丧毕,益让帝禹之子启,而辟居箕山之阳。禹子启贤,天下属意焉。及禹崩,虽授益,益之佐禹日浅,天下未洽,故诸侯皆去益而朝启,曰'吾君帝禹之子也'。于是启遂即天子之位,是为夏后帝启。夏后帝启,禹之子。……夏后帝启崩,子帝太康立。……太康崩,弟中康立,是为帝中康。……中康崩,子帝相立。"(司马迁:《史记》,北京:中华书局,1982年版,第83—86页。)这就说明从夏代开始,我国已经进入了阶级社会,父死子继的家国天下业已形成。《战国策·燕策一》曰:"禹授益而以启为吏,及老,而以启为不足任天下,传之益也。启与支党攻益而夺之天下。是禹名传天下于益,其实令启自取之。"(刘向:《战国策》,上海:上海古籍出版社,1985年版,第1059页。)战国时人认为禹行禅让制是精心设计的一个圈套,禅让制徒具虚名,在旧传统的范围里为世袭制替代禅让制解决了关键问题,把"家天下"的任务留给了儿子启去完成。(参见晁福林:《先秦社会形态》,北京:北京师范大学出版社,2003年版,第99页。)
③ 许维遹:《吕氏春秋集释》卷五,北京:中国书店影印,1985年版。

的目的是"以昭其功",突出了为奴隶制王权服务的意识。《管子·轻重甲》曰:"昔者桀之时,女乐三万人,端噪晨乐,闻于三衢,是无不服纹绣衣裳者。"①夏桀拥有三万女乐,乐舞表演的规模之大,大路上都能听到乐声。不管这是不是史实,但夏代的礼乐开始为王权服务,这却是事实。不过尽管夏代的礼乐文化突出了奴隶制王权意识,开始为王权和个人淫乐服务,但夏代礼乐是从原始礼乐蜕化而来,礼乐的根本性质并没有改变,礼乐的功能主要还是用来娱悦神灵。《礼记·表记》曰:"夏道尊命,事鬼敬神而远之,近人而忠焉,先禄而后威,先赏而后罚,亲而不尊。其民之敝,蠢而愚,乔而野,朴而不文。"②何谓"夏道尊命"?历来的注解多为:夏代的治国之道是尊崇政令③,其实,这种解释并不十分准确。如果从夏代人的神灵观念来理解的话,这里的"尊命"应当理解为"遵从神灵的旨意或遵从命运的安排"。正是因为夏人遵从神灵的旨意或命运的安排,觉得冥冥中有一种神秘的力量左右着自己,个人反抗是无效的,所以才遵从政令。"夏道尊命"是因为夏代的宗教观念还不发达,还没有从原始巫术活动中走出来,处于原始巫术观念的水平,于是事鬼敬神而远之。夏代治民的态度是"先禄""先赏",人与人之间的伦理关系是"亲而不尊"④。这说明夏代的社会矛盾、阶级对立还不像后代社会那样紧张尖锐,原始社会中那种互亲互爱、讲信修睦的习惯传统还在起着作用,这时的礼乐主要不是作用于人事,而是以神事为重,礼乐主要还是用来娱悦神

---

① 黎翔凤:《管子校注》,北京:中华书局,2004年版,第1398页。
② 阮元:《十三经注疏·礼记正义》,第1641页。
③ 《纂图互注礼记》注释:"命谓四时政令,所以教民四时勤也。"(见《四部丛刊》经部);《十三经译注·礼记译注》注释为:"尊上之政教。"(《十三经译注·礼记译注》,上海:上海古籍出版社,2004版,第724页。)《礼记译解》注解为:"尊崇政令。"(王文锦:《礼记译解》,北京:中华书局,2001年版,第813页。)
④ 参见李心峰:《中国三代艺术的历史文化语境》,《民族艺术研究》,2003年第5期。

灵,以讨得神灵的欢欣,乞得神灵的降福。

如果说夏代的礼乐可以称之为巫术性礼乐的话,那么殷代的礼乐就可以称之为宗教性礼乐。殷代的宗教意识极为浓厚,整个社会意识形态都笼罩在充满神秘气氛的原始宗教的阴影中,原始的神学观念在社会中占据着绝对统治地位,神权统治是其基本特征。殷人认为,神是至高无上的,人要受神的支配,完全听命于神的旨意和安排。基于这样的原始宗教思想,殷人建立了一套完备的神学政治体系。那就是殷人的一切活动都要以神为中心,其中最重要的神事活动就是祭祀典礼,祭祀鬼神成为一种制度并指导着国家所有的日常活动①。殷人尊神,以神为中心,还突出地表现在,殷人无论从事何事,事无大小,事无巨细,都要进行占卜求问于神以决疑。这可以从有关历史文献和大量的殷代甲骨卜辞记录上得到充分的证实。《尚书·洪范》曰:"稽疑:择建立卜筮人,乃命卜筮:曰雨,曰霁,曰蒙,曰驿,曰克,曰贞,曰悔,凡七。卜五,占用二,衍忒,立时人作卜筮,三人占,则从二人之言。汝则有大疑,谋及乃心,谋及卿士,谋及庶人,谋及卜筮。汝则从,龟从,筮从,卿士从,庶民从,是之为大同。身其康强,子孙其逢吉。汝则从,龟从,筮从,卿士逆,庶民逆,吉。卿士从,龟从,筮从,汝则逆,庶民逆,吉。庶民从,龟从,筮从,汝则逆,卿士逆,吉。汝则从,龟从,筮逆,卿士逆,庶民逆,作内吉,作外凶。龟、筮共违于人,用静吉,用作凶。"②这段文字虽为后人对殷代官方政治文化的追述,但大量的甲骨卜辞的出土,和它互相印证,肯定了它的真实性。在殷代,对一件事做出最终决定,国君、卿士、庶民、卜、筮五个方面因素中,国君、卿士、庶民的意见只起一定的参考作用,卜、筮的结果才具有最终决定权。

---

① 参见王杰:《殷周至春秋时期神人关系之演进》,《中共中央党校学报》,2000年第3期。
② 阮元:《十三经注疏·尚书正义》,第191页。

殷人占卜的频繁、占卜范围的无所不包以及占卜在国家生活中的重要地位是与殷人的神灵观念的发达有着密切的关系的。在夏人的神灵观念里,自然万物都被认为是有灵的,而且是平等的,还没有出现等级分化,所有的神灵不分孰重孰轻地成为崇拜和祭祀的对象。这种原始的、不发达的神灵观念到了殷人那里却发生了较大的变化。从殷人卜辞记载的占问内容、祭祀对象等来看,殷人的神灵观念可以分为三种:(1)天神:上帝、日、东母、西母、云、风、雨、雪;(2)地示:社、四方、四戈、四巫、山、川;(3)人鬼:先王、先公、先妣、诸子、诸母、旧臣①。"帝"是殷人信仰和崇拜的至上神,具有最高的权威,管理着自然并主宰着人间,其最重要的权力是管辖着天时而影响人间年成。"帝"的出现说明殷人已经有了至上神的观念,而且这个"帝"也不是原始部落的部族神。上帝有帝廷,有工臣,还像人间帝王一样发号施令。张光直说:"上帝至尊神的观念在商代已经充分发展,而商代及其子姓王朝之统治一定在这种观念的发展上起过很大的促进作用。商代的上帝不但是自然界的首脑,也是人间的主宰,对水旱灾害有收降的力量,影响人王祸福,并统辖一个自然界诸神与使者所组成的帝廷。"②这种作为至上神的"帝"在夏人神灵观念里还不曾出现,却出现在殷人的神灵观念里,足见殷人的神灵观念更为发达。夏人和殷人的神灵观念还有一个重大的区别,就是在殷人的神灵观念里,"人鬼"(即死去祖先化作的神灵)的观念更为发达。夏代以及更早的时代,先民们对生与死的认识还不甚清楚,生死观念不发达,"人鬼"的观念不突出。到了殷代,殷人的生死观发生了变化,他们认识到先王先公生前在社会生活中起过的重大作用,死后还化为"人鬼",继续护佑着生人。因此,祖先的神灵和上帝(当然也包括其他诸神)一样,也成为殷人崇拜和祭祀的对象。需要说明

---

① 陈梦家:《殷墟卜辞综述》,北京:中华书局,1988年版,第562页。
② 张光直:《中国青铜时代》,北京:三联书店,1999年版,第414页。

的是,在殷人的神灵观念里,上帝虽主宰着人间,令风令雨,降福降祸,但生人不能直接向他祈求,上帝也不享受人间祭祀的牺牲,沟通生人和上帝之间的中介是祖先的神灵。去世祖先的神灵既可以上达于上帝之廷,转达人间对上帝的祈求,又可以下临凡界,把上帝对生人的降福降祸带到人间。对此用一个简单的图示来表示就是:生人→人鬼→上帝→人鬼→生人。既然人鬼在生人和上帝之间起着重要的桥梁沟通作用,殷人就极为重视和崇拜"人鬼",祭祀活动中的主要对象也是"人鬼"。殷人认为,只要经常举行祭祀活动,用牺牲、乐舞等来娱悦人鬼,让他们高兴,人鬼就会乐意向上帝转达生人的祈求,从而使上帝降福于人间。《礼记·表记》说:"殷人尊神,率民以事神,先鬼而后礼,先罚而后赏,尊而不亲。其民之敝,荡而不静,胜而无耻。"①"殷人尊神",就是殷人极为尊崇神灵,所以"率民以事神"。与"夏代尊命"只尊崇天神不同,殷人除了尊崇天神外,还极为敬重人鬼,所以"先鬼而后礼"。可见,在殷人的文化体系中,占据着核心地位的是鬼神祭祀观念。《吕氏春秋·顺民》曰:"昔者汤克夏而正天下,天大旱,五年不收,汤乃以身祷于桑林……剪其发,䩢其手,以身为牺牲,用祈福于上帝。"②商代最高统治者汤王亲自祷于桑林,并以自身作为牺牲,准备为此献身,这反映了天地鬼神在人们生活中占据着多么重要的地位。而作为人文之道的"礼"虽已产生,但只处于次要地位,人与人之间的伦理关系是"尊而不亲"。

殷人基于这样的鬼神祭祀观念,殷代的礼乐文化必然表现出宗教性礼乐文化的特征。与夏人及更早的先民们用礼乐来娱悦神灵不完全相同,殷人主要用礼乐来娱悦人鬼。这点是先秦礼乐文化演变过程中的一个显著的变化。殷人常常举行大规模的宗教性祭祀祖先神灵的活动,几乎一年三百六十日每天

---

① 阮元:《十三经注疏·礼记正义》,第1642页。
② 许维遹:《吕氏春秋集释》卷九,中国书店影印,1985年版。

都有,而且常由殷王主祭①。在祭祀仪式上,殷人主要用乐舞来娱悦祖先神灵,使祖先神灵高兴。因此,"乐"在殷代礼乐文化中占据着主要地位,而礼只起着辅助的作用。《礼记·郊特牲》说:"殷人尚声,臭味未成,涤荡其声,乐三阕,然后出迎牲。声音之号,所以诏告于天地之间也。"②殷人崇尚借助音乐来祭祀,在杀牲之前,先奏乐而飘荡起乐声,待音乐演奏三段后,才出庙迎牲。演奏起音乐,是用来报告天地间的鬼神,好让他们来享受牺牲。在举行正式祭祀仪式中,更是乐声飘飘、乐舞翩翩。可见,"乐"在殷人祭祀活动中起着重要作用,殷代的礼乐文化也以"乐"文化为主,礼乐的作用是娱悦神灵特别是祖先神灵。总之,在先秦礼乐文化的发展期,礼和乐初步结合,但还不是十分的密切。在礼和乐的结合中,乐占据着主要地位,礼起着辅助作用,礼乐结合共同为娱悦神灵服务。

(3)先秦礼乐文化的鼎盛期。从时间上来说,先秦礼乐文化的鼎盛期大概在西周时期。西周时期的礼和乐已经完全结合起来,而且非常紧密,礼和乐相辅相成,共同为西周的大一统的贵族政治统治服务。

殷商灭亡后,周王朝统治者面对殷商政权的顷刻间土崩瓦解,不得不心有余悸地总结殷商灭亡的经验教训,他们在承袭了殷代的官方文化形态的同时,也对殷代的原始的宗教神学思想进行了改造,以适应新的统治需要。

首先,小邦周为何一夜间取代了大邑商,发生了如此巨大的变化?周人需要找出一个合理的解答,为此他们提出了新的天命论思想。周人认为,"天"具有一种主持公道、明辨是非、垂

---

① 据李亚农考证,殷王在一年三百六十日中几乎无日不举行祭祀,其中多数由殷王亲自祭祀,也有不少时候让别人代为举行祭祀。(李亚农:《殷代社会生活》,见《李亚农史论集》,上海:上海人民出版社,1962年版,第416、436—437页。)

② 阮元:《十三经注疏·礼记正义》,第1457页。

青于有德之人的品格;殷人暴虐而周人积德,周人取代殷人的地位,是"天"的旨意,是正义的。这种新的天命思想已经大大区别于殷人的天命思想了,它去掉了单纯的宗教迷信色彩,增加了伦理政治色彩。周人就是运用这种新的天命思想来加强其政治统治的。一方面,周族统治者面对殷商遗民,反复宣称自己取得政权是天意,一再强调"天命不易""天命不僭"①"有命自天,命此文王"②"昊天有成命,二后受之"③,肯定天命的不可动摇性和神圣性;另一方面,周族最高统治者对于周室内部,一再强调殷鉴不远,政权获得的不易,不断告诫周人,"惟命不于常"④"天不可信"⑤"天命靡常""上天之载,无声无臭"⑥,以引起周人珍惜来之不易的权力。周人对天命重新解释,在对天命予以肯定的同时,更多的是对天命的怀疑和警戒,这表明周人已经开始摆脱殷人那种依赖于宗教神权来统治的思想观念。传统的人神关系已经被打破,人开始从依附于神的地位上升到自我存在的地位,人和人事在周人的生活中越来越受到重视。这在中国人神关系发展史上,是一个重大的突破和转折,具有划时代的意义⑦。

  西周时期,正是基于这样的人神关系的思想认识,周人开始认识到人具有的价值和力量,在其社会生活尤其是政治生活中,开始关注人和人事,提出了一套人治的治国的策略。首先,在政治上周王朝实行了分封制,以姬姓诸侯为主,再加以姻亲诸侯,试图用血亲关系来维护宗周的社会统治;其次,在意识形

---

① 阮元:《十三经注疏·尚书正义》,第200页。
② 阮元:《十三经注疏·毛诗正义》,第508页。
③ 阮元:《十三经注疏·毛诗正义》,第587页。
④ 阮元:《十三经注疏·尚书正义》,第205页。
⑤ 阮元:《十三经注疏·尚书正义》,第223页。
⑥ 阮元:《十三经注疏·毛诗正义》,第505页。
⑦ 王杰:《殷周至春秋时期神人关系之演进》,《中共中央党校学报》,2000年第3期。

态领域,周朝统治者对夏、商以来的礼乐文化进行改造,使礼乐文化成为一个非常完备的体系。周代的礼乐文化以维护和巩固宗法等级制度,区别上下贵贱等级关系为目的,以君君、臣臣、父父、子子为核心内容,并适时调整严格的等级制度造成的紧张关系。这种礼是周人对宇宙万物、自然现象中的位置次序的模仿,也是人的行为观念的一种觉醒。《易传·序卦》说:"有天地,然后有万物,有万物,然后有男女,有男女,然后有夫妇。有夫妇,然后有父子,有父子,然后有君臣,有君臣,然后有上下,有上下,然后礼义有所错。"①《礼记·乐记》曰:"天高地下,万物散殊,而礼制行矣。流而不息,合同而化,而乐兴焉。……故圣人作乐以应天,制礼以配地……天尊地卑,君臣定矣。卑高已陈,贵贱位矣;动静有常,小大殊矣。方以类聚,物以群分,则性命不同矣。在天成象,在地成形,如此,则礼者天地之别也。"②宇宙本身就有天然的等级秩序,人间的礼的秩序无非是宇宙秩序在人间的仿制和投射。"天尊地卑,君臣定矣","卑高已陈,贵贱位矣"。遵从人间的礼的秩序也就是遵从宇宙的秩序。人对礼的秩序的追究,也就成了对天命道常的追究。因此,西周时期的礼乐文化已经从夏商时期用作娱悦神灵的礼乐文化转变为作为治人治国之道的礼乐文化,这是先秦礼乐文化的又一重要演变。《礼记·表记》说:"周人尊礼尚施,事鬼敬神而远之,近人而忠焉,其赏罚用爵列,亲而不尊。其民之敝,利而巧,文而不惭,贼而蔽。"③这就表明周人的文化已经由殷人的"尊神"文化转变为"尊礼"文化,进入了新的境界。"礼"的观念已经在文化体系中占据着主要地位,鬼神祭祀观念虽然还在延

---

① 阮元:《十三经注疏·周易正义》,第96页。
② 阮元:《十三经注疏·礼记正义》,第1531页。《礼记·丧服四制》亦说:"凡礼之大体,体天地,法四时,则阴阳,顺人情,故谓之礼。"(阮元:《十三经注疏·礼记正义》,第1694页。)
③ 阮元:《十三经注疏·礼记正义》,第1642页。

续,但已经退居到幕后,成为次要的角色。所以说,"周人尊礼尚施,事鬼敬神而远之"。统治阶级的治人方式也转变为"赏罚用爵列",即用宗法等级秩序的礼制来统治;人与人之间的关系是"近人而忠""亲而不尊"。需要说明的是,周人"事鬼敬神而远之,近人而忠焉",与夏人"事鬼敬神而远之,近人而忠焉",表面看来似乎完全一样,但这绝不是一种历史发展水平上的简单重复,而是一种历史的否定之否定,是周文化在更高的历史发展水平上对夏文化的肯定。夏人远鬼神而近人,是由于对神灵世界的无能为力和畏惧后才感觉到现实世界的亲切;周人则是对神灵世界有了理性的认识后,扬弃了殷人那种占主导地位的鬼神祭祀观念后,才更关注和重视现实世界的。因此,二者之间表面上重复,实际上是有着本质的区别①。总之,西周时期,周人摆脱了殷人那种宗教神权的桎梏,用理性精神来对待礼乐传统,把礼和乐紧密结合起来形成礼乐制度,并用它来控制与亲和统治阶级与被统治阶级以及统治阶级自身内部之间的关系,使礼乐文化达到了历史上的鼎盛时期。这是先秦礼乐文化的又一重要演变。

(4)先秦礼乐文化的衰退期。从时间上来说,先秦礼乐文化的衰退期大概在春秋战国时期。在这一时期,西周时期建立的礼乐体系遭遇到空前的破坏,礼乐制度进一步瓦解,出现了所谓的"礼崩乐坏"的局面,礼乐文化由鼎盛期走向衰退期。

当历史进入春秋战国时期,我国的政治、经济、文化发生了巨大的变化。随着春秋时期铁器在农业等生产领域中广泛使用,生产力大为提高,小农经济得到不断发展,这就引起经济关系发生深刻的变化。经济关系的变化必然引起政治制度层面的变化以及整个社会思想观念、意识形态、精神文化的变革。

---

① 参见陈来:《古代宗教与伦理——儒家思想的根源》,北京:三联书店,1996年版,第280页。

西周以来苦心营建的宗法等级政治体制和上下尊卑贵贱等级制度遭到空前的怀疑、冲击和破坏。王权旁落,王室衰微,礼崩乐坏,诸侯崛起,战争频繁,土地私有。这种大变革的社会现实促进了当时人们的理性精神进一步解放,理性能力进一步增强和对社会现实进一步认识。这时的人们已经从殷周时期的原始神学观和天命观中挣脱出来,开始用理性的眼光去审视社会现实,原有的天命鬼神从至高无上的人格神地位跌落下来,成为永远的过去。

就人神关系来说,春秋时人否定了传统的神学思想体系,开始表现出无神论的思想倾向,重视人与人事,肯定人与人事,人本主义思潮开始出现。对此我们可以从先秦历史文献的记载中窥见一斑。《左传·桓公六年》曰:"夫民,神之主也。是以圣王先成民而后致力于神。"①就明确地把人的地位抬高到凌驾于神的地位之上,把颠倒了的人神关系再次颠倒过来,这简直是"惊世骇俗"的思想言论。《左传·庄公三十二年》曰:"神居莘六月。虢公使祝应、宗区、史嚚享焉。神赐之土田。史嚚曰:'虢其亡乎!吾闻之,国将兴,听于民;将亡,听于神。神,聪明正直而壹者也,依人而行。虢多凉德,其何土之能得!'"②虢国的史嚚认为,统治者若听信于人民,国家就会兴旺发达,若一味地听信于鬼神,国家就会衰亡;神是"聪明正直"的,要"依人而行",立国要修政安民,以民为本,神才能降福于统治者。从史嚚的言论中,我们可以看到,春秋时人已经看到了人的力量

---

① 阮元:《十三经注疏·春秋左传正义》,第1750页。
② 阮元:《十三经注疏·春秋左传正义》,第1783页。

和作用，并把听信于民作为统治阶级的立国之本了①。可见春秋战国时期，人的理性精神的觉醒与无神论思潮的出现，直接导致了人与神的地位的重新倒置，这是人神关系的又一次重大突破。

就天命观念来说，春秋时期也有着重大的突破。春秋时人已经不再相信天命，对一些自然现象、社会现象也不再做神秘主义的解释，而是力求做出符合实际的解释。《左传·僖公十六年》曰："十六年，春，陨石于宋五，陨星也。六鹢退飞过宋都，风也。周内史叔兴聘于宋，宋襄公问焉，曰：'是何祥也？吉凶焉在？'对曰：'今兹鲁多大丧，明年齐有乱，君将得诸侯而不

---

① 春秋时期，人的地位与神的地位发生急剧的升降，并不是一蹴而就的，而是有着深刻的思想基础。早在原始宗教气息还很浓厚的殷商时期，人们就已经露出了对神灵怀疑的思想苗头。《尚书·高宗肜日》曰："惟天监下民，典厥义。降年有永有不永，非天夭民，民中绝命。民有不若德，不听罪，天既孚命正厥德，乃曰：'其如台。'呜呼！王司敬民，罔非天胤，典祀无丰于昵。"（阮元：《十三经注疏·尚书正义》，第176页。）这段话是说，天神监视着下界的人民，看他们是否遵循义理。下民中若有不遵循义理，又不服罪，上天就会下令惩罚，以端正他们的德行，而下民却有人说："上天又能把我怎么样呢？"下民的这一声细微的诘问，就已经透露出殷代后期人们开始对神灵怀疑的信息。《史记·殷本纪》记载了"武乙射天"的历史事件："帝武乙无道，为偶人，谓之天神。与之博，令人为行。天神不胜，乃戮辱之。为革囊，盛血，仰而射之，命曰'射天'。"（司马迁：《史记》，北京：中华书局，1982年版，第104页。）商王武乙如此大胆地做出"射天"这种时人认为大逆不道的举动，是与他思想深处对于天命的怀疑有着深刻关系的。《尚书·微子》："今殷民，乃攘窃神祇之牺牷牲，用以容，将食无灾。"（阮元：《十三经注疏·尚书正义》，第178页。）晚商时期人们敢于"攘窃"供给神享用的牺牲，可见已经失去了对神的敬畏之心了。到了西周时期，对神灵和天命的怀疑进一步加深。《尚书·君奭》记载了周公对召公的答辞："天不可信。我道惟宁王德延，天不庸释于文王受命。"（阮元：《十三经注疏·尚书正义》，第223页。）这里，周公的答辞已经较清楚地表明了他对天命的不信任。因此，对神灵和天命的怀疑和不信任有一个发展的过程，从殷代后期的萌芽，到西周时期的进一步发展，再到春秋时期就会完全否定神灵和天命，把颠倒了的人神关系重新颠倒了过来。

终。'退而告人曰：'君失问。是阴阳之事，非吉凶所生也。吉凶由人，吾不敢逆君故也。'"①宋襄公对宋国出现陨石坠落、鹢鸟退飞的现象，感到不安，不知是凶是吉，便询问聘于宋的周内史叔兴，叔兴敷衍襄公后，对别人说这是一种自然现象，哪是什么吉凶所生。叔兴的回答透露出春秋时人普遍的天命观信息：自然界的阴阳变化与人事的吉凶祸福没有关联，人事的吉凶祸福要从人自身去寻找原因。这就排除了"天"对于人事的干预，也对自然现象做出了合理的解释。可见春秋时期，天人相分观念已经确立，这是我国古代天人观念发展史上的一个重大突破。

正是基于这样的社会现实和思想认识，春秋时人逐渐认识到人的力量和人的价值，随着人的理性精神的逐步觉醒，鬼神祭祀观念的日趋淡化，一股强劲的"民本思潮"逐渐形成，而西周以来所建立的礼乐制度正是对人的一种约束和钳制，忽视人的价值和作用。因此，随着王室的衰弱、诸侯的崛起，西周时代完善化、体制化的礼法秩序和礼乐制度受到冲击和破坏，"礼崩乐坏"②已成定局。《左传·庄公二十三年》曰："秋，丹桓宫之楹。"③就是说，用朱红色的漆把桓公庙涂成红色。而据《春秋穀梁传》，按周礼，天子诸侯之庙柱应涂成淡青黑色。可见，庄公命人用朱漆涂庙柱，显然是非礼的举措。如果这还不算太大的"非礼"事件，那么"初税亩"可不是一件小事了。《左传·宣公十五年》曰："初税亩，非礼也。"④初税亩就是按照田亩征税，而

---

① 阮元：《十三经注疏·春秋左传正义》，第1808页。
② "礼崩乐坏"一词并不曾出现在先秦的典籍中，不过《春秋穀梁传》序中有"礼坏乐崩"一词，《汉书·艺文志》中也有此词："迄孝武世，书缺简脱，礼坏乐崩。圣上喟然而称曰：'朕甚闵焉！'"（班固：《汉书》，北京：中华书局，1962年版，第1701页。）后来人们习惯上把西周后的春秋战国用"礼崩乐坏"来概括，当然这并不是说礼和乐到了春秋战国时期就完全消亡了，而是说作为制度层面的礼和乐已经遭到破坏，失去了其政治功能，但礼作为道德规范、伦理思想还继续存在，乐作为审美的艺术也长久存在。
③ 阮元：《十三经注疏·春秋左传正义》，第1778页。
④ 阮元：《十三经注疏·春秋左传正义》，第1888页。

在此之前,鲁国施行井田制,有公田,也有私田,施行初税亩就是废除了井田制,承认私田的合法化,所以说,"非礼也"。后来鲁国被大夫季孙、孟孙、叔孙三家分裂,更是一种无视周礼的举动。鲁定公五年(前505年)大夫季平子还被家臣阳虎囚禁,孔子愤怒地称这种现象为"陪臣执国命"①。鲁国是西周开国功勋周公的封国,被赐予配享天子的礼乐,是保持周礼最完备的诸侯国。《左传·昭公二年》曰:"二年春,晋侯使韩宣子来聘,且告为政而来见,礼也。观书于大史氏,见《易象》与《鲁春秋》,曰:'周礼尽在鲁矣。吾乃今知周公之德,与周之所以王也。'公享之。"②可是春秋时期周礼在鲁国都遭到了破坏,可想而知在其他诸侯国的遭遇了。到了战国时期,晋国又出现三家分晋的事件,局势更为混乱了,所谓"政在家门,民无所依"③的现象也就不足为怪了④。

---

① 阮元:《十三经注疏·论语注疏》,第2521页。
② 阮元:《十三经注疏·春秋左传正义》。韩宣子来聘的时间为公元前540年,这时鲁国已经开始出现"周礼"混乱的局面,数十年后,还出现了季平子被家臣阳虎囚禁的"陪臣执国命"的现象。不过韩宣子来聘时看到的"周礼"表面上还是完备的,所以说,"周礼尽在鲁矣"。这也从一个侧面说明,周礼确实在鲁国全面实行和非常完备。
③ 阮元:《十三经注疏·春秋左传正义》,第2031页。
④ 春秋时期,礼乐虽然遭到严重的破坏,但礼乐也还在一定程度上受到重视和运用。周天子和诸侯认识到礼乐在治理国家、巩固统治方面的重要作用,就把礼乐作为"经国家,定社稷,序人民,利后嗣"的"君之大柄",即使那些心存僭越的诸侯,也把礼乐作为稳固自己的根基、图谋发展的重要手段。《左传·僖公九年》载,齐桓公会盟诸侯于葵丘,周襄王使宰孔赐胙肉,并免去齐桓公降于阶下再拜稽首的"下拜"礼,而齐桓公却说:"天威不违颜咫尺,小白余敢贪天子之命,无下拜?恐陨越于下,遗天子羞。敢不下拜?"于是"下、拜、登、受",不顾年岁已高完成了受拜之礼。(阮元:《十三经注疏·春秋左传正义》,第1800页。)《左传·昭公七年》记载了一则重礼学礼的事件。鲁国贵族孟僖子深以自己不懂礼而羞愧和遗憾,并向他人学习,临终前还嘱咐其子向孔子学习礼,并说"礼,人之干也。无礼,无以立"(阮元:《十三经注疏·春秋左传正义》,第2051页)。可见,春秋时期,礼乐文化也还在社会实践中发挥着一定的作用。

以孔子为代表的儒家,继承和发展了西周的礼乐思想,面对着"礼崩乐坏"的局面,表示出强烈的不满。孔子说:"天下有道,则礼乐征伐自天子出;天下无道,则礼乐征伐自诸侯出。"①但他毕竟不是政治家,不能力挽礼乐制度大势已趋的狂澜,只能用理性的思辨给传统礼乐注入新的内容。为此,他提出了"克己复礼为仁"②的礼乐主张。"克己"就是约束自己,这是内在的心性道德要求;"复礼"就是言行符合礼制,这是外在行为的规范。约束自己的心性使自己的言行合乎礼,就是"仁"。"仁"就是礼乐的内在精神实质,"仁"就是礼乐之道,礼乐就是"仁"之器。这是孔子对礼乐做的进一步拓展,从而肯定了礼乐的精神价值。"仁"是礼乐的根本,作为人要"仁"。"人而不仁,如礼何?人而不仁,如乐何?"③"仁"就是仁爱之心,为君者要行仁德之政,为民者要行孝悌之情。整个社会的和谐就是要通过人的道德内省来达到。实际上,孔子是把以"仁"为核心的礼乐精神引向人的内心世界,用它来建构个人的崇高人格。这样,就把本没有多少支撑点的礼乐制度合情合理化了,使礼乐在伦理价值和道德规范的支持下获得普遍的社会意义④,"从而也就把原来是外在的强制性的规范,改变而为主动性的内在欲求"⑤。总之,春秋战国时期,由于人的觉醒和理性精神的进一步解放,作为治国之道的礼乐文化,在现实洪流的冲击下,"礼崩乐坏"。但经过儒家的重新阐释和发扬,礼乐文化却作为道德伦理思想的学说获得了"新生",或者说礼乐文化"蜕脱了其

---

① 阮元:《十三经注疏·论语注疏》,第 2521 页。
② 阮元:《十三经注疏·论语注疏》,第 2502 页。
③ 阮元:《十三经注疏·论语注疏》,第 2466 页。
④ 薛艺兵:《在音乐表象的背后:薛艺兵音乐学术论文集》,上海:上海音乐学院出版社,2004 年版,第 226 页。
⑤ 李泽厚:《美的历程》,见《美学三书》,合肥:安徽文艺出版社,1999 年版,第 56 页。

政治制度外壳而变成纯文化并流传千古"①。

综上所述,先秦礼乐文化从远古时代的原始形态,到夏商时代的发展形态,再到西周时的高级形态,直至春秋战国时期走向衰亡,这是一个逐渐发展演变的过程。礼和乐,也有一个从无到有、从分离到结合,再从结合到分离的演变过程。就礼乐文化的性质来说,从远古到夏代的礼乐是巫觋性礼乐,这时的礼乐文化主要是用来娱神,礼乐的形式主要是乐舞。殷商的神灵观念发生了变化,殷人除了继续娱神外,更重视敬鬼,以祈求神鬼的保佑。殷人的礼乐是宗教性礼乐,这时的礼乐文化主要是用来娱神和娱鬼。周代的鬼神观念发生了更大的变化,周人把娱神敬鬼的礼乐转变到重人重事上来了,周代的礼乐文化也就是政教性礼乐文化。周代礼乐在娱悦臣民的礼乐仪式中达到治理臣民、治理社会的目的。春秋战国时期,礼乐制度赖以存在的社会根基已经坍塌了,作为治国之道的礼乐文化也就逐渐衰亡,但是礼乐的精神还继续存在,并在后世发挥着重要作用。

第三节　尚声与乐治
——殷商以乐为治的礼乐文化

历史进入公元前 17 世纪,我国的古代社会进入商代。"商"本是上古时代的地名,商人的始祖契因与大禹一同治水有功,被舜帝封于"商",所以王国维说:"商之国号,本于地名。"②这在《史记·殷本纪》中有记载:"殷契,母曰简狄,有娀氏之女,为帝喾次妃。三人行浴,见玄鸟坠其卵,简狄取吞之,因孕,生

---

① 聂振斌:《礼乐文化与儒学艺术精神》,《江海学刊》,2005 年第 3 期。
② 王国维:《说商》,《观堂集林》卷十二,石家庄:河北教育出版社,2001 年版,第 327 页。

契。契长而佐禹治水有功。……封于商,赐姓子氏。"①商族的历史几乎和夏朝的历史一样长久,它早就作为方国和部落存在着,但在未建立王朝之前,商是臣属于夏王朝的东方的一个小方国。商族的首领还曾担任过夏王朝的职官,如契之孙相土就曾担任过夏王朝的火正之官。不过在历史的进程中,商人不断地开拓进取,逐步兼并了周围的其他一些小方国,地盘逐渐扩大,势力逐渐增强。到商汤时期,汤王对"放而不祀"的葛伯开征,随后连续征服了十一国,最后借伐昆吾之际,遂伐夏桀,完成了灭夏的大业,建立了商王朝。商王朝在其后的近六百年的统治中,我国的奴隶制社会由发展走向了鼎盛时期。商代的生产力有了较大的提高,生产工具也有所改进,农业成为主要的生产部门,这就为商代社会的稳定和发展提供了有力的保证。商王朝的统治力量也大大加强,国家稳定,国力强盛,所辖方国数十个,王朝的统治大权也逐渐集中在作为最高奴隶主的商王一人手中。这一切都为商王朝的文化发展奠定了坚实的物质基础,商代也就成为我国古代文明走向成熟和辉煌时期的开端。

就商代的礼乐文化而言,在经过原始礼乐文化和夏代礼乐文化发生、发展的基础上,商代的礼乐文化有了更进一步的发展。这一时期礼乐文化中的礼和乐从分离走向结合,礼和乐联系在一起,但还不是十分的紧密。商代的"乐"特别发达,商代的礼乐文化也就以"乐"文化为主,"乐"占据着主导地位,"礼"处于辅助的地位,礼"淹没"在乐之中。商代的"乐"之所以发达,一方面是由于商以前就有较发达的"乐",商代的"乐"是在此基础上进一步发展而成。从历史文献来看,早在"三皇五帝"时期和夏代,先民们就发明了琴、瑟、土鼓、石磬等乐器,创制了《扶犁》《云门》《大卷》《大章》《大夏》等乐舞;到商代,乐器的种

---

① 司马迁:《史记》,北京:中华书局,1982年版,第91页。

类进一步增多,有钟、鼓、磬、铙、埙、管箫、铜铃、编镛等,乐舞的种类也有增加,如著名的《桑林》和《大濩》之舞就是这时期产生的。汤王即位,伐桀功成之后,就"命伊尹作为《大濩》,歌《晨露》,修《九招》《六列》"①等。另一方面,商代"乐"的发达与商人重视乐、喜爱乐密不可分。《礼记·郊特牲》曰:"殷人尚声。"②就是说殷(商)人崇尚音乐。在商人的意识中,"乐"简直成为他们赖以立族的标志。被商人所崇拜和祭祀的祖先神——夔,据说就是舜帝的典乐官,他教导贵族子弟学习乐舞,使"八音克谐,无相夺伦,神人以和"③。夔不仅教人以乐舞,还亲自创制乐舞,《礼记·乐记》曰"夔始制乐,以赏诸侯"④,就是明证。由此可见,商人的祖先神夔实际上就是一位教导和创制歌舞的乐神⑤。商人重视乐,乐贯穿在商人的祭祀、朝聘、会盟、军事、丧葬、宴饮等活动中,这就促进了商代乐的进一步发展。《诗·商颂·那》就描绘了商人用"乐"来祭祀商的开国君主成汤的隆重场面:

> 猗与那与,置我鞉鼓。
> 奏鼓简简,衎我烈祖。
> 汤孙奏假,绥我思成。
> 鞉鼓渊渊,嘒嘒管声。
> 既和且平,依我磬声。
> 於赫汤孙,穆穆厥声。
> 庸鼓有斁,万舞有奕。
> 我有嘉客,亦不夷怿。⑥

---

① 许维遹:《吕氏春秋集释》卷五,北京:中国书店影印,1985年版。
② 阮元:《十三经注疏·礼记正义》,第1457页。
③ 阮元:《十三经注疏·尚书正义》,第131页。
④ 阮元:《十三经注疏·礼记正义》,第1534页。
⑤ 参见李壮鹰:《"乐"与乐神》,《覆瓿存稿》,天津:百花文艺出版社,1995年版,第10页。
⑥ 阮元:《十三经注疏·毛诗正义》,第620页。

这里,各种乐器齐备,在祭祀仪式的举行过程中,奏乐起舞,鞉鼓咚咚、管声呜呜、磬声清脆、庸鼓洪亮,乐声飘飘、乐舞翩翩,表现出一片热烈隆重的景象,足见商人对"乐"的重视和"乐"在商人生活中的重要作用①。

　　商代有着比此前任何时代都要发达的"乐",乐不但渗透在商人的日常生活中,还渗透在商代的一切政治生活中,"乐"简直成了商代的政治形态,商代的国号、商代一些君王的名号、商代的一些地名都是以乐或者乐器名来命名的。商代的国号"商"本是一个地名,是商人的始祖契所封之地,但它却与乐器名有关。甲骨文中有"商"这个字,卜辞中写作"禸",从其字形上看,很像乐器——钟的形状,字体下部"囚"为钟体,字体上部"▽"为钟甬。殷墟出土的钟类乐器,其外形就很像"禸"的字形,可以证明这一点。一些商王的名号也与乐或者乐器有关。商代的五世王名为"夭",甲骨卜辞写作"夨",很像一个人在舞蹈。甲骨卜辞中的"夨"也写作"吴",字形上一个"口"字,表示张口而歌,因此,"吴"就表示边唱边跳,亦歌亦舞,后世"娱乐"之"娱",其意义即是从此引出。商代开国君主汤王的称号为"唐",甲骨卜辞写成"啺",据考证,此字体上部的"庚",是一个鼓属乐器,两边系鼓锤,手握下柄,摇动此鼓即可发声;字体下部的"ㄩ",似一个"口"字,就表示鼓发声,而"唐"的字音 táng 也就是取自敲鼓的声音。商代的许多地名也是以乐器名来命名的。如甲骨卜辞"王步于壴","壴"为地名,而"壴"即为乐器"鼓"。总之,"乐"在商代成为其政治形态②,"先王之为乐也,以法治也,善则

---

① 《诗·商颂》的产生年代,历来说法不同。一说《商颂》是殷商时期的作品,一说《商颂》是周代宋国时的作品。笔者认为,《诗·商颂》的内容很可能在商代就已经产生,商代后裔宋国保存了先代颂祖的乐歌,宋人在此基础上改写成颂诗。
② 参见李壮鹰:《古代的"乐"》,见《逸园丛录》,济南:齐鲁书社,2005年版,第39—41页。

行象德矣"①。即是说明,先王制乐的目的就是用它来作为治理人民的方法,而且"乐治"能起到很好的效果。"乐"在商人的政治生活中有着如此重要的地位和作用,在长期的实践过程中,乐器也就慢慢地成为商王朝政权和王权的象征,成为"不可示人"的"重器"和"神器"。商代贵族的身份、地位并不仅仅以拥有物质财富的多少来衡量,而是以拥有乐器的种类和数量的多少来作为重要的标志。权力越大、身份地位越高的贵族,其拥有的乐器种类就越齐全,乐器数量就越多。商代贵族即便死后也要用乐器来陪葬,而且乐器的种类和数量的多少与墓主的身份地位的高低成正比,考古工作者从殷墟墓葬中发掘出的乐器已经证实了这一点。殷人在投诚时,也是以怀抱乐器作为见面礼或作投诚的标志。《史记·殷本纪》曰:"纣愈淫乱不止。微子数谏不听,乃与太师、少师谋,遂去。……殷之太师、少师乃持其祭乐器以奔周。"②商纣王统治后期,荒淫暴虐,众叛亲离,其乐师(太师、少师)就抱着祭乐之器去奔周,而不是带上珍宝财富,可见乐器在商代的政治生活中的价值和意义非同寻常③。

"乐"在商代人的生活中占据着重要的地位,其实在商以前的时代也同样如此。在商代和商以前的时代,"乐"成为其时的政治形态,那么为什么会这样呢?这主要与那一时代的先民们对人类自身和大自然的独特认识有着密切的关系。在商代及商以前的古远洪荒的时代,人类还处于童年时期,对大自然变化莫测的现象和人类自身的本质还认识不清,认为冥冥之中总有一些神异的力量统辖或左右着自己。因此,在和大自然进行物质交换的过程中,先民们一方面通过一种方式来控制自然和神灵,对其施以影响,希图实现自己的某些欲望,实际上这是先

---

① 阮元:《十三经注疏·礼记正义》,第1534页。
② 司马迁:《史记》,北京:中华书局,1982年版,第108页。
③ 参见李壮鹰:《古代的"乐"》,见《逸园丛录》,济南:齐鲁书社,2005年版,第42页。

民们在心理上实现自己现实生活中难以实现的某些欲求,这种方式就是巫术;另一方面,先民们也希图通过一种方式来取悦神灵,使神灵高兴,从而攘除灾祸,降福于人间,这种方式就是宗教祭祀(当然有时巫术和祭祀并不是截然分开的)。因此,在商代及商以前的时代,举行巫术活动和宗教祭祀活动一直是那时先民们处理自身和大自然之间关系的主要方式和手段(这点可以从有关文献和甲骨卜辞得到证实,对此前文有论述),而举行巫术活动和宗教祭祀活动总是离不开歌乐和舞蹈。那时先民们认为,"乐"具有神奇的功能,是他们与大自然和神灵交通的唯一方式,"声音之号,所以诏告于天地之间也"①,要想满足或实现自己的某种愿望,那就要用"乐"来控制、命令神灵或者讨好、取悦神灵。正如柴勒在《音乐四万年》中所说:"对原始人来说,音乐并不是一种艺术,而是一种力量。通过音乐,世界才被创造出来。音乐是人所能获得的唯一的一点神赐本质,使他们能通过音乐,去规定礼仪的方式,而把自己和神联系在一起,并通过音乐去控制各种神灵。"②这种认识是非常深刻的。《礼记·郊特牲》曰:"伊耆氏始为蜡……(其蜡辞)曰:土反其宅,水归其壑,昆虫毋作,草木归其泽。"③这句蜡辞是先民们在举行蜡祭(一种祭祀)时所致的祝辞,祝辞应该是边念边唱出来的,并伴有音乐和舞蹈,先民们真诚地相信通过这种方式就可以向各路神灵发出命令,施以影响,就会使人间风调雨顺、五谷丰收。先民们还认为,音乐具有神秘的力量,可以动天地、感鬼神,优美动听的音乐可以使神灵降祉降福,因此,他们除了用"乐"来控制、命令神灵外,还在举行宗教祭祀时用"乐"来娱神、乐神,使神灵高兴,人神以和,神灵就会降福,人间就会风调雨顺,天

---

① 阮元:《十三经注疏·礼记正义》,第1457页。
② 转自李壮鹰:《古代的"乐"》,见《逸园丛录》,济南:齐鲁书社,2005年版,第44—45页。
③ 阮元:《十三经注疏·礼记正义》,第1454页。

下太平。甲骨卜辞中就有许多用乐舞来祈雨的记录:"舞,雨";"舞,允从雨";"甲午奏舞,雨";"丁卯奏舞……雨"①,即是此事的明证。

商代先民们与大自然所处的独特关系决定了那时还处于巫术宗教的水平上,其时的巫术、宗教祭祀气息非常浓厚,"乐"是先民们用来控制、命令神灵或者讨好、取悦神灵的唯一方式和手段。那时的"音乐在人们的眼中并不是一种艺术,而是一种神赐的力量,一种此岸与彼岸、人与神交通的桥梁,人通过乐来乞告、控制神灵,神灵也通过乐来传达自己的意旨"②。实际上,"乐"不仅能交通人神,使神人以和,"乐"还在现实生活中起着重要的作用,它是使现实中的人们组成社会性群体的一条强有力的纽带,在巫术祭祀的乐声飘飘、乐舞翩翩中,人们的社会整体感被强烈地唤起,变得关系和谐、感情融洽。商代重视"乐","乐"在商代的社会生活和政治生活中起着重要的作用,甚至商代"以乐为治"③,商代的礼乐文化也就以乐文化为主,礼文化"淹没"在乐文化之中,但礼和乐总是相伴而存,在娱神、乐神的宗教祭祀乐舞表演中,必然伴有一定的礼仪形式,只不过这种仪式被乐舞表演的隆盛"遮蔽"和"淹没"了。不过总体来说,商代的巫术宗教气息浓厚,使它的礼乐文化主要用来娱神、乐神,"率民以事神,先鬼而后礼",它的人文之"礼"也就不发达。到了周代,人神观和天命观发生了巨大的改变,周人建立了宗法制,实行了分封制,"尊礼尚施",将"礼"进一步系统化和理论化,使"礼"最终取代了"乐"在社会政治生活中的主导地位。周人以"礼"为治取代了商人以"乐"为治,"乐"的地位下

---

① 陈梦家:《殷墟卜辞综述》,北京:中华书局,1988年版,第599—600页。
② 李壮鹰:《诗歌与音乐》,见《覆瓿存稿》,天津:百花文艺出版社,1995年版,第38页。
③ 司马迁说:"夫上古明王举乐者,非以娱心自乐,快意恣欲,将欲为治也。"也是在肯定上古时代"以乐为治",乐具有重要的作用。(司马迁:《史记》,北京:中华书局,1982年版,第1236页。)

降,"礼"的地位上升,原先在商代有着显赫地位的巫祝舞师之流也沦为了乐工和史吏。商代的宗教性礼乐在周代转变为政教性礼乐,这是中国历史上第一次文化转型——从乐文化转为礼文化①。从此,商代那种直接用作人、神之间虚幻交流的礼乐文化在周代回到了现实人间,成为人与人之间的实际交流的礼乐文化。

西周时期,礼乐文化经过了转型之后,达到了鼎盛时期,礼和乐真正完全紧密地结合起来,相辅相成,相需为用,共同为西周的贵族统治服务。但是没有商代充分发展的礼乐文化(尤其是商代的乐文化),周代的礼乐文化就很难达到鼎盛。就商代和周代礼乐文化中的艺术精神而言,随着商代乐文化向周代礼文化的转型,艺术精神也产生了重大的变化。商代那种处于神坛之位的礼乐文化,其乐必然发达,乐成为神的专享品,乐舞艺术中必然充满着狂热、幻想和神秘,商代的其他艺术也是如此;而周代的礼乐文化回到了现实人间,重视现实的人伦物理,乐也回到现实中,转变为人的欣赏对象,乐舞艺术等也就浸透着理性和人性。商代和周代的礼乐文化不同,其蕴涵的艺术精神也有所不同,因此,我们讨论周代的礼乐文化及其蕴含的艺术精神,就不得不先了解商代的礼乐文化。

第四节 宗法制与制礼作乐
——周代礼乐文化的鼎盛

小邦周本是"大国殷"西北边陲的一个听命于自己的小邦国,是殷人用来对付西方戎狄侵扰的主力军。据古本《竹书纪年》记载:"(武乙)三十四年,周王季历来朝,武乙赐地三十

---

① 参见李壮鹰:《古代的"乐"》,见《逸园丛录》,济南:齐鲁书社,2005年版,第47页。

里……三十五年,周王季伐西落鬼戎,俘二十翟王。"①从这些记载来看,武乙时代周公季历还曾朝见殷王并得到赏赐,并奉殷王之命去攻伐鬼方西戎。很显然,这时周人对殷王还是俯首称臣。但是,随着周族自身势力的不断扩大,周人并不甘心永远这样下去。实际上,周族至太王(古公)、王季(季历)时,已经有了较大的发展,季历来朝,是在表面上和殷王搞好关系,暗中却在不断地扩大自己的实力;文王时,周族接连征服了昆夷、虞、芮、密、阮等氏族,实力大为增强,这就为武王剪商积蓄了内部力量。当商纣王在位时期,纣王荒淫残暴,杀王子比干,囚禁箕子,这些倒行逆施使得举国上下人心思散,这就为武王剪商创造了极好的外部环境。有了这样的好时机,武王及时把握住,适时会师于商郊牧野,一场牧野之战,周人并没有付出多么大的代价,就成了中原大地的领主。

周人一举灭掉了殷商,建立了周王朝。殷周一夜之间就发生鼎革之变,使得周人不得不思考殷人失国、周人得国的原因所在。他们强烈地意识到发生如此巨变,就是因为殷人过分地依赖于"事神致福",忽视人事,从而失去民心,结果反而得不到天神的青睐而造成的。在这场历史巨变中,周人看到了民心向背和统治阶级个人素质在殷周换代中的重大作用,殷人过分地依赖于上帝祖先鬼神的赐福,是难以持续立国的,人为的因素更为重要。因此,周人用天命观替代了殷人的上帝观,用"天"替代了"帝"。他们塑造出冥冥之中主宰着、关心着人间下民生活的"天"。"天"总是选派那些有德行的人作为自己在人世间的代理。周王就是因为有德行、有善心才得到"天"的恩赐,而商王则失去了人心,众叛亲离,也就失去了"天"的庇佑,从而失去了君王的宝座。周人用天命观替代了殷人的上帝观,看起来似乎没有什么不同,但实际上却发生了质的变化。在商王眼

---

① 方诗铭、王修龄:《古本竹书纪年辑证》,上海:上海古籍出版社,1981年版,第33页。

中，自己是主宰宇宙的上帝鬼神的后裔，只要用歌舞、牺牲去取悦上帝鬼神，对他们顶礼膜拜就会永远得到他们的护佑。而周人却认为，天是有理性和判断力的神明，它只垂青于人间那些有德行、有善心的人。天既然对人无所偏袒，只护佑有德之人，那就要努力修行自己的德行，尤其是君王更要积善积德，得到子民的拥护，才能永坐君王宝座。

周族原本的社会结构是以家族公社制为组织形式，在这种社会组织中，父权占据着绝对的统治地位，父系家长、族长支配着家内、族内的其他成员。面对着刚刚建立起来的新政权，如何加强王权、政权统治成了周族统治者的首要大事。他们以殷亡为鉴，在原有的父权制家族公社的组织形式上进行变革，通过大举分封，建立了一个以血缘关系为纽带的完备的宗法政治体系，以便"屏藩周室"，维护周天子的统治。这种宗法政治体系是把一整套家族关系体系搬到国家政治体系中来，它和殷代以血缘关系组织的政权形式有着质的区别。王国维考察了殷、周制度后，一语道破天机，他说："中国政治与文化之变革，莫剧于殷、周之际。……欲观周之所以定天下，必自其制度始矣。周人制度之大异于商者，一曰立子立嫡之制，由是而生宗法及丧服之制，并由是而有封建子弟之制、君天子臣诸侯之制；二曰庙数之制；三曰同姓不婚之制。此数者，皆周之所以纲纪天下。其旨则在纳上下于道德，而合天子、诸侯、卿、大夫、士、庶民以成一道德之团体，周公制作之本意，实在于此。"[①]王氏所说的三点中，最重要的一点是周人实行嫡长子继承制和余子分封制。周天子承受着"天"的旨意，是为正宗，其嫡长子是王位的继承者，嫡长子所生的嫡长子也是王位的继承者，这样代代相承，是为大宗。嫡长子称为宗子或宗主，其他嫡子、庶子、家族成员和姻亲按照亲疏关系被分封到王畿以外的各地，并赐予土地和子

---

① 王国维：《殷周制度论》，《观堂集林》卷十，石家庄：河北教育出版社，2001年版，第287—289页。

民,成为诸侯,是为小宗。诸侯在自己的领地内又成为该诸侯国的大宗,实行嫡长子继承制和余子分封制,形同天子的继承制和分封制,诸侯之下为大夫、士,也如法炮制。这样周王朝就把天下所有人都置于一张宗法关系的巨网之中。周天子既是周王朝的君主,又是周族的最高的宗主、最大的家长。这样周天子只需牢牢地控制住这张网,就能永远稳坐天子的宝座。

那么周天子如何才能牢牢地控制住这张网呢?一是如上文所述的在上层建筑的政治层面上实行宗法制;二是在意识形态领域内强调尊祖敬宗的宗法观念,维护好亲疏远近、上下尊卑、长幼有序、男女有别的伦理等级体系,即用礼乐制度来建立和维持社会秩序,维护贵族阶级统治,这是周族统治者一项绝妙的发明。为此,周族统治者对夏、殷的礼乐加以损益,改变了殷人"事神致福"的宗教性礼乐仪式,由"事神致福"转变为"事鬼敬神而远之",把鬼神"恭恭敬敬"地摆放在人的生活之外,强调礼乐节制在社会生活中的调节作用。这样周人制礼作乐,建立了宗法制和礼乐制度,礼乐制度成了社会生活的主宰[①]。礼乐制度由各种典礼仪式构成,在长期的制度化、经常化的举行中,就形成了严格意义上的礼乐文化。自此,宗教性的礼乐文化让位于政教性的礼乐文化,礼乐文化由神坛走向了现实人

---

① 这里需要说明的是,礼乐文化和礼乐制度有一定的区别和联系。就礼乐文化来说,它是人类群体在社会实践活动中创造的,礼是指诉诸理智的行为规范,乐是在行为规范基础上的感情调适。礼乐文化的产生应该是很早的,在远古时代就有原始礼乐文化了,那时的礼和乐结合得还不很紧密,但是只要有礼和乐的产生,就可以说礼乐文化产生了,不过严格意义上的礼乐文化却是指周代的礼乐制度形成后的礼乐文化。礼乐文化在周代达到鼎盛以后,逐渐衰退,但作为一种纯文化现象却流传千古。礼乐制度相对于礼乐文化来说,是后起的事,它是周人在因袭、损益夏商礼仪乐制基础上,建立的周王朝的礼乐制度。在礼乐制度中,礼是政治概念的典章制度,乐是政治活动的"音响"和形象的外壳,其基本精神是"尊尊""亲亲",在区别尊卑贵贱等级差别的前提下纳天下于大一统,以便使建立在"封建"宗法制基础上的周王朝能够长治久安。礼乐制度既然是维护宗法等级制度的,也就会随着"封建"社会的崩溃而消亡。

间,达到了最鼎盛时期。

关于周人制礼作乐,中国古代就有"周公制礼作乐"的传说,认为周初的礼乐都是由周公制定而成的。如《左传·文公十八年》记载鲁国季文子派太史克回答鲁宣公的话:"先大夫臧文仲教行父事君之礼……先君周公制周礼。"①这是文献中关于周公制礼传说的最早记载,它出自春秋时鲁国的世家子季文子之口,而鲁国又为周公后人的封地,说此话的时间离西周也不远,因此较为可信。伏胜的《尚书大传》中也有记载:"周公摄政,一年救乱,二年克殷,三年践奄,四年建侯卫,五年营成周,六年制礼作乐,七年致政成王。"②《逸周书·明堂解》记载更为详细:"大维商纣暴虐,脯鬼侯以享诸侯,天下患之。四海兆民欣戴文武,是以周公相武王以伐纣,夷定天下。既克纣六年而武王崩,成王嗣,幼弱,未能践天子之位。周公摄政君天下,弭乱六年而天下大治。乃会方国诸侯于宗周,大朝诸侯明堂之位。……明堂,明诸侯之尊卑也,故周公建焉,而明诸侯于明堂之位。制礼作乐,颁度、量,而天下大服,万国各致其方贿。七年,致政成王。"③这一记载与《礼记》中的记载极为相似,可以互证。《礼记·明堂位》曰:"昔殷纣乱天下,脯鬼侯以飨诸侯,是以周公相武王以伐纣。武王崩,成王幼弱,周公践天子之位,以治天下。六年,朝诸侯于明堂,制礼作乐,颁度量,而天下大服。七年,致政于成王。"④周公制礼作乐的传说也出现在汉代司马迁的《史记·周本纪》中,"周公行政七年,成王长,周公反政成王,北面就群臣之位。……召公为保,周公为师,东伐淮夷,残奄,迁其君薄姑。成王自奄归,在宗周,作《多方》。既绌殷命,

---

① 阮元:《十三经注疏·春秋左传正义》,第1861页。
② 伏胜:《尚书大传》卷二,北京:中华书局,1985年版。
③ 黄怀信等撰,李学勤审定:《逸周书汇校集注》,上海:上海古籍出版社,1995年版,第759—766页。
④ 阮元:《十三经注疏·礼记正义》,第1488页。

袭淮夷,归在丰,作《周官》。兴正礼乐,度制于是改,而民和睦,颂声兴"①。如果从这些有典有籍的记载来看,周公制礼作乐似成定论。周公是西周初期最大的开国元勋,曾经亲自参加过武王伐纣的伟大斗争,亲眼目睹了殷王朝覆灭的全过程。他作为周初最高的行政长官和政治家、思想家,能不思考殷亡周盛的原因吗?有鉴于殷亡于"失德"的教训,周公必然会提出一套"德政"的政治纲领,而要保证"德政"的顺利实行,还要有一套系统的行为规范准则,而这二者都统可称为"礼"。因此,我们可以断定周公在西周初年的建国过程中,参加过一些国家政治制度、社会秩序、礼仪规范的制定,这是没有问题的。但要说周公在周初就制定出系统周详的"周礼"来,则是值得怀疑的。因此,上引的材料也只能说明,周公为周代的礼乐文化做出了大的构想和方向,制定了一些粗略的条文,而周代礼乐文化的细部必然是后代执政者、史官和师儒等人在西周乃至春秋数百年间逐渐累积而成的,最后才以体系完备的形式出现。

1. 周代礼乐文化礼和乐的内容和类型

(1)周代礼乐文化的礼和乐的内容

夏、商时代已有较发达的礼乐文化,尤其是商代重视乐,乐相当发达,这点可以从有关文献和大量出土的殷商时期的乐器得到证实。与周代的礼乐文化相比较,夏、商的礼乐文化具有浓厚的巫术、宗教祭祀的气息,而周代的礼乐文化则更重视人治。《礼记·表记》中有一段话可以清楚地说明三代礼乐文化之间的区别:

> 子曰:"夏道尊命,事鬼敬神而远之,近人而忠焉,先禄而后威,先赏而后罚,亲而不尊。其民之敝,蠢而愚,乔而野,朴而不文。殷人尊神,率民以事神,先鬼而后礼,先罚

---

① 司马迁:《史记》,北京:中华书局,1982年版,第132—133页。

而后赏,尊而不亲。其民之敝,荡而不静,胜而无耻。周人尊礼尚施,事鬼敬神而远之,近人而忠焉,其赏罚用爵列,亲而不尊。其民之敝,利而巧,文而不惭,贼而蔽。"①

《表记》中把三代文化区分为"夏道尊命""殷人尊神""周人尊礼"三种不同的文化模式。夏代人(以及更古的人类)"尊命",就是尊占卜之命、巫觋之行②。那时的先民们无法理解大自然中变化莫测的现象和人类自身,从而产生畏惧感和神秘感,认为在他们周围的一切事物中都存在着能够主宰人类生活命运的神灵,因此"事鬼敬神而远之","近人而忠焉"。殷代人"尊神",就是尊重鬼神。他们"先鬼而后礼",说明鬼神在殷代人的生活中比人礼占据着更重要的位置。周人"尊礼",说明周人懂得礼在社会生活中的重要作用,他们不再把希望寄托在鬼神身上,而是寄希望于人礼,不过仍保留着对鬼神的祭祀,却"事鬼敬神而远之"。

从上述三代礼乐文化的异同中,我们可以清楚地看到周代礼乐文化不再以宗教性的内容为主,而是转向了人际关系的一面。对此我们也可以从《礼记》和《仪礼》二者所载的内容上得到见证。《礼记》中对三代或四代(虞夏商周)的礼乐进行追述,其中大部分内容都与宗教祭祀有关,而关于人际关系的礼仪规范却较少;而《仪礼》中记载的内容主要是周代的人际礼仪规范,这些礼仪规范在周代以前的礼乐文化中很难见到。这些都说明周代的礼乐文化已经发生了巨大的变化,大大不同于夏、商以及更早时期的礼乐文化了。当然,这并不否认周代的礼乐文化有一部分来源于周以前的礼乐文化及其生活习俗。

既然周代礼乐文化把原本事鬼神的礼乐文化扩展到事人伦,把礼乐文化从虚幻的神鬼世界带到现实的人际关系之中,

---

① 阮元:《十三经注疏·礼记正义》,第1641—1642页。
② 陈来:《古代宗教与伦理——儒家思想的根源》,北京:三联书店,1996年版,第280页。

其礼和乐的内容必然发生深刻的变化。

下面我们先来讨论周代礼乐文化中的礼。《礼记·大传》说:"圣人南面而治天下,必自人道始矣。立权度量,考文章,改正朔,易服色,殊徽号,异器械,别衣服,此其所得与民变革者也。不可得变革者则有矣:亲亲也,尊尊也,长长也,男女有别,此其不可得与民变革者也。"①从这段话中,我们可以清楚地看到,"亲亲"和"尊尊",就是周礼的基本内容②。"亲亲",就是亲其所亲,反映社会的家族血缘关系,即以自身为起点,上至高祖,下至曾孙,合为九代的亲属关系,以嫡长子为中心,亲其所亲,尊其所尊,由此发展为宗法制、分封制和继承制③;"尊尊",就是尊其所尊,反映社会的政治关系,即是说在政治关系方面要强调高下尊卑的等级秩序和规定。"亲亲"也好,"尊尊"也好,都贯彻着严格的等级秩序,同时"亲亲"的血缘关系还要服从于"尊尊"的政治关系。这就是周人的礼。"亲亲"和"尊尊"的要求是周代礼乐不同于夏、商礼乐的一个显著之点④。所以王国维说:"嫡庶者,尊尊之统也,由是而有宗法,有服术。其效及于政治者,则为天位之前定、同姓诸侯之封建、天子之尊严。然周之制度,亦有用亲亲之统者,则祭法是已。……商人继统之法不合尊尊之义,其祭法又无远迩尊卑之分,则于亲亲、尊尊

---

① 阮元:《十三经注疏·礼记正义》,第1506页。
② 《礼记·丧服小记》中也说:"亲亲,尊尊,长长,男女之有别,人道之大者也。"(阮元:《十三经注疏·礼记正义》,第1496页。)
③ 汪延:《先秦两汉文化传承述略》,西安:陕西人民教育出版社,1998年版,第80页。
④ 《淮南子·齐俗训》曰:"昔太公望、周公旦受封而相见,太公问周公曰:'何以治鲁?'周公曰:'尊尊亲亲。'太公曰:'鲁从此弱矣!'周公问太公曰:'何以治齐?'太公曰:'举贤而上功。'周公曰:'后世必有劫杀之君!'"(何宁:《淮南子集释》,北京:中华书局,1998年版,第765页。)这个记载未必是历史史实,但却从一个侧面说明了周代宗法社会和礼乐文化的核心内容是"尊尊亲亲"。

二义皆无当也。"①又说:"然尊尊、亲亲、贤贤,此三者治天下之通义也。周人以尊尊、亲亲二义,上治祖祢,下治子孙,旁治昆弟,而以贤贤之义治官。故天子、诸侯世,而天子、诸侯之卿、大夫、士皆不世。"②王国维对殷周的礼乐考察之深入,道出了二者之间的本质区别,确实抓住了周代礼乐的本质所在。

周代礼乐文化中的"乐"是指以音乐、诗歌、舞蹈三位一体的综合艺术。《礼记·乐记》说:"乐者,德之华也。金石丝竹,乐之器也。诗言其志也,歌咏其声也,舞动其容也,三者本于心,然后乐器从之。"③就是在强调诗、歌、舞的紧密联系,三者都是乐的表现。所以,"古代所谓'乐'是指乐曲、舞蹈和歌词三者的统一整体而言"④。乐和礼相配合,培养人的内在感情,使人得以自律,以实现由礼的他律所要达到的效果。或者我们说,乐通过艺术化的形式使严肃性的礼在潜移默化中为人们所接受。《礼记·乐记》说:"乐在宗庙之中,君臣上下同听之,则莫不和敬;在族长乡里之中,长幼同听之,则莫不和顺……所以合和父子、君臣,附亲万民也。"⑤这正说明乐的重要性。周代的礼和乐紧密结合,其目的就是为贵族阶级的统治服务。

周代的乐主要指宫廷雅乐,它有严格的规定和体制。(1)从乐器(钟磬)悬挂的方式来看,天子享配"宫县(悬)",诸侯享配"轩县",卿大夫享配"判县",士享配"特县"。《周礼·春官·小胥》云:"小胥掌学士之征令而比之……正乐县之位。王宫县,诸侯轩县,卿大夫判县,士特县。"⑥从这段话可知,小胥的职

---

① 王国维:《殷周制度论》,《观堂集林》卷十,石家庄:河北教育出版社,2001年版,第296页。
② 王国维:《殷周制度论》,《观堂集林》卷十,石家庄:河北教育出版社,2001年版,第299页。
③ 阮元:《十三经注疏·礼记正义》,第1536页。
④ 阴法鲁:《诗经中的舞蹈形象》,《舞蹈论丛》,1982年第4期。
⑤ 阮元:《十三经注疏·礼记正义》,第1545页。
⑥ 阮元:《十三经注疏·周礼注疏》,第795页。

责之一就是端正贵族阶级所悬挂的乐器的位置。所谓"宫县",就是钟、磬之类的乐器悬挂在宫室的东南西北四面,这是天子享配的乐器悬挂方式。所谓"轩县",就是乐器悬挂在东西北三面,这是诸侯享配的乐器悬挂方式。"判县",是卿大夫享配的乐器悬挂方式,乐器悬挂在东西两面。士一级的贵族只享配"特县",乐器悬挂在东面。从考古发掘来看,战国早期的曾侯乙墓中编钟靠南面和西面墓壁立架放置,编磬靠北面墓壁立架放置。这种三面悬挂乐器的布置和上述的"诸侯轩县"的说法几乎一致①。(2)从乐舞的人数来看,也有严格的规定。《左传·隐公五年》:"九月,考仲子之宫,将《万》焉。公问羽数于众仲。对曰:'天子用八,诸侯用六,大夫四,士二。夫舞所以节八音而行八风,故自八以下。'公从之。于是初献六羽,始用六佾也。"②天子的乐舞人数是六十四人,共八行,每行八人;诸侯乐舞用六行,每行六人;大夫和士再依次减少。季氏"八佾舞于庭",享用着天子才能享用的乐舞,孔子对此深恶痛绝,咬牙切齿地说:"是可忍也,孰不可忍也。"③据此可以推断,在西周礼乐等级制未被破坏时,周人是遵守乐舞等级制的。(3)以"六乐"配"六礼"。《周礼·春官·大司乐》云:"乃奏黄钟,歌大吕,舞《云门》,以祀天神;乃奏大蔟,歌应钟,舞《咸池》,以祭地示;乃奏姑洗,歌南吕,舞《大磬》,以祀四望;乃奏蕤宾,歌函钟,舞《大夏》,以祭山川;乃奏夷则,歌小吕,舞《大濩》,以享先妣;乃奏无射,歌夹钟,舞《大武》,以享先祖。"④《云门》是黄帝之舞,《咸池》是唐尧之舞,《大磬》是虞舜之舞,《大夏》是夏禹之舞,《大濩》是商汤之舞,《大武》是周武王之舞。这六种乐舞都是历史上的大

---

① 中国社会科学院考古研究所、湖北省博物馆:《曾侯乙墓》(上卷),北京:文物出版社,1989年版,第75页。
② 阮元:《十三经注疏·春秋左传正义》,第1727—1728页。
③ 阮元:《十三经注疏·论语注疏》,第2465页。
④ 阮元:《十三经注疏·周礼注疏》,第788—789页。

乐舞,是周代贵族阶级祭祀天地先祖时用的乐舞,与六种祭礼相配合使用。"六乐"如此重要,周代贵族阶级要求他们的子弟自小就学习和熟悉它们。这在《周礼·春官·大司乐》中说得很清楚:"以乐语教国子兴、道、讽、诵、言、语,以乐舞教国子舞《云门》《大卷》《大咸》《大磬》《大夏》《大濩》《大武》。"①《大卷》是黄帝之舞,也是贵族子弟学习之舞。

总之,周代的礼乐文化包括礼和乐两个方面。周代礼乐文化中的"礼"以"尊尊、亲亲"为核心内容,周代礼乐文化中的"乐"是以诗歌舞三位一体的有着严格等级性的宫廷雅乐为主。周代礼乐文化中的礼和乐紧密结合,礼乐既是社会政治制度,又是道德规范。作为社会政治制度,礼乐是周代奴隶制社会的一项根本制度,承担着维护贵族等级制度和社会统一秩序的重任。作为道德规范,礼乐贯穿在周代的政治、外交、祭祀、庆典、战争、居家生活等各个方面。礼乐互相配合,共同为周代贵族统治阶级服务,并取得良好的效果,所以古代史家称赞周代"成康之世"天下安宁,刑措数十年不用。

(2)周代礼乐文化的礼和乐的类型

周代礼乐文化中具体的礼和乐的种类相当繁多。就礼来说,《礼记·礼器》曰:"经礼三百,曲礼三千。"②这里的"三百""三千"虽可能不是准确的数字,但却说明了周代具体的礼乐种类之多③。考察"周礼",从待宾嘉宾、预知吉凶、军事行动到日用起居、人际交往,莫不以礼的形式予以规定;或者说,大到周

---

① 阮元:《十三经注疏·周礼注疏》,第787页。《云门大卷》是黄帝时代的礼仪性乐舞,又分作《云门》《大卷》两部分。
② 阮元:《十三经注疏·礼记正义》,第1435页。
③ 《汉书·礼乐志》曰:"周监于二代,礼文尤具,事为之制,曲为之防,故称礼经三百,威仪三千。"(班固:《汉书》,北京:中华书局,1962年版,第1029页。)《礼记·中庸》曰:"优优大哉!礼仪三百,威仪三千,待其人然后行。"(阮元:《十三经注疏·礼记正义》,第1633页。)这都是说周代的礼乐种类之繁多,和《礼记·礼器》中所持的观点相似。

代国家的各项制度,小到民间的各种礼俗,也都是由礼做出具体而严格的规定。但是尽管如此,我们还是可以对其做大体上的分类。

《周礼·春官·大宗伯》中说:"大宗伯之职,掌建邦之天神、人鬼、地示之礼,以佐王建保邦国。以吉礼事邦国之鬼神示……以凶礼哀邦国之忧……以宾礼亲邦国……以军礼同邦国……以嘉礼亲万民。"①《大宗伯》中将周礼分为吉礼、凶礼、宾礼、军礼、嘉礼五大类,称为"五礼"。这五种礼是从大的方面来进行分类的,每类又可以再细分为若干种礼。(1)吉礼,"事邦国之鬼神示",即是祭祀之礼,又可以分为五小类:祀昊天上帝日月星辰;祀司中司命风师雨师;祭社稷五祀五岳山林川泽;祭四方百物;享先王。(2)凶礼,"哀邦国之忧",即是天子、诸侯、卿、大夫、士遭受凶丧祸患时哀悼吊唁、慰问救济的礼仪。又可以分为五种:丧礼;荒礼;吊礼;禬礼;恤礼。(3)宾礼,"亲邦国",即是诸侯朝见天子之礼,又可以分为两类:四季朝聘;时聘。(4)军礼,"同邦国",即是与军事行动、战争有关的礼制,可以分为五种:大师之礼;大均之礼;大田之礼;大役之礼;大封之礼。(5)嘉礼,"亲万民",即是亲睦父母、子女、兄弟、朋友、宾客与邦国万民,又可以分为六种:饮食之礼;冠昏之礼;宾射之礼;飨燕之礼;脤膰之礼;贺庆之礼等。

上述"五礼"主要是着眼于国家制度之礼,侧重于国家的政治、军事、外交等方面,是统治者统治国家的有效手段,应该说是君王之礼。如祭祀天地日月礼、祭五祀五岳礼、大师之礼、大均之礼等都是君王之礼。而对于一般贵族来说,祭祀天地日月、五祀五岳、大师大均之类的君王之礼并不是他们生活中的主要礼仪,而那些侧重于人伦道德规范的日常生活礼仪才是他们生活中的主要礼仪。这些礼就是"八礼"。"五礼"是就王朝

---

① 阮元:《十三经注疏·周礼注疏》,第 757—763 页。

礼仪而言的,而"八礼"是就一般贵族、士人的礼仪而言的(当然,"五礼"和"八礼"之分,只是就分类而言,二者所包括的礼也有相同的部分)。《礼记·昏义》中说:"夫礼始于冠,本于昏,重于丧、祭,尊于朝、聘,和以射、乡:此礼之大体也。"①这里就把礼分为冠、昏、丧、祭、朝、聘、射、乡等"八礼"。《礼记·礼运》中亦有类似的分类:"是故夫礼,必本于天,殽于地,列于鬼神,达于丧、祭、射、御、冠、昏、朝、聘。故圣人以礼示之,故天下国家可得而正也。"②从《昏义》《礼运》中对礼的分类可以看出周礼的主体部分已不是夏、商时代那种祭祀鬼神的祭祀礼仪了,而是丧祭、冠礼、昏礼、朝聘、射御之礼等,这类礼较殷商时代明显地发达。对于一般贵族的礼仪生活来说,除了必要时参加天子君王举行的郊社五祀之礼外,冠礼、丧礼、昏礼、朝聘、射御之礼等才是他们生活中的"礼之大体",这类礼在他们的生活中占据着重要的地位,所谓"冠以明成人,昏以合男女,丧以仁父子,祭以严鬼神,乡饮合乡里,燕射以成宾主,聘食以睦邦交,朝觐以辨上下"(《礼经通论》),说的就是如此。可见,从周代对礼的分类来看,关于人际交往的礼仪较之以前多了起来,周代礼仪世俗化的倾向较为鲜明。

上文对礼的类型做了简要论述,下面简要讨论一下乐的类型。在周代礼乐文化中,乐和礼一样,也极为重要,乐与礼相辅相成,相需为用,言礼必言乐,言乐必言礼。乐有雅乐和俗乐之分。周代雅乐,主要指庙堂之乐,是周天子及其诸侯等在祭祀、朝觐、聘问、飨宴、军事、会盟等重大仪式上所演奏或表演的诗、乐、舞的总称。它是在前代祭祀礼仪乐舞基础上发展起来的,主要以"六代乐舞"为主体。"六代乐舞"简称"六乐""六舞"或"六大舞"。"六代乐舞"是指黄帝的乐舞《云门》《大卷》、唐尧的乐舞《大咸》、虞舜的乐舞《大磬》(即《大韶》)、夏禹的乐舞《大

---

① 阮元:《十三经注疏·礼记正义》,第1681页。
② 阮元:《十三经注疏·礼记正义》,第1415页。

夏》、商汤的乐舞《大濩》、周武王的乐舞《大武》。其中除《大武》是周代自创外①，其余皆是此前五代的乐舞，不过这些乐舞在进入周代雅乐系统时，很可能经过周代乐师的改造、修订。"六乐"与"六礼"相配合，用来祭祀天地、四方山川和祖先，而且分工十分明确，表演者也只能是国子、世子。除了"六大舞"之外，周初的雅乐体系还包括"六小舞"。《周礼·春官·乐师》："乐师掌国学之政，以教国子小舞。凡舞，有帗舞，有羽舞，有皇舞，有旄舞，有干舞，有人舞。"②帗舞，即持帗而舞。"帗"是指用五色缯帛做成的舞具③，帗舞用以祭祀社稷④。羽舞，即持白羽而舞，用以祭祀四方名山大川⑤。皇舞，即持皇而舞。"皇"是用五彩羽毛制成的舞具，皇舞是为除旱求雨而举行的祭祀活动时使用的乐舞⑥。旄舞，即手执旄牛尾而舞，是规格较高的一种舞蹈，只有天子学宫辟雍里才可以用。干舞，即兵舞，手持兵器而舞，干舞用以祭祀山川之神⑦。人舞，即徒手而舞。郑注曰："人

---

① 《吕氏春秋·古乐》中说："武王即位，以六师伐殷，六师未至，以锐兵克之于牧野。归乃荐俘馘于京太室，乃命周公为作《大武》。"（许维遹：《吕氏春秋集释》卷五，中国书店影印，1985年版。）《周礼·春官·大司乐》郑注："《大武》，武王乐也，武王伐纣以除其害，言其德能成武功。"《左传·宣公十二年》："武王克商，作《颂》……又作《武》，其卒章曰：'耆定尔功。'"（阮元：《十三经注疏·春秋左传正义》，第1882页。）
② 阮元：《十三经注疏·周礼注疏》，第793页。
③ 周代王室雅乐中的舞具主要有两大类：兵器类和羽毛缯帛类。前者包括干、戈、戚、矛等，这些舞具为武舞所用，后者包括缯帛、全羽、散羽、牛尾等，这些舞具为文舞所用。
④ 《周礼·地官·舞师》曰："教帗舞，帅而舞社稷之祭祀。"（阮元：《十三经注疏·周礼注疏》，第721页。）
⑤ 《周礼·地官·舞师》曰："教羽舞，帅而舞四方之祭祀。"（阮元：《十三经注疏·周礼注疏》，第721页。）
⑥ 《周礼·地官·舞师》曰："教皇舞，帅而舞旱暵之事。"（阮元：《十三经注疏·周礼注疏》，第721页。）
⑦ 《周礼·地官·舞师》曰："教兵舞，帅而舞山川之祭祀。"（阮元：《十三经注疏·周礼注疏》，第721页。）

舞无所执,以手袖为威仪。"①"六大舞"和"六小舞"组成了西周初期完整的乐舞体系,这一体系虽然没有像后来雅乐发展到的那样复杂丰富,但已基本确定了周代礼乐制度中的雅乐的构架和发展方向。随着周代礼乐制度的进一步发展和完善,雅乐的范围也随之扩大,周代诗歌中的大小《雅》诗和《颂》诗都属于雅乐。如在大夫士乡饮酒礼和诸侯燕礼中就频繁使用《小雅》中的《鹿鸣》《四牡》《皇皇者华》;在两君相见礼中使用《大雅》中的《文王》;在天子祭祀、大飨、大射之礼中使用《颂》诗中的《清庙》等②。这说明,周代的雅乐范围随着周代礼乐制度的发展也在发生变化,除了"六大舞"和"六小舞"之外,还包括《诗》的部分《雅》诗和《颂》诗。周代的雅乐与礼密切配合,通过艺术性的乐使等级森严的礼自觉地为人们所接受,从而更好地起到维护社会秩序的作用。

周代礼乐文化中的"乐"除了雅乐外,还包括俗乐。俗乐主要是指那些流行于民间巷里的劳动人民从生产和生活感受出发而创作出来的民歌民曲。俗乐较少受到周代礼乐规范的限制,形式与内容都比较自由活泼,在西周后期发展很快,成为周代礼乐文化中的乐的组成部分③。俗乐也同样受到统治者的重视,成为他们教育后代的内容之一。《周礼·春官·旄人》:"旄人掌教舞散乐,舞夷乐。凡四方之以舞仕者属焉。"④这里所说的"散乐"即指民间音乐;所说的"夷乐"即指少数民族音乐。

---

① 阮元:《十三经注疏·周礼注疏》,第793页。
② 王国维在《观堂集林·艺林二·释乐次》中附有一表《天子诸侯大夫士用乐表》,详细地列出了上到天子大祭祀、视学养老的用乐,下到大夫士乡饮酒礼、乡射礼的用乐。(见王国维:《观堂集林》,石家庄:河北教育出版社,2001年版,第58—59页。)
③ 杨华也认为:"即使是在作为制度形态的宗周礼乐文化中,在王宫雅乐之外,也还存在着十分丰富的民间俗乐,只不过是由于历史观的局限,致使文献材料极为有限而已。"(杨华:《先秦礼乐文化》,武汉:湖北教育出版社,1997年版,第142页。)
④ 阮元:《十三经注疏·周礼注疏》,第801页。

"旄人"的职责之一就是掌教民间音乐和少数民族音乐。《礼记·明堂位》还记载鲁国宫室用禘祭礼祭祀周公时,"纳蛮夷之乐于大庙,言广鲁于天下也"①。就是使用"蛮夷之乐"来祭祀。周代俗乐除了一些边地蛮夷之乐外,大部分是来自王畿以外各诸侯国的地方民间音乐。今存《诗经》中的《风》诗本来基本上都是民间俗乐的歌诗的诗词,但是这些《风》诗在传入宫廷以后,在贵族的生活中也占据着重要的地位。如《仪礼》所载《乡饮酒礼》《乡射礼》《燕礼》中就频繁地使用《周南》中的《关雎》《葛覃》《卷耳》和《召南》中的《鹊巢》《采蘩》《采蘋》等。《左传·襄公二十九年》记载了"吴公子季札观乐"一事,鲁人请吴公子季札欣赏的奏乐表演除了《大武》《大夏》《韶濩》《大雅》《小雅》《颂》等"雅颂"之乐外,还有《周南》《召南》《邶风》《鄘风》《卫风》《齐风》《魏风》《唐风》《秦风》《陈风》等"风"诗②。这就说明,在西周中期以后,部分"风"诗也进入了周人的雅乐系统,成为贵族生活中不可或缺的乐舞③。当然,还有许多"风"诗还是属于民间俗乐的。因此,就周代礼乐文化中的"乐"的类型来看,主要包括宫廷雅乐和民间俗乐两种。

2.周代礼乐文化的功能和作用

上文我们对周代礼乐文化中的礼和乐的内容和类型做了初步的讨论,下面对周代礼乐文化的功能和作用再做一下讨论。先看《礼记·乐记》中的一段话:"乐者为同,礼者为异。同则相亲,异则相敬。乐胜则流,礼胜则离。合情饰貌者,礼乐之事也。礼义立,则贵贱等矣。乐文同,则上下和矣。"④这句话意

---

① 阮元:《十三经注疏·礼记正义》,第 1489 页。
② 阮元:《十三经注疏·春秋左传正义》,第 2006—2008 页。
③ 参见王秀臣:《周代礼制的嬗变与雅乐内涵的变化》,《社会科学辑刊》,2005 年第 4 期。
④ 阮元:《十三经注疏·礼记正义》,第 1529 页。

思是说,"乐"起着和同的作用,"礼"起着区别的作用①。和同能够使人相互亲近,别异能够使人相互尊敬。礼和乐互相配合,相辅相成,相需为用,如果乐被强调过分就会使人随便而不知尊敬;反之,礼被强调过分就会使人隔阂而不相亲,既能使人与人之间的感情相互融洽,而又能做到相互尊敬,这就是礼乐的功用。《荀子·乐论》中亦有类似的论述:"且乐也者,和之不可变者也;礼也者,理之不可易者也。乐合同,礼别异。礼乐之统,管乎人心者矣。"②可见,"乐和同""礼别异"就是对周代礼乐文化的功能和作用及其相互关系的最好说明。所谓"礼别异",就是用等级森严的礼来区别上下、尊卑、贵贱、男女、长幼之间的等级秩序,以使社会有着严格的等级分别,彼此不相僭越,达到稳定社会的目的;所谓"乐和同",就是运用包括音乐、诗歌、舞蹈在内的乐的形式来沟通与调适人们因礼的等级森严而造成的感情隔阂与疏离,使统治阶级内部和统治阶级与被统治阶级之间感情融和,达到和谐人际关系的目的。杜国庠说:"礼既'别异',则地位不同的人们中间自然免不了要郁积着不平之气吧,因此就必须用那有'合同'作用的乐,来调和或者宣泄一下。"③这种认识是深有道理的。对于上述周代礼乐的这种功能和作用,《礼记》中多有论述。如《礼记·曲礼上》说:"夫礼者,所以定亲疏,决嫌疑,别异同,明是非也。……道德仁义,非礼不成;教训正俗,非礼不备;分争辩讼,非礼不决;君臣、上下、父子、兄弟,非礼不定;宦学事师,非礼不亲;班朝治军,莅官行法,非礼威严不行;祷祠祭祀,供给鬼神,非礼不诚不庄。"④就明确

---

① 《礼记·乐记》中还有类似的话:"乐也者,情之不可变者也;礼也者,理之不可易者也。乐统同,礼辨异。礼乐之说,管乎人情矣。"(阮元:《十三经注疏·礼记正义》,第1537页。)"乐统同"就是乐和同人心;"礼辨异"就是礼区别尊卑。
② 王先谦:《荀子集解》,北京:中华书局,1988年版,第382页。
③ 杜国庠:《杜国庠文集》,北京:人民出版社,1962年版,第292页。
④ 阮元:《十三经注疏·礼记正义》,第1231页。

地说明了礼具有区别上下、尊卑、贵贱、长幼的"别异"的重要作用。《礼记·乐记》中说:"是故乐在宗庙之中,君臣上下同听之,则莫不和敬;在族长乡里之中,长幼同听之,则莫不和顺;在闺门之内,父子兄弟同听之,则莫不和亲。故乐者,审一以定和,比物以饰节,节奏合以成文,所以合和父子、君臣,附亲万民也:是先王立乐之方也。"①就明确地说明了乐具有"和同"的作用。听乐可以使君臣、父子、兄弟、长幼和敬、和亲、和爱。乐既然具有这么重要的作用,也就难怪先王要"立乐"了。周代的"乐"具有和同的作用,"礼"具有别异的作用,所以"乐至则无怨,礼至则不争。揖让而治天下者"②。这就会使社会既有森严可畏的等级秩序,而又充满和谐欢畅。自然,周代统治阶级就极为重视对贵族子弟进行礼和乐的教育和教化。《礼记·文王世子》说:"凡三王教世子,必以礼乐。乐所以修内也,礼所以修外也。礼乐交错于中,发形于外,是故其成也怿,恭敬而温文。"③这里的"世子"就是太子的意思,世子必须教以礼乐,对于其他贵族阶级子弟来说,礼乐也是他们必须学习的内容。

总之,周代礼乐文化的功能和作用就是要使人们之间既等级分明,各有所敬,各有所尊,但又关系和顺,相亲相爱,使整个社会表现出一种既等级森严,秩序井然,彼此不相逾越,而人们又内心和谐安宁、相亲相爱的局面。这正是统治阶级借礼乐来维护社会和谐稳定,实行长久统治的最高目的。

---

① 阮元:《十三经注疏·礼记正义》,第1545页。《荀子·乐论》中也有几乎与此相同的话:"故乐在宗庙之中,君臣上下同听之,则莫不和敬;闺门之内,父子兄弟同听之,则莫不和亲;乡里族长之中,长少同听之,则莫不和顺。故乐者,审一以定和者也,比物以饰节者也,合奏以成文者也;足以率一道,足以治万变。是先王立乐之术也,而墨子非之,奈何!"(王先谦:《荀子集解》,北京:中华书局,1988年版,第379—380页。)
② 阮元:《十三经注疏·礼记正义》,第1529页。
③ 阮元:《十三经注疏·礼记正义》,第1406页。

第二章　从祭祀到象征
——两周礼乐文化中的象征性艺术精神之形成

第一节　关于象征及象征性艺术精神

"象征"一词,我们涉及它时,往往都觉得它深奥难解,很难对它做明确而完整的界说和透彻的说明。原因有两点:一是人们在使用"象征"概念时并不是在同一层面上来使用的,"象征"概念的理解和使用具有开放性,它的内涵和外延往往具有不确定性和多层次性;二是与"象征"概念相关的概念,如象征主义、象征派、象征文化等概念在使用时往往与"象征"概念混合在一起,这就造成了人们对它的理解的困难。鉴于这种情况,我们在论述两周礼乐文化中的象征性艺术精神时,有必要对"象征"概念做些基本的解释和说明。

究其本义,"象征"一词来源于古希腊(希腊语 $\sigma \upsilon \mu \beta o \lambda o \nu$),是指盟约双方将某一物(如木板、硬币、玉石等)破为两半,双方各执其一,作为日后相见或立约时检验真假的凭证和信物,此即象征。这与中国古代的战国和秦汉时期军事上使用的"虎符"很相似。虎符就是作为一种调遣兵将的凭证和信物。此物由金属铸成虎形,分为两半,朝廷和统兵在外的将帅各执其一,将帅需要调兵或朝廷命令将帅执行任务时,需要将双方的虎符交验吻合后,方可行事①。因此,"象征"最初的本义是指一种凭证或信物,后来指能表达或暗示某种观念或事物的就叫"象征"。

今天,"象征"这一概念的使用情况较为复杂。首先,在汉语中,"象征"既可以作为名词,又可以作为动词来使用。《现代汉语词典》对"象征"词条的释义为:"①用具体的事物表现某种特殊的意义:火炬象征光明。②用来象征某种特别意义的具体事物。"其中①就是把"象征"作为动词来用,是指用具体的、有形的事物来表现抽象的、无形的观念、意义等;而②则是把"象征"作为名词来用,是指用来表现抽象的、无形的观念、意义的具体的、有形的事物。在西文中,"象征"一词用"symbol"来表示。而"symbol"一词含义较为复杂,在语义学、逻辑学、修辞学和诠释学等学科中,一般指"符号"的意思;而在宗教学、人类学、文化学、艺术学等学科中,一般又指"象征"的意思。可见在西文中,"象征"和"符号"二词具有相通性。所以,法国学者茨维坦·托多罗夫在《象征理论》中说:"如果把'符号'一词当作统称,其中包括了象征(后者反过来也确定了符号的概念),那么可以说对象征的研究属于普通的符号理论,即符号学的范围,而我的研究则属于符号学史的范围。"②就是在这一层面上来说的。符号学派代表人物德国哲学家恩斯特·卡西尔认为:"符号化的思维和符号化的行为是人类生活中最富有代表性的特征,并且人类文化的全部发展都依赖于这些条件",因而,"应当把人定义为符号的动物(animal symbolicum)"③。而"符号化的思维和符号化的行为"也即"象征性思维和象征性行为",

---

① 严云受、刘锋杰:《文学象征论》,合肥:安徽教育出版社,1995年版,第2页。
② [法]茨维坦·托多罗夫:《象征理论》,北京:商务印书馆,2004年版,第3页。
③ [德]恩斯特·卡西尔:《人论》,上海:上海译文出版社,2004年版,第37—38页。

"人定义为符号的动物",亦可译为"人定义为象征动物"。这也是从西文中的"symbol"同时表示符号和象征的两个意思这一角度来说的。因此,卡西尔的符号哲学著作亦可译成象征哲学——《象征形式哲学》。

其次,对"象征"一词的含义的理解也较为复杂。我们平常总是把象征理解为一种艺术表现手法,是指通过具体的形象来表现某些思想、观念和情感等。这就狭隘化了。实际上,"象征"一术语远非仅指一种艺术表现手法,它早已超出艺术学领域。比如,在社会和日常生活中,建设一项大的工程建筑,要举行奠基仪式,埋下一块石碑;青年男女新婚,洞房花烛夜的当夜,亲人总在其床上撒下一把红枣、花生、莲子;祭奠先人先祖时,要在供桌上摆上先人先祖的牌位等。毫无疑问,这些行为举措都不具有实际意义和功利作用,它们都只是一种象征。因此,象征不仅在艺术学中使用,还在语言学、人类学、社会学、宗教学、哲学等各个学科和领域中广为使用。所以,"广义的'象征'是一个文化人类学概念。象征现象普遍存在于人类生活的各个领域,在人的语言、心理和行为等方面都有所表现,包括原型象征、宗教象征、心理象征、社会象征、艺术象征等类型,情况相当复杂"①。"象征"不仅在各个学科或领域中都存在着,具有广泛性,而且还具有历史性,是个历史性的概念。"象征"概念的内涵会在历史发展过程中不断地发生变化,不同的历史阶段其含义也不同,这就造成了对它理解的困难。但无论"象征"在历史的时空里是如何"翻新",其本质的、基本的内涵却是一定的,我们还是能够理解和把握它。这里我们且借助于黑格尔的象征定义来理解它,因为黑格尔对象征下的定义较其他定义更为准确、真实地把握了象征的真义,还象征的本来面目。黑格尔说:

---

① 林兴宅:《象征论文艺学导论》,北京:人民文学出版社,1993年版,第218页。

> 象征一般是直接呈现于感性观照的一种现成的外在事物,对这种外在事物并不直接就它本身来看,而是就它所暗示的一种较广泛较普遍的意义来看。因此,我们在象征里应该分出两个因素,第一是意义,其次是这意义的表现。意义就是一种观念或对象,不管它的内容是什么,表现是一种感性存在或一种形象。①

从黑格尔的这段话中,我们知道,象征首先是一个"直接呈现于感性观照的一种现成的外在事物",其次,"对这种外在事物并不直接就它本身来看,而是就它所暗示的一种较广泛较普遍的意义来看"。因此,象征里有两个互为关联的因素:一个是"意义";一个是"表现"。而"表现"是直接呈现于感观的一种外在事物,是"一种感性存在或一种形象";而"意义"是外在事物所暗示出来的,是"一种观念或对象"。"意义"和"表现"是相互紧密关联的,没有"意义"的"表现",或没有"表现"的"意义",都不是一种象征,而且"表现"和"意义"之间的关系是一种暗示关系或隐喻关系,非此也不是象征。简而言之,象征是用具体的感性形象来暗示和表征某种抽象的意义,它包含两个方面:一是象征物必须是感性的形象(也包括形象的符号),能直接作用于人们的感官;二是象征物必须具有暗示或表征作用,并非指称事物本身,即象征物形象蕴含着抽象的意义,形象只是意义的一种征象。在新婚的床上撒上一把红枣、花生、莲子,这些东西并不是作为食物让人食用,而是暗含或暗示着对新婚夫妇的祝福:早生贵子。这就是一种象征。如果这些红枣、花生、莲子是放在餐桌上供人食用,那么它就失去了暗示意义或象征意义,就不再是象征了。而在艺术领域,"这意义的表现"就是艺术作品中的艺术形象,而"意义"就是艺术形象所暗示或表现出来的

---

① [德]黑格尔:《美学》第二卷,朱光潜译,北京:商务印书馆,1979年版,第10页。

观念、意义等。卡夫卡《变形记》中的大甲虫就是一个艺术形象,是"意义的表现",而这个艺术形象又表现或暗示着一个重要的意义:资本主义社会中,物欲横流,充满着竞争和挤压,小职员格里高尔不堪重负,变成了一个大甲虫,从而变成了"非人"。因此,大甲虫并非是作家着意要刻画的形象,而是通过它来暗示和表现一种普遍意义。这里的大甲虫就是一个象征。而在法布尔的"观察手记"(又称"昆虫记")中,也记录和描绘了许多昆虫,其中也不乏精彩的描写,但作者描绘这些昆虫的目的是做科学研究,告诉人们这些昆虫的形态、生活习性等。它们并不暗示或表现什么别的意义,读者也不会从这些昆虫身上寻求什么暗示的意义来。因此,它们就不是象征。因此,一个事物(或艺术形象)是否是象征,我们依据黑格尔的象征定义,就能做出较准确的回答。

以上我们对"象征"这一概念在使用中的复杂性和其基本内涵做了基本的说明和解释。那么象征作为一种文化现象,渗透在人类学、艺术学、宗教学、社会学等学科领域中,似乎无处不在,历史久远,究其根源,它是如何产生的呢?现代文化人类学等学科研究表明,它的产生与原始巫术宗教生活密切相关。原始先民们一方面对自然界的认识能力极其浅陋和有限,征服自然的能力也十分低下,在大自然变化莫测的自然现象和恶劣的自然灾害面前,充满着畏惧和膜拜心理;另一方面,他们又对人类自身的认识十分有限,对自身的梦境和生死不能做出合理的解释,因而将其归因于冥冥之中神灵的支配。因此,对天地自然和万物神灵的崇拜就会促使先民们认为神灵的意志支配生人的意志,因而需要祈求万物神灵攘除灾害,赐予福佑。而这种祈求神灵的活动就是原始巫术宗教活动。原始先民们在举行巫术宗教活动时,往往头戴一定的装饰,身披一定的服饰,载歌载舞,做出一定的动作以象征和模仿万物神灵,并举行许多象征性仪式来沟通人神,通过巫术象征来表达对神灵的崇敬和其他特定的观念。这就是象征的开始。另一方面，由于原始巫术宗教生活的联想，外在客观物象和内在的想象观念常常在先民们的心理上建立起某种特殊的联系，这种联系会在不断的重复的强化作用下深深地植根于先民们的深层心理结构中，成为一种自发的、习惯性的联想，并形成内在的心理模式。因而，先民们在感观客观物象时，总是把客观物象和某种内在观念联系起来，在客观物象中引出某种观念、意义。这就是"象征"这一文化现象的起源①。

今天我们在《周易》这部纪录上古时代巫术文化思想的卜筮之书中，还很明显地看到这种象征性的思维方式和原始象征活动。《周易·系辞下》曰：

> 夫《易》彰往而察来，而微显阐幽，开而当名，辨物正言，断辞则备矣。其称名也小，其取类也大，其旨远，其辞文，其言曲而中，其事肆而隐。②

《周易》中的这段话明确地告诉我们：《周易》中的各种卦象彰显过去、察现未来，阐明幽微而深奥的道理。卦象的标举名称虽小，但却指称着大事物、大道理。它的用意深远，语言表达曲折。这就是说，《周易》中的各种卦象虽是推知万事万物的变化规律，预测社会人事的祸福吉凶，但它并非是直接进行的，而是一种暗示和表征，曲折地阐明幽微的道理和真义，因而，各种卦象实际上都是象征。所以，三国时期的王弼在《周易略例·明象》中对此做了简洁明了的概括，"触类可为其象，合义可为其征"③，"象征"一词几乎呼之欲出了。可见，《周易》这部古老的巫术之书，其思维方式就是象征性思维方式，其所展示的体系

---

① 参见林兴宅：《象征论文艺学导论》，北京：人民文学出版社，1993年版，第220页。
② 阮元：《十三经注疏·周易正义》，第89页。
③ 王弼著，楼宇烈校释：《王弼集校释》(下册)，北京：中华书局，1980年版，第609页。

就是一个象征性体系。这就从一个方面证明象征与原始巫术宗教密切相关。

我们对象征这一概念的内涵及其产生的根源等有了一些了解后，我们还有必要对与象征有关的概念，如象征主义、象征派等概念，做一下区别和了解。"象征主义"是19世纪晚期在法国及欧洲的几个国家兴起的文学及艺术思潮。当时欧洲的一部分知识分子反对直露的抒情和直白的说教，采用象征和隐喻的手法，通过意象、暗示、自由联想来表现理念世界的美与其无限性，表达自己的思想、情感、情绪和意念等。象征主义首先在诗歌领域中兴起，1857年，法国年轻诗人波德莱尔发表《恶之花》，是象征主义的开山之作。1886年，法国诗人让·莫雷亚斯在《费加罗报》上发表《象征主义宣言》提出"象征主义"名称。象征主义在当时的欧美世界影响很大，在文学艺术的各个领域都有理论主张和创作实践。文学领域（主要是诗歌领域）中的代表人物主要有波德莱尔、马拉美、莫雷亚斯等；音乐领域中的代表人物主要有瓦格纳、德彪西等；绘画领域中的代表人物主要有高更、莫罗、雷东等。象征主义对后来的文学艺术的创作和理论主张影响很大，一直到今天的文艺创作都受其影响。象征派是与象征主义密切相关的一个概念，它是指在象征主义文艺思潮的影响下形成的文学艺术创作流派，这种创作流派在诗歌领域中就会形成象征派诗歌，在绘画领域就会形成象征派绘画。这是一般意义上的象征派。象征派还指20世纪二三十年代，受西方象征主义影响，中国新诗创作中出现的一个诗歌流派。这个诗歌流派对新诗写作中的写实派和浪漫派表示强烈的不满，要求诗歌语言要具有暗示性和音乐性，诗歌作品要曲折地表达诗人的思想和微妙的情绪、感受等，当时的象征派诗歌主要代表人物有李金发、穆木天、王独清等。

象征作为一种文化现象，历史久远。象征现象普遍存在于人类生活的各个领域，尤其在人类的精神生活中，几乎无处不在。而艺术是人类精神生活中不可或缺的一个重要方面,自然,象征也渗透在文学艺术领域中,而象征性艺术精神也就会必然产生。对于象征性艺术精神这个概念,要理解它,首先要弄清楚何谓艺术精神?而艺术精神这个概念,历来人们对它的理解也不尽相同。《辞海》中没有"艺术精神"一词,只有"精神"一词。《辞海》对"精神"的解释如下:①哲学名词。指人的意识、思维活动和一般心理状态。宗教信仰者和唯心主义者所讲的精神,是对意识的神化。唯物主义者常把精神当作和意识同一意义的概念来使用,认为它是物质的最高产物。②犹神态、心神。宋玉《神女赋》:"精神恍惚,若有所喜。"③犹精力、活力。李郢《上裴晋公》诗:"龙马精神海鹤姿。"④神采、韵味。方岳《雪梅》诗:"有梅无雪不精神。"⑤内容实质。如传达会议的精神。① 从《辞海》的解释来看,"精神"是指人的意识、思维、心态、神态等,是一种无影无形的东西,对此我们很难用一些准确、恰当的概念把它具体、明白、形象地表达出来。那么艺术精神也是同样如此,因此,历来人们对它的描述也不相同。章启群说:"艺术精神是指一种艺术独自具有的、内在的品质或气质。譬如,中国画不同于日本画,中国古诗不同于日本俳句,不是它们的物质媒介不同,而是内在的精神不同。西方艺术也是如此,近代的意大利、荷兰、俄罗斯的绘画,人们都可以看出具有不同的精神。"②李维武说:"所谓艺术精神,也就是指的艺术的精神境界。……艺术作品既不是纯主观的,也不是纯客观的。把主观生命的跃动投射到某一客观的事物上面去,借某一客观事物的形象把生命的跃动表现出来,形成晶莹朗澈的内在世界,这就是艺术的精神境界。"③王岳川主编的《西方艺术精神》界定艺术精神时引用了康定斯基的定义,他说:"康定斯基在《论艺术

---

① 《辞海》,上海:上海辞书出版社,1979年版,第4432页。
② 章启群:《怎样探讨中国艺术精神?》,《北京大学学报》,2000年第2期。
③ 李维武:《徐复观对中国艺术精神的阐释》,《福建论坛》,2001年第3期。

的精神》中这样定义艺术精神:艺术是由人创作并为了人的一种活动。这种活动的使命感使人觉悟到将光明投向人的内心黑暗中去——这就是艺术家的使命。"①这几个定义是从不同角度对艺术精神做了界定,各自在一定程度上揭示了艺术精神的特征,但并没有完全把握艺术精神的实质,尤其是康定斯基给艺术精神下的定义,似乎是在给艺术这一概念下定义。而且中国艺术精神与西方艺术精神也有一些根本的区别:中国艺术精神强调的是主体与客体之间的和谐、交融与相互深入的关系;而西方艺术精神强调的是主客体之间一种紧张的对峙关系,主体是征服者,客体是征服的对象。徐复观在《中国艺术精神》一书中对儒家的艺术精神和道家的艺术精神做了阐述。徐复观认为儒家真正的艺术精神,自战国末期,已日归湮没了,只有道家的艺术精神传承了下来并代表着中国艺术精神。他说:"他们所说的道,若通过思辨去加以展开,以建立由宇宙落向人生的系统,它固然是理论的、形上学的意义,但若通过功夫在现实人生中加以体认,则将发现他们之所谓道,实际是一种最高的艺术精神。"②徐复观认为老庄的"道"就是最高的艺术精神,这就把艺术精神等同于"道"了,把道家的艺术精神等同于中国艺术精神了。这种观点不论它正确与否,但从实际上看,他并没有给艺术精神下一个准确的定义。因此,要给艺术精神下个恰切的定义并不容易。

由上文可见,艺术精神也是一种无影无形的东西,不能斥诸我们的触觉、视觉、听觉,我们也难以定义它,不过它却是一种真实的存在,存在于丰富多彩的艺术作品中;存在于艺术家独特的创作个性中;存在于运用各种手段的创作过程中;存在于不同体验的艺术欣赏中。它在艺术的领域中几乎无处不在,

---

① 王岳川:《西方艺术精神》,北京:高等教育出版社,2005年版,第14页。
② 徐复观:《中国艺术精神》,上海:华东师范大学出版社,2001年版,第29页。

我们虽无法用准确的语言来定义它,但凭我们的直觉和感悟,艺术精神能大致地描述如下:艺术精神是在长期的历史过程中,哲学思想和审美意识发展的产物,是民族精神在文化艺术领域中的集中体现。它一旦形成后,就积淀在民族文化的心理结构中,长期影响着民族文化艺术的发展;它是艺术创造的动力,艺术作品的灵魂与生气;它制约着艺术的形式,影响着艺术风格①。总之,艺术精神关涉文化艺术,也关涉历史哲学,还与民族精神、民族心理和民族传统文化紧密相连。因此,艺术精神的内涵是极其复杂、丰富的,需要我们认真地把握。

而象征性艺术精神是艺术精神的一种类型。王岳川主编的《西方艺术精神》梳理了艺术精神的谱系,就认为西方艺术精神大致有以下几种类型:史前艺术精神、象征艺术精神、古典艺术精神、浪漫艺术精神、现代艺术精神和后现代艺术精神,并认为象征艺术精神是主体试图以有限去表现无限。象征艺术精神具有明确的主体意识,它要去表达自己,实现自己,但又不能完全认识自己,因此,只能借助一些外在事物来认识自己,如用狮子象征刚强,狐狸象征狡猾等②。这里,王岳川从黑格尔对象征艺术精神的观点来论述西方象征性艺术精神。实际上,象征艺术是人类艺术的一种基本的艺术类型,象征性艺术精神在世界各个民族的艺术中都存在,并非仅是西方艺术精神,而且象征艺术精神也并非完全能从黑格尔的绝对理念的角度去论述。我们认为,象征性艺术精神是人类在艺术实践活动中形成的艺术精神之一。它是人类的象征性思维和审美意识在历史的发展过程中渗透和融合的产物,是通过感性形象来表征和暗示抽象的精神意义,以引领主体去把握世界人生和生命意义的一种实践精神方式。象征性艺术精神也是民族精神在文化艺术领

---

① 赵明、薛敏珠:《道家文化及其艺术精神》,长春:吉林文史出版社,1991年版,第197页。
② 王岳川:《西方艺术精神》,北京:高等教育出版社,2005年版,第30页。

域中的一种表现,长期积淀在民族的文化心理结构中,影响着民族文化艺术的进程和发展。

第二节 祭祀——两周礼乐文化的核心

我国上古时代经历了漫长的原始社会时期。那时候的原始先民们生活在人类的童年时代,过着茹毛饮血的群居生活。由于生产力的极其不发达与文明程度的低下,先民们在变幻莫测的自然现象面前,并和恶劣的大自然做艰苦的斗争过程中,常常感到困惑不解与力不从心,因而,对自然万物充满着恐惧和神秘之感,认为冥冥之中总有某种神秘的力量在主宰着自己的命运。于是,自然万物和自然现象就被人格化为神,万物有灵的思想就产生了。

对于这些万物神灵,一方面,先民们企图通过各种巫术活动来控制他们,以及巫术效应来影响他们,以使神灵们按人的意愿来福佑人间。如《礼记·郊特牲》曰:"伊耆氏始为蜡。蜡也者,索也,岁十二月,合聚万物而索飨之也。……(其蜡辞)曰:'土返其宅,水归其壑,昆虫毋作,草木归其泽。'"①就表明在上古的伊耆氏时代,先民们在巫术活动中希图利用咒语来对土、水、昆虫、草木等神灵施加影响,以便控制它们。内蒙古自治区碇口县西北托林沟畔北山后石壁上有一幅原始社会时期的岩画,画面上有几个装扮过的舞者在跳舞②。这幅画似乎再现了原始先民们跳狩猎舞的巫术活动。从画面上看,原始先民们企图用狩猎舞来娱悦和控制神灵,以期获得好的狩猎收成。

另一方面,原始先民们又通过举行宗教祭祀仪式来对自然万物神灵进行顶礼膜拜,表达敬畏和崇拜之情,并常常在祭祀仪式上进行各种乐舞表演以取悦神灵,希求得到它们的护佑。

---

① 阮元:《十三经注疏·礼记正义》,第1454页。
② 刘锡诚:《中国原始艺术》,上海:上海文艺出版社,1998年版,第374页。

《吕氏春秋·古乐》曰:"昔葛天氏之乐,三人操牛尾投足以歌八阕:一曰《载民》,二曰《玄鸟》,三曰《遂草木》,四曰《奋五谷》,五曰《敬天常》,六曰《建帝功》,七曰《依地德》,八曰《总万物之极》。"①就是远古葛天氏时代的先民们在举行祭祀崇拜仪式时所表演的乐舞。从其歌词来看,先民们把玄鸟、草木、五谷、天地等自然物都当成了神灵,企图用祭祀崇拜仪式和歌舞表演来娱悦它们,以祈求年成的丰收等。

历史进入"三皇五帝"时期(原始社会末期),巫术和宗教祭祀活动不但没有衰退,反而更加盛行。尽管记载当时的"历史"的一些文献资料带有浓重的神话色彩,历史真实和神话传说交织在一起,但其时的巫术文化的发达和宗教祭祀活动的盛行却是可以肯定的。《山海经·大荒北经》曰:

> 蚩尤作兵伐黄帝,黄帝乃令应龙攻之冀州之野。应龙畜水,蚩尤请风伯雨师,纵大风雨。黄帝乃下天女曰"魃",雨止,遂杀蚩尤。②

黄帝和蚩尤大战,双方都动用巫术巫法来克制对方。蚩尤会呼风唤雨,请来风伯雨师,作起狂风暴雨;而黄帝则能命令天女止住风雨,最后擒杀了蚩尤。黄帝之所以能克敌制胜,就是因为他利用了巫术巫法,并且他的通天法术比蚩尤更高。《国语·楚语下》中记载了一段观射父和楚昭王关于"绝地天通"由来的对话,亦说明了原始社会末期巫术、宗教活动极为盛行:"及少皞之衰也,九黎乱德,民神杂糅,不可方物。夫人作享,家为巫史,无有要质。民匮于祀,而不知其福,烝享无度,民神同位。民渎齐盟,无有威严。神狎民则,不蠲其为。嘉生不降,无物以享。祸灾荐臻,莫尽其气。"③少皞,传说是黄帝的儿子清阳。少

---

① 许维遹:《吕氏春秋集释》卷五,北京:中国书店影印,1985年版。
② 袁珂:《山海经校注》,成都:巴蜀书社,1993年版,第490—491页。
③ 徐元诰:《国语集解》,北京:中华书局,2002年版,第514—515页。

皞时代，巫术、宗教极为盛行，似乎家家都有巫史，人人都去祭祀，以至于祭祀没有被控制，而过于频繁，使得人、神位置不分，反而因人们的滥祀，甚至亵渎了神灵，而得不到神的护佑和恩赐。这一切都说明"三皇五帝"时期（原始社会末期），巫术、宗教祭祀活动在人们的生活中之重要，以及在社会生活和日常生活中之盛行。

三代时期，尤其是夏商二代，其时的巫术、宗教也极为盛行。有的学者通过考察研究认为，从三代王朝创立者的功德来看，他们的所有行为都带有巫术和超自然的色彩，三代帝王自身就是众巫的首领①。夏代的君主夏后启就是一位巫师或巫首。《山海经·海外西经》曰：

> 大乐之野，夏后启于此舞九代；乘两龙，云盖三层。左手操翳，右手操环，佩玉璜。在大运山北。②

《太平御览》卷八十二曰：

> 昔夏后启筮，乘龙以登于天，枚占于皋陶，皋陶曰：吉而必同，与神交通。③

夏后启，手操翳、环，身佩玉璜，御乘飞龙，直登天庭，与神交通，这不就是一个巫师的形象吗？既然夏代连帝王自身都是巫师，可以想见夏代的巫师之多，巫术、宗教祭祀之盛行。到了殷商时代，巫术和宗教祭祀活动比此前的任何时代更发达、更盛行。首先，殷代的巫术文化极为发达，比如，殷人无论从事何事，事无大小、事无巨细，都要进行巫术占卜，向鬼神求问以定决疑。大量的历史文献典籍和河南殷墟出土的十多万片甲骨上的卜辞记录可以充分证实这一历史事实。《尚书·洪范》曰："稽疑：

---

① 张光直：《美术、神话与祭祀》，沈阳：辽宁教育出版社，2002年版，第29页。
② 袁珂：《山海经校注》，成都：巴蜀书社，1993年版，第253页。
③ 李昉：《太平御览》卷八十二，北京：中华书局，1960年版。

择建立卜筮人，乃命卜筮：曰雨，曰霁，曰蒙，曰驿，曰克，曰贞，曰悔，凡七。卜五，占用二，衍忒，立时人作卜筮，三人占，则从二人之言。汝则有大疑，谋及乃心，谋及卿士，谋及庶人，谋及卜筮。汝则从，龟从，筮从，卿士从，庶民从，是之为大同。身其康强，子孙其逢吉。汝则从，龟从，筮从，卿士逆，庶民逆，吉。卿士从，龟从，筮从，汝则逆，庶民逆，吉。庶民从，龟从，筮从，汝则逆，卿士逆，吉。汝则从，龟从，筮逆，卿士逆，庶民逆，作内吉，作外凶。龟、筮共违于人，用静吉，用作凶。"①在殷代，对某件事情做出最终决定，在国君、卿士、庶民、卜、筮等方面因素中，国君、卿士、庶民的意见尽管重要，但只起参考作用，最终决定权取决于卜、筮的结果。卜、筮在殷人生活中之重要可见一斑。过去人们曾对这段后人的追述文字的真实性有所怀疑，但殷墟出土的大量的甲骨卜辞记录以铁一般的证据，印证了它的真实性。

　　殷商时代的巫术文化非常发达，殷人占卜频繁、占卜范围的无所不包以及占卜在国家生活中占据重要地位，这是与殷人的神灵观念的发达有着密切的关系的。与夏代及此前时代的人们的神灵观念相比，商代人的神灵观念更为发达，不仅有天神、地示和人鬼，而且还形成了一个具有最高权威的最高神——"帝"的观念，以便来统领其他诸神灵。在殷人看来，神是至高无上的，人要受命于神的旨意、支配和安排。有了这样的原始宗教思想，殷人的一切活动都要以神和神事为中心。这里还需说明的是殷人的"人鬼"（即死去祖先化作的神灵）的观念很发达。夏代及以前时代，先民们对生死的认识不清楚，生死观念不发达，"人鬼"的观念不突出。但殷人的生死观发生了重要变化，他们认识到先王先公生前时在社会生活中起过的重大作用，死后还化为"人鬼"，继续关心和庇佑着活着的生人。

---

① 阮元：《十三经注疏·尚书正义》，第191页。

因此,祖先的神灵和上帝(当然也包括其他诸神)一样,也成为殷人崇拜的对象。《礼记·表记》说:"殷人尊神,率民以事神,先鬼而后礼。"①这就表明了殷代人把崇拜神鬼、侍奉神鬼作为生活中的第一等大事,而崇拜神鬼、侍奉神鬼就要举行宗教祭祀活动;因而,祭祀便成为殷人生活中的最重要的活动,并成为一种制度指导着国家所有的日常活动。据史学家李亚农考证,殷王在一年三百六十日无日不举行祭祀,大多还由殷王亲自主持举行②。特别是殷人对先祖实行轮番的周而复始的"周祭"制度,更是虔诚而又殷勤。正因如此,陈来把夏代及以前的时代称为"巫觋时代",称其文化为"巫觋文化",而把商代称为"祭祀时代",称其文化为"祭祀文化"③,这是深有道理的。

历史进入西周时期,周人建邦立国,并从维护自己的统治需要出发,改变了殷人狂热的、极度的尊重鬼神的态度,转而重视人伦物理,建立了宗周礼乐文化。不过周人虽然重视和强调人伦人事,但它并没有取消宗教祭祀活动,而在事实上宗教祭祀活动在周代的社会生活中还是处于核心地位。正因为如此,武王伐纣时的借口和最重要的理由,就是商纣王"侮蔑神祇不祀"④,"弗事上帝神祇,遗厥先宗庙弗祀,牺牲粢盛,既于凶盗"⑤,"郊社不修,宗庙不享"⑥。这在《史记·周本纪》和《尚书·泰誓》中都有记载。商纣王侮辱神灵,不祭祀上帝神祇,不修郊社和祭享宗庙。这在当时人们看来是万恶不赦的,不得人心的,难怪商郊牧野之战,"纣师虽众,皆无战之心,心欲武王亟

---

① 阮元:《十三经注疏·礼记正义》,第1642页。
② 李亚农:《殷代社会生活》,见《李亚农史论集》,上海:上海人民出版社,1962年版,第436页。
③ 陈来:《古代宗教与伦理——儒家思想的根源》,北京:北京三联书店,1996年版,第10—11页。
④ 司马迁:《史记》,北京:中华书局,1982年版,第126页。
⑤ 阮元:《十三经注疏·尚书正义》,第180页。
⑥ 阮元:《十三经注疏·尚书正义》,第182页。

入。纣师皆倒兵以战,以开武王。武王驰之,纣兵皆崩,畔纣"①。武王登位后,也经常举行祭祀活动,并亲自主持。周初青铜器天亡簋上的铭文就记载了武王的一次祭祀活动,其铭文曰:"(乙)亥,王又(有)大豊(礼),王凡三(四)方,王祀于天室,降,天亡又(佑)王,衣祀于王。丕显考文王,事喜(糦)上帝,文王德才(在)上,丕显王乍省,丕显王乍庚,丕克衣王祀。丁丑,王卿(饗)大宜。"这则铭文记载了文王登上太室山(即嵩山),祭祀上天,望祭山川,后又合祭先王(指文王)等②。可见,周初的宗教祭祀气息还一如夏、商时代,还很浓厚,人们依然对巫术宗教祭祀活动极为重视。

不仅西周初期,整个西周时期甚至到春秋初期的巫术宗教祭祀气息也都很浓厚。《楚辞》中就有许多当时楚地流行巫术巫风的纪录。据王逸《楚辞章句·九歌序》曰:"昔楚国南郢之邑,沅、湘之间,其俗信鬼而好祠,其祠,必作歌乐鼓舞以乐诸神。"③后来,屈原放逐沅、湘一带,见楚人好巫,就根据当地的民间巫术祭祀的娱神乐歌改写了许多乐歌,在其中的《九歌》组歌里,"巫男巫女沐浴芳香,华服盛装,随乐曲而蹁跹起舞,邀众神降临殿堂",在《云中君》里描写道:

> 浴兰汤兮沐芳,
> 华采衣兮若英。
> 灵连蜷兮既留,
> 烂昭昭兮未央。
> 謇将憺兮寿宫,
> 与日月兮齐光。
> 龙驾兮帝服,

---

① 司马迁:《史记》,北京:中华书局,1982年版,第124页。
② 刘源:《商周祭祖礼研究》,北京:商务印书馆,2004年版,第149页。
③ 张少康等:《先秦两汉文论选》,北京:人民文学出版社,1996年版,第615页。

聊翱游兮周章。

灵皇皇兮既降,

猋远举兮云中。

览冀州兮有余,

横四海兮焉穷。

思夫君兮太息,

极劳心兮忡忡。①

在这篇乐歌里,巫师沐浴芳香,身着华服,用迷人的舞姿和动听的音乐来招引神灵的降临。这不是典型的巫术祭祀活动吗?既然楚地巫风流行,想必其他的地方也是如此②。由此可见,有周一代的巫术巫风还很盛行,这是可以肯定的。

周代的宗教祭祀气息还很浓厚,祭祀活动在周人的生活中还处于核心地位,究其原因,当然是多方面的,不过主要有以下几点:其一,是受夏、商时代的浓厚的巫术宗教意识和发达的神灵观念的影响,西周时期的巫术、宗教气息还很浓厚,以至于宗教祭祀在周代的生活中占据着重要地位。这在上文所述中可以得到见证。夏代及以前时代的巫术气息浓厚,巫术活动频多且重要,尤其在战争中巫术作法还是克敌制胜的主要手段;而商代是我国历史上巫术宗教活动最为发达的时代,宗教祭祀活动也在这一时期达到了历史上的顶峰状态。商代的祭祀对象从天神、地示到人鬼,非常之多,祭祀的次数之频繁、名类之繁多也是令人惊异的。既然夏、商时代有着如此浓厚的巫术宗教气息,自然对周代的宗教祭祀活动产生深刻影响。其二,周革殷命,成为中原之主,建立周王朝。殷周鼎革之变,自然使周人不得不思考其中的原因。一方面,他们认识到殷人过分地依赖

---

① 萧统编、李善注:《文选》(下册),长沙:岳麓书社,2002年版,第1033—1034页。

② 参见张光直:《美术、神话与祭祀》,沈阳:辽宁教育出版社,2002年版,第31—32页。

神鬼,失去民心,结果失国,因而看到了民心向背和统治阶级个人作用的重要性,转而重视人事,但同时也要借助鬼神来威吓和统治臣民;另一方面,他们又认识到先祖先宗对宗周建国的重大作用,他们的功德要缅怀不忘,因而要祭祀他们,效仿他们。自然周代的祭祀活动也就特别重要。其三,小邦周本是大殷国的一个领属国,对殷礼熟悉,周人一举夺取殷商政权建立周国后,他们不可能在短时间内建立完全不同于殷王朝的礼乐制度,而直接采用熟知的一些殷礼;再加上礼乐制度固有的传承性和惰性,因而周礼中很大一部分沿袭了殷代的礼制。所以,孔子说:"周因于殷礼,所损益可知也。"①"周鉴于二代,郁郁乎文哉!"②而殷代的礼乐制度是祭祀制度,其礼乐文化是"祭祀文化",自然在周代的礼乐制度和礼乐文化中,祭祀也就占据着重要的地位。所以陈来说:"虽然周代的文化总体上是属于'礼乐文化',而与殷商的'祭祀文化'有所区别,但礼乐文化本来源自祭祀文化,而且正如殷商的祭祀文化将以往的巫觋文化包容为自己的一部分,周代的礼乐文化也是将以往的祭祀文化包容为自己的一部分。……从西周初到孔子前,祭祀文化是周代礼乐文化的重要部分,只是其社会功能的意义超过了其宗教信仰的意义。"③这段话是深有道理的。

正因为祭祀在周代的礼乐制度和礼乐文化中占据着重要作用,甚至核心地位,所以在"周礼"的"五礼"(即吉礼、凶礼、兵礼、军礼、嘉礼)之说中,"吉礼"(即祭礼)就处在"五礼"之首的位置。这在《礼记·祭统》中有明晰的表述:

  凡治人之道,莫急于礼。礼有五经,莫重于祭。④

---

① 阮元:《十三经注疏·论语注疏》,第 2463 页。
② 阮元:《十三经注疏·论语注疏》,第 2467 页。
③ 陈来:《古代宗教与伦理——儒家思想的根源》,北京:三联书店,1996 年版,第 119 页。
④ 阮元:《十三经注疏·礼记正义》,第 1602 页。

这就是说,在治理人事的方法或措施中,没有什么比用"礼"来治理更紧要的了,而在"五礼"之中,祭礼又最为重要。这就明确地说明了祭祀在周人的生活中的核心地位。《礼记·礼器》亦说:"礼也者,合于天时,设于地财,顺于鬼神,合于人心,理万物者也。"①这也在强调礼是在"设于地财,顺于鬼神",那么祭祀鬼神的活动就在周代的礼乐制度和礼乐文化中占据着重要地位。所以,"君子将营宫室,宗庙为先,厩库为次,居室为后。凡家造,祭器为先,牺赋为次,养器为后。无田禄者,不设祭器。有田禄者,先为祭服。君子虽贫,不粥祭器;虽寒,不衣祭服。为宫室,不斩于丘木"②。周人要建造宫室,首先要建造宗庙;要制造家用器具之类,首先要造祭器;有了田禄薪俸,首先要制祭服;即使穷困潦倒,也绝不鬻卖祭器、穿戴祭服等。可见,周人的生活中一切都以先满足祭祀活动所需为先,或一切以祭祀活动为中心。而这正是周代生活中祭祀活动处于重要地位和中心地位的明确体现。

由此可见,宗教祭祀活动在周代仍然是周人社会生活中的第一等事件,是周代礼乐制度和礼乐文化的核心内容。《左传·成公十三年》曰:"国之大事,在祀与戎。祀有执膰,戎有受脤,神之大节也。"③这就十分明确地把"祭祀"和"战争"作为"国之大事",而其他一切活动都必须以这两件"国之大事"为中心

---

① 阮元:《十三经注疏·礼记正义》,第1430—1431页。
② 阮元:《十三经注疏·礼记正义》,第1258页。
③ 阮元:《十三经注疏·春秋左传正义》,第1191页。

来进行,而"戎有受脤",即是说在战争中也有接受祭肉的礼①。可见,在周人的社会生活、政治生活中,祭祀活动始终占据着重要地位和核心地位。正因为如此,在楚昭王表示要废止祭祀时,楚国的大臣观射父态度鲜明地予以坚决反对。《国语·楚语下》明确地记载了这一事件:"王曰:'祀不可以已乎?'对曰:'祀所以昭孝息民,抚国家,定百姓也,不可以已。……天子遍祀群神品物,诸侯祀天地三辰及其土之山川,卿、大夫祀其礼,士、庶人不过其祖。……天子亲春禘郊之盛,王后亲缲其服,自公以下至于庶人,其谁敢不齐肃恭敬致力于神!民所以摄固者也,若之何其舍之也!'"②在观射父看来,祭祀能够"昭孝息民,抚国家,定百姓",在国家生活、社会生活中起着重要的作用,因此,"不可以已";无论是天子、诸侯,还是士、庶人都要恭恭敬敬地祭祀与其身份、地位等级相应而当祭祀的天神、地示和人鬼。

---

① 在周代,周人在进行战争前后的时间里,都要进行隆重盛大的宗教祭祀活动和乐舞表演。例如,周武王在牧野之战,伐纣克商后,随后进行规模盛大的献俘祭祀活动,以之来告祭先祖先公、上帝诸神等,希望得到他们的护佑。《史记·周本纪》:"(武王)既入,立于社南大卒之左,〔左〕右毕从。毛叔郑奉明水,卫康叔封布兹,召公奭赞采,师尚父牵牲。……武王又再拜稽首,乃出。"此有明确的记载。(司马迁:《史记》,北京:中华书局,1982年版,第124—125页。)《礼记·大传》中亦有记载:"牧之野,武王之大事也。既事而退,柴于上帝,祈于社,设奠于牧室,遂率天下诸侯,执豆笾,逡奔走。追王大王亶父,王季历,文王昌,不以卑临尊也。"(阮元:《十三经注疏·礼记正义》,第1506页。)《周书·武成》中也有类似的记载:"丁未,(武王)祀于周庙,邦甸、侯卫骏奔走,执豆笾。越三日庚戌,柴望,大告武成。"(阮元:《十三经注疏·尚书正义》,第184页。)不仅有关的历史文献中有记载,周代的金文中更以铁一般的事实证实了周代的战争前后进行宗教祭祀活动。比如,西周初年的䚡方鼎铸有铭文:"隹(惟)周公于伐东夷,丰伯、尃古咸戈,公归,䚡于周庙,戊辰,饮秦饮,赏䚡贝百朋,用作尊鼎。"这就是在说,周公伐东夷归来以后,在宗庙中举行了告庙献俘的祭祀仪式。(参见刘源:《商周祭祖礼研究》,北京:商务印书馆,2004年版,第83页。)总之,在周代,在征伐或战争前后都要举行祭祀活动或举行告庙活动。这就是说,周代社会中,战争也离不开祭祀活动。

② 徐元诰:《国语集解》,北京:中华书局,2002年版,第518—520页。

可见，宗教祭祀活动仍然是周代社会生活中的头等大事，在周代的整个社会生活、政治生活中，祭祀活动占据着重要的地位，祭祀也就成为周代礼乐文化的核心内容。当然周代的祭祀与商代的祭祀也是有区别的，并非完全相同。殷商时期的祭祀主要是殷人对上帝和祖先神灵有着强烈的畏惧感，害怕他们对活着的人们降下灾祸，因而要通过宗教祭祀活动来祭享他们，取悦神灵们，希求神灵祖先给生人带来福祉和护佑。因此，殷人的祭祀就具有一定的宗教迷信性和虚幻性。而周代的祭祀是与宗周宗法制相一致的祭祀仪式，它是随着殷商国家被宗周的取代，而改变了殷商时期的较纯粹性的宗教性祭祀及祭祀仪式，因而具有一定的理性精神和现实精神。在周代，人们举行宗教祭祀活动，其一是出于对亡去的先祖先公的敬重，从而对祖先神灵萦生出崇敬之情，并希图效仿他们；其二是周代的宗教祭祀活动服务于它的宗法体制。周人通过各种祭祀活动来巩固宗周的君臣等级关系和整个宗族大家庭的团结统一，加强宗周贵族统治的力量，维护周族的统治①。因此，周代的祭祀是"非纯粹的宗教性祭享祈福"，"周代以后祖先祭祀越来越突出并且社会化，其主要功能为维系族群的团结，其信仰的意义逐渐淡化"②。因此，我们肯定祭祀在周代社会生活和礼乐文化中的重要地位，是其核心内容，但也要注意到它的性质较前代有所改变。

上文我们不厌其烦地介绍了从原始先民社会一直到夏商周三代社会，巫术宗教活动一直盛行不断，尤其在商周时代，宗教祭祀成为社会生活的不可或缺的一个部分，祭祀甚至成了周代礼乐制度和礼乐文化的核心内容，对此我们已有证明，而证

---

① 参见刘源：《商周祭祖礼研究》，北京：商务印书馆，2004年版，第362—363页。
② 陈来：《古代宗教与伦理——儒家思想的根源》，北京：三联书店，1996年版，第130页。

明了这一点,对我们理解周代礼乐文化的性质特别重要。因为,正是宗教祭祀在周代社会生活中处于核心地位,从而决定了周代礼乐文化的象征性文化性质。

我们知道,在周代,宗教祭祀活动和在殷代一样名目繁多,举行频繁,周而复始,而这些宗教祭祀活动在长期的、反复的举行过程中,往往会形成一套特定的仪式,这种特定的仪式及其内在意义在程序化过程中就逐渐成为一种象征。诚如中国思想史家葛兆光所言:宗教祭祀活动周而复始地举行就会程式化,"这种程式化也是秩序化,祭祀及其内在意义就在这种程式化过程中,逐渐沉淀为一些象征,而象征则总是向人们暗示着某种观念"①。这是深有道理的。周代的宗教祭祀活动就在周而复始的举行过程中仪式化和程式化了,并传达着某种观念,因而充满着浓厚的象征意味。《仪礼》中记载的《特牲馈食礼》《少牢馈食礼》和《有司》等就有关于祭祀的程序,其中就充满着象征性意味和精神。比如,向"尸"献酒就是如此。主人和主妇向尸(即祖先神灵的象征)献酒以后,宾三献尸;尸奠爵后,主人、主妇相互致爵(主人主妇互相献酒),尸举爵饮酒后,宾致爵主人、主妇。这样在室中的人——尸、祝、佐食、主人、主妇等都得献酒或互献,而这正象征着祖先的恩泽遍布于室中,即"神惠均于室"。当三献后,主人遍献众宾、兄弟,长兄弟加爵献尸,众宾长(次宾)献尸,尸又止爵,待众宾、兄弟旅酬,尸举爵饮酒,而后行无算爵。而这样的敬献活动,正象征着祖先的恩泽遍布于庭中,即"神惠均于庭"②。可见,周代的祭祀程序(也可以说是祭祀活动)中充满着象征意味。

不仅如此,就是祭祀的用器(祭器)也是一种象征。比如,《礼记·郊特牲》曰:"扫地而祭,于其质也。器用陶匏,以象天

---

① 葛兆光:《中国思想史》第一卷,上海:复旦大学出版社,2004年版,第27页。
② 参见刘源:《商周祭祖礼研究》,北京:商务印书馆,2004年版,第163页。

地之性也。"①周人在举行祭祀之礼时,总是扫干净一块地来进行祭祀,这是崇尚质朴的体现,而使用土制的陶匏来做祭器,就是以陶匏来象征天地的本性,可见周代祭祀活动中的祭器也都具有象征性。《礼记·郊特牲》又曰:"祭之日王被衮以象天;戴冕,璪十有二旒,则天数也;乘素车,贵其质也;旗十有二旒,龙章而设日月,以象天也。天垂象,圣人则之,郊所以明天道也。"②这就是说,祭祀的当日,天子穿的衮服上绘有日月星辰,这是以之象征天;戴的冕上悬有十二旒,这是以之象征一年中的十二个月之数;举的旗上也绘刺有龙和日月的图案,这是以之象征着天。《礼记·曲礼下》亦曰:"凡执主器,执轻如不克。"③凡是执捧祭器的人,哪怕祭器非常轻,也要装出一副不堪其重的模样,而这正是为了象征祭器之"重"和礼仪的隆重。实际上,在周代的祭祀活动或祭礼中,"不仅祭祀中的用牲(如太牢、少牢、鱼)、舞蹈(如八佾、六佾)、服饰(如天子冕旒衮服)、对象(如天地、祖先、山川)等等是人间秩序的象征,而且仪式上的陈列、行为、场所,也处处是象征"④。考古学家张光直也有类似的观点,他认为宗庙祭祀以及与此相关的祭器、祭物(如祖庙、牌位)等也都是一种象征:

> 同一父系宗族的成员都视自己归同一男性祖先的后裔,祖先祭祀就象征着这个事实,并将其具体化了。……首先是祖庙,它不仅充作祭祀的活动场所,而且本身就成为一个象征,既为仪式的中心,也是国家事务的中心。……祭祀及有关的物事如祖庙、牌位和礼器有约束与

---

① 阮元:《十三经注疏·礼记正义》,第1452页。
② 阮元:《十三经注疏·礼记正义》,第1453页。
③ 阮元:《十三经注疏·礼记正义》,第1256页。
④ 葛兆光:《中国思想史》第一卷,上海:复旦大学出版社,2004年版,第58页。

警示的作用,并作为民族凝聚的象征。①

总之,在周代的礼乐生活中,其祭祀活动或祭礼之中充满着浓厚的象征意味,这是可以肯定的;而且不仅在祭礼之中,就是在周代的乡饮酒礼、射礼等礼仪活动中也是如此。

由上文可见,宗教祭祀在周代的礼乐文化中占据着重要地位,甚至是其核心内容,而祭祀总是以某些象征性的仪式来向人们传达或暗示某种观念。因而,周代礼乐生活中的祭祀活动就充满着象征意味,而周代的礼乐文化也就是一种仪式性文化或象征性文化,那么体现于这种仪式性或象征性文化之中的文化精神就是一种象征性文化精神。而这种象征性文化精神却深深地影响着其时的艺术精神,使周代礼乐文化中的艺术充满着象征性艺术精神。实际上,周代礼乐文化中的艺术本身也与宗教祭祀密切相关,周代的乐舞艺术大部分都是祭祀乐舞,如"六大舞"就是如此:《云门》祀天神;《咸池》祀地示;《大磬》祀四望;《大夏》祭山川;《大濩》享先妣;《大武》享先祖②。周代的"六小舞"中的"帗舞""羽舞""皇舞""干舞"等也是祭祀乐舞③。周代的青铜艺术也大多是青铜礼器,是祭祀时所用的祭器。对此,我们可以用一个图式来表示:巫术宗教祭祀$\xrightarrow{盛行}$祭祀仪式举行$\xrightarrow{象征}$象征性文化精神$\xrightarrow{影响}$象征性艺术精神$\xrightarrow{表现}$乐舞艺术和青铜艺术。总而言之,两周礼乐文化中的乐舞艺术、青铜艺术充满着浓厚的象征意味,体现出一种象征性艺术精神。这点我们将在后文中讨论。

---

① 张光直:《美术、神话与祭祀》,沈阳:辽宁教育出版社,2002年版,第21—25页。
② 阮元:《十三经注疏·周礼注疏》,第788—789页。
③ 阮元:《十三经注疏·周礼注疏》,第793页。

第三节 "佩玉"与"尸"
——两周礼乐文化的典型象征

周代的礼乐文化是以祭祀为核心内容,而祭祀总是以某些象征性的仪式来向人们传达或暗示某种观念,因而,周代礼乐生活中的祭祀活动就充满着象征意味,而这种象征意味并不仅仅体现在祭祀活动中,周代的其他礼仪活动中也都具有象征性。因此,在一定程度上可以说,周代礼乐文化也是一种仪式性文化或象征性文化,充满着象征性文化精神,而象征性文化精神几乎无处不在,体现在周代礼乐文化的方方面面。其中周代礼乐文化中的许多礼器自身及其使用就具有象征性,如礼玉的使用就是如此——"佩玉"就是典型的象征;而周代的祭祀更是充满着象征意味。比如,宗庙祭祀时充当祖先神灵受人祭拜的"尸"就是典型的象征,充满着象征意味。对此我们分别来予以讨论,首先来看看周代礼乐生活中所用的"佩玉"的象征性及其象征意义。

在周代,佩玉行为是周代礼乐文化中的一个重要组成部分。在周代贵族统治阶级内部,上到天子,下到大夫、士等各级贵族阶级,佩带玉饰成为他们生活中的必然举动。《礼记·曲礼下》曰:"君无故,玉不去身。"① 《礼记·玉藻》曰:"凡带必有佩玉,唯丧否。"② 平时国君(当然不止国君,也包括其他的周代贵族)不能无缘无故地让佩玉离身,其束带之上必有佩玉,只有在遇有丧事的时候,才能解卸佩玉。不仅周代贵族必有佩玉,而且佩玉行为也是很有讲究的。《礼记·玉藻》曰:"古之君子必佩玉,右徵角,左宫羽,趋以《采齐》,行以《肆夏》,周还中规,折

---

① 阮元:《十三经注疏·礼记正义》,第1259页。
② 阮元:《十三经注疏·礼记正义》,第1482页。

还中距,进则揖之,退则扬之,然后玉锵鸣也。"①何谓"古之君子"？当然主要是指周代的各级贵族阶级。"君子"不仅要随身悬挂佩玉,而且左边悬挂的佩玉要能发出宫声和羽声,右边悬挂的佩玉要能发出徵声和角声。快走时要与《采齐》之乐的节拍相和,慢走时要与《肆夏》之乐的节拍相应。佩玉发出的悦耳和谐的声音与君子规矩中节的行为举止和谐一致,也与君子的风度美、仪表美相一致,从而形成一种和谐美。因此,佩玉随时提醒周代贵族阶级要用周代的礼仪规范和宗法观念来约束自己、要求自己,使自己的仪容态度、行为举止要得体、稳重,从而更有效地维护周代贵族的统治。所以,佩玉不仅仅是作为君子服饰上的一种装饰品,更重要的是作为君子温文尔雅、纯洁温润的良好品德的象征,有着重要的意义和作用。毫无疑问,周代贵族阶级盛行的佩玉行为和佩玉自身就具有浓厚的象征意义。

周代贵族阶级悬挂的佩玉既作为装饰品,也同时具有浓厚的象征意味。而装饰品具有象征意味并非在周代才出现,实际上早在原始先民社会,人们就已经知道用包括玉石在内的小物件来悬挂或佩戴在自己身上,从而装饰和美化自己。那时的小物件就不仅作为一种装饰,而且已有了象征意义。比如,"山顶洞人"是距今约一万八千年的原始人类,考古学工作者曾在其遗址中发现"丰富的装饰品",这些"装饰品中有钻孔的小砾石,钻孔的石珠,穿孔的狐或獾与鹿的犬齿,刻沟的骨管,穿孔的海蚶壳和钻孔的青鱼眼上骨等。所有的装饰品都相当精致……所有装饰品的穿孔,几乎都发红色,好像是它们的穿戴都用赤铁矿染过"②。历史学家认为,"由于发现了许多装饰品,证明山

---

① 阮元:《十三经注疏·礼记正义》,第1482页。
② 贾兰坡:《"北京人"的故居》,北京:北京出版社,1958年版,第41页。

顶洞人很爱美"。这是有一定道理的①。李泽厚则进一步认为，"山顶洞人"的"装饰品"的"穿带都用赤铁矿染过"，尸体旁撒上红粉，"红"色对于他们已不只是生理感受的刺激作用，而是具有某种观念的意义了②。美国学者弗朗兹·博厄斯在《原始艺术》一著中曾转述格罗塞关于艺术装饰的观点说："原始装饰的起源和它的根本性质不是为了装饰，而是作为一种有实际意义的标记或象征，即为了表达一定的内容。"③玉器作为一种装饰，也是具有一定的象征意义。我国考古工作者曾在四五千年前的辽宁红山文化和浙江良渚文化中发现大量的玉器，其中就有许多装饰性的玉器——环、玦、镯等。而在原始人看来，它们不单单是起着装饰和美化自身的作用，而且还借这些玉器来承载着一定的意义和观念，具有象征意味。

与原始时代的先民们的用玉情况相比，在周代的礼乐生活和礼乐文化中，佩玉行为成为礼乐生活的不可或缺的部分，自觉性强，象征意味浓厚，佩玉实际上是礼玉制度发展上的一个更高的阶段。而在此之前，玉器曾经经历过了祭祀用玉的阶段。这里有必要作一下说明。《山海经》中记载的产玉之山就非常多，而且所产之玉大多用于山神等各种神灵的祭祀，如璧、

---

① 德国艺术史家格罗塞说："人体的原始装饰的审美光荣，大部分是自然的赐予；但艺术在这上面所占的意义也是相当的大。就是最野蛮的民族也并不是纯任自然地使用他们的装饰品，而是根据审美态度加过一番功夫使它们有更高的艺术价值。他们将兽皮切成条子，将牙齿、果实、螺壳整齐地排成串子，把羽毛结成束子或冠顶。在这许多不同的装饰形式中，已足够指示美的原则来。"（[德]格罗塞：《艺术的起源》，蔡慕晖译，北京：商务印书馆，1984年版，第77页。）格罗塞在这里是就野蛮民族的原始装饰来说的，但也可以用来说明"山顶洞人"的"装饰"包含着审美的因素。

② 李泽厚：《美的历程》，见《美学三书》，合肥：安徽文艺出版社，1999年版，第10—13页。

③ [美]弗朗兹·博厄斯：《原始艺术》，上海：上海译文出版社，1989年版，第6页。（其内容又见格罗塞：《艺术的起源》，蔡慕晖译，北京：商务印书馆，1984年版，第80页。）

璋、琮、圭等。今天考古工作者在良渚文化的反山、瑶山遗址中出土了大量精美的玉器。其中,反山墓葬中发掘的一千余件随葬品中,90%以上是琮、璧、钺等玉器;而在瑶山祭坛的墓葬中也出现大量的玉器①。夏商时期,祭祀中也大量使用玉器。河南二里头文化遗址出土大量的祭祀玉器;而在以安阳殷墟为代表的殷商文化中也出土了数以万计的玉器。如商王武丁的配偶妇好墓中出土的玉器有七百五十余件,其中,就有许多用作礼器(包括祭器在内)或装饰品的玉器——璧、圭、琮、环、璜等。既然玉器在早期的制作和使用过程中,大量地用于祭祀之中,而我们在前文中已经知道,祭祀在长期反复的举行过程中,会形成一套特定的仪式,这种特定的仪式还会在程序化的过程中逐渐成为一种象征,受祭祀中的象征性文化精神影响,祭祀中的玉器自然也就具有象征意味。比如,良渚文化中的玉琮就具有典型的象征性。从出土的良渚文化时期的玉琮来看,其形制内圆外方,中间贯通,呈圆筒状;其器表之上还刻有精美的动物纹样图徽。为什么原始先民们要在祭祀中使用这样形制的玉琮呢?原来,原始先民们认为,天圆地方,天笼盖于上,地承载于下。玉琮内圆外方就是象征着天圆地方且天包容于大地之中并被大地所承载;玉琮中间贯通,表面上刻有动物纹样图徽,实际上也是象征着人借助于动物与天地相交通。可见,玉琮的这种形制,实际上就是一种象征。玉琮正是具有这样的象征性,原始先民们才用它来作为祭祀所用的礼器,希求通过它来祈求与天地相交通、相融合,从而获得天地神灵的护佑与赐福。

历史进入两周社会,玉器在人们的生活中的地位和重要性

---

① 《中国在石器和青铜器之间曾有一个玉器时代》,《光明日报》,1990年7月4日。

并没有消退①,特别是在宗教祭祀中,礼玉(以玉作礼器)依然占据着重要的地位,无玉几乎不成礼。《周礼·春官·大宗伯》曰:

> 以玉作六器,以礼天地四方:以苍璧礼天,以黄琮礼地,以青圭礼东方,以赤璋礼南方,以白琥礼西方,以玄璜礼北方。②

就是说,用苍璧、黄琮、青圭等玉来制作六种玉器,祭祀时用它进献西方。《周礼·春官·典瑞》亦曰:"四圭有邸,以祀天,旅上帝。两圭有邸,以祀地,旅四望。祼圭有瓒,以肆先王,以祼宾客。圭璧以祀日月星辰。璋邸射,以祀山川,以造赠宾客。"③这也在说明周代的祭祀中使用各种礼玉。《诗·大雅·云汉》曰:"天降丧乱,饥馑荐臻。靡神不举,靡爱斯牲。圭璧既卒,宁莫我听?"④这亦是周人用玉来祭祀天地鬼神的明确的记载。而这明显是继承良渚文化、红山文化、龙山文化以来的祭祀中用玉的传统而又根据当时的现实思想变化发展的。在这种祭祀用玉的传统中,祭祀中的礼玉具有的象征意义也一以贯之,延续下来。久而久之,周人还有意识地赋予礼玉以丰富的精神意义和深刻的道德内涵。这一点特别明显地表现在佩玉之上。《逸周书·玉佩解》曰:"玉者所佩在德,德在利民,利民在顺上。"⑤就十分强调佩玉"在德",佩玉本身不是目的,它只是"德"

---

① 《周礼·天官》中记载周代专设"玉府"一职,用以专门管理玉器:"玉府掌王之金玉、玩好、兵器,凡良货贿之藏。共王之服玉、佩玉、珠玉。王齐,则共食玉。大丧,共含玉、复衣裳、角枕、角柶。"(阮元:《十三经注疏·周礼注疏》,第678页。)在《地官》《春官》《考工记》等中亦记载周代玉器的管理和生产等。
② 阮元:《十三经注疏·周礼注疏》,第762页。
③ 阮元:《十三经注疏·周礼注疏》,第777页。
④ 阮元:《十三经注疏·毛诗正义》,第561页。
⑤ 黄怀信等撰,李学勤审订:《逸周书汇校集注》,上海:上海古籍出版社,1995年版,第1104页。

的外在形式,是"德"的一种载体,是"德"的象征。《说文解字》曰:"玉,石之美有五德。"①其认为玉和"德"紧密联系,并释"玉"有五德。正由于玉是"德"(美德、懿德)的象征,《诗·小雅·斯干》曰:"乃生男子……载弄之璋。"②即是说,生下男儿,就给他玩弄玉璋。因为,"璋"是一种长条形状的美玉,生下男儿,给他玩弄或佩戴玉璋,就是象征他日后长大成人具有良好的"德"。当然,就佩玉所象征的"德"来说,其所象征的内容是十分丰富的。《礼记·聘义》中一段子贡与孔子的对话,就托孔子之口说出了玉是许多美德的象征:

> 子贡问于孔子曰:"敢问君子贵玉而贱碈者,何也?为玉之寡而碈之多与?"孔子曰:"非为碈之多,故贱之也,玉之寡,故贵之也。夫昔者,君子比德于玉焉:温润而泽,仁也;缜密以栗,知也;廉而不刿,义也;垂之如队,礼也;叩之其声清越以长,其终诎然,乐也;瑕不掩瑜,瑜不掩瑕,忠也;孚尹旁达,信也;气如白虹,天也;精神见于山川,地也;圭璋特达,德也;天下莫不贵者,道也。《诗》云:'言念君子,温其如玉。'故君子贵之也。"③

子贡不明白"君子贵玉而贱碈",就问他的老师孔子,是否是因为"玉之寡而碈之多"?孔子告诉他不是这样,而是由于玉器的良好属性和特质所具有的良好品质象征着君子"仁""知""义"

---

① 许慎:《说文解字》,北京:中华书局,1963年版,第10页。
② 阮元:《十三经注疏·毛诗正义》,第436—438页。
③ 阮元:《十三经注疏·礼记正义》,第1694页。《荀子·法行》亦说:"子贡问于孔子曰:'君子之所以贵玉而贱珉者,何也?为夫玉少而珉之多邪?'孔子曰:'恶!赐!是何言也?夫君子岂多而贱之,少而贵之哉!夫玉者,君子比德焉。温润而泽,仁也;栗而理,知也;坚刚而不屈,义也;廉而不刿,行也;折而不挠,勇也;瑕适并见,情也;扣之,其声清扬而远闻,其止辍然,辞也。故虽有珉之雕雕,不若玉之章章。《诗》曰:言念君子,温其如玉。此之谓也。'"其所表述的内容和意义基本与《礼记·聘义》相似。(王先谦:《荀子集解》,北京:中华书局,1988年版,第535—536页。)

"忠""信"等品德。比如,玉温润而有光泽,就象征着君子的仁;玉质地缜密且又有细密纹理,就象征着君子的智;玉有棱角而又不伤及他物,就象征着君子的义;玉垂悬时如同下坠,就象征着君子的有礼等等。既然玉有着如此美好的品质并象征着君子的美德,也就难怪君子"贵玉","君子比德于玉",继而就会对玉(佩玉)珍爱有加,随身悬佩,无故玉不离身。对此,《礼记·玉藻》明确地说:"君子无故,玉不去身。君子于玉,比德焉。"①《礼记·曲礼下》亦说:"君无故玉不去身。"②可见,玉在周代礼乐生活中的重要作用及对君子的意义,佩玉简直成了君子的化身,所以《诗·秦风·小戎》说:"言念君子,温如其玉。"③周人如此重视佩玉,其实,早在周族先人那里,玉就成为他们随身悬佩的饰物或以美玉来装饰器物。《诗·大雅·公刘》曰:"何以舟之?维玉及瑶,鞞琫容刀。"④这就是说以玉来装饰刀鞘、佩刀等。对于周代贵族统治阶级来说,佩带玉饰成为他们日常生活中的必要举动。佩玉时刻提醒他们注意自己的德和行要符合周礼的礼仪规定和宗法制度的要求,从而约束自己,具有"君子"应有的形象和风度。

当然,在周代礼乐生活中,玉器被赋予丰富的象征意义,这与"玉"自身的良好特质或品质密切相关。人类在蒙昧初开的历史时期,无论是在和大自然的搏斗中获取生活资料,还是在日常生活中获得生存,石器是他们最常用和最主要的生产工具和生活器具,也是人类漫长的原始社会时期物质文明的标志和生产力的代表。石器在原始人类的生产生活中处于至高无上的地位,而选择和制作良好的石器对他们的生存至关重要。原始初民们就从大自然中选取一些质地坚硬、经耐敲击的石料进

---

① 阮元:《十三经注疏·礼记正义》,第1482页。
② 阮元:《十三经注疏·礼记正义》,第1259页。
③ 阮元:《十三经注疏·毛诗正义》,第370页。
④ 阮元:《十三经注疏·毛诗正义》,第542页。

行打制、琢磨,制作成生产生活用具。玉石自然也因其良好的质地而被选中,从而被先民们制作成各种生产、生活工具。从目前考古出土文物来看,史前时期的玉石制品许多是生产和生活用具,玉器最初大概是作为生产生活工具来使用的。大汶口文化、良渚文化等新石器时代的遗址中曾出土过玉斧、玉凿等,有的带有明显的使用痕迹。随着人们对玉石的逐步认识,人们又发现玉石不仅具有普通石料的特性,而且还具有独特的、其他石料不具有的优良特性,因而它不仅仅能作为生产生活的用具,而且还具有其他用途。一方面,它质地坚硬,耐敲击、耐打磨;另一方面,它又具有其他石料少有的柔和的光泽、丰富的色泽、光滑温润的触觉,被认为是神奇的石头,具有奇异的魔力和灵气,玉"乃石之精",可以通天地神灵①;再加上它本身稀缺少有,且在生产力极为落后的历史时期其采集和磨制异常困难,费时、费力。因而在石器时代开始,它就被先民们发现与众不同,对它珍爱有加。而后在先民们的生产生活的长期实践过程中,又在它身上凝聚着越来越多的精神性观念和内容,最终玉器被赋予丰富的象征意义和内涵。

总之,玉器在长期的历史过程中,逐渐被人们所发现和珍爱,并被赋予越来越多的道德内容和人格内涵,成了道德品德的标志和象征。而佩玉更是如此,在周代礼乐文化中,佩玉被德行化、人格化了,佩玉简直成了君子的化身和象征,悬挂佩玉也就成了贵族阶级的身份和地位的象征,其政治性远较其审美性、装饰性更强烈和突出。当然,不仅周代礼乐文化中的佩玉具有象征性,其他玉器也是如此。比如,周代社会中不同等级

---

① 英国人类学家弗雷泽从文化人类学角度认为,原始人类有一个普遍性信仰,即"认为某些神奇的石头由于它所具有的特殊形状而被赋予不可思议的魔力",他们"不将这种奇异的魔力归之于石头本身而是归之于其内在的灵气"(参见弗雷泽:《金枝》,北京:中国民间文艺出版社,1987年版,第51页)。

身份、不同地位的贵族阶级,其所执的玉器就不一样。《周礼·春官·大宗伯》曰:

> 以玉作六瑞,以等邦国。王执镇圭,公执桓圭,侯执信圭,伯执躬圭,子执谷璧,男执蒲璧。①

从这段话可知,周代以玉制作六种瑞玉,以区别贵族的等级。天子君王手执镇圭;诸公手执桓圭;诸侯手执信圭;伯执躬圭;子执谷璧。可见,上自王公,下到子男,不同等级的贵族手执的玉器都不一样。镇圭为天子所有,是天子君王身份和地位的象征;桓圭为诸公所有,是诸公身份和地位的象征,其他各种玉器也分别是不同的贵族阶级身份和地位的象征。《周礼·地官·掌节》曰:"掌节,掌守邦节以辨其用","守邦国者用玉节"②。掌邦国的君王拥有了玉器,则象征他在自己的封国内享有统治权力,所以周天子酬劳或礼遇诸侯时,就常常用玉器来作礼物。很明显,周代的玉器具有"政治化""贵族化""等级化"的倾向。而周代礼乐文化中的玉器具有的象征意味又是以玉器的大小、长短、多寡等多方面来区别的。《周礼·冬官·玉人》曰:"玉人之事:镇圭尺有二寸,天子守之;命圭九寸,谓之桓圭,公守之;命圭七寸,谓之信圭,侯守之;命圭七寸,谓之躬圭,伯守之。"③就是以玉器的长短来区别。镇圭长一尺二寸;桓圭长九寸;信圭和躬圭都是长七寸。镇圭的尺寸最长,是最大权力和最高身份地位的象征,桓圭、信圭、躬圭等也分别是不同权力和身份地位的象征。可见,这些玉器主要是从尺寸长短上来赋予玉器以丰富的象征意义的。同样,周代礼乐文化中的玉器的形状、大小、颜色以及贵族阶级拥有玉器的多寡也都承载着丰富的象征意义。《礼记·玉藻》曰:"天子佩白玉而玄组绶。公侯佩山玄

---

① 阮元:《十三经注疏·周礼注疏》,第 761—762 页。
② 阮元:《十三经注疏·周礼注疏》,第 739 页。
③ 阮元:《十三经注疏·周礼注疏》,第 922 页。

玉而朱组绶。大夫佩水苍玉而纯组绶。"①这就是以佩玉的色泽差异来象征贵族的身份、地位的不同。而周代墓葬中玉器的多寡不同,则说明当时人们还以是否拥有玉器以及拥有的种类、数量等作为身份地位以及财富的象征②。目前,从周代墓葬中出土的玉器来看,小型墓葬中较少有玉器,因为其墓主的身份地位低下,而大多玉器集中在大中型墓葬中,因为其墓主的地位高,身份显贵,其陪葬的玉器数量和种类也就较多。很明显,这是以玉器的多寡来象征墓主的身份地位的高低、权力的大小等。

上文我们就周代礼乐文化中的"佩玉"的象征性及其象征意味进行了论述,不仅"佩玉"具有象征意味,周代礼乐制度中的"用尸""立尸"行为和制度也是典型的象征。何谓"用尸""立尸"行为和制度呢?要弄清它的意思,首先要先弄清楚"尸"的含义。在先秦时期,"尸"有两种含义:其一,"尸"本义指死者的躯体,即一般意义上所说的尸体或死尸。《说文解字》曰:"尸,陈也,象卧之形。"③就是在此意义上的定义和解释。《仪礼·士丧礼》曰:"奠脯醢醴酒,升自阼阶,奠于尸东。"④"主人拜于位,委衣于尸东床上。"⑤句中所说的"尸"即是指人死后的躯体(死尸)。其二,"尸"还有一层引申义,即指在宗庙祭祀时替代祖先神灵受他人祭拜之人,此人被称为"尸"。"尸"往往由受祭祀的祖先的孙辈或同姓人中的孙辈来充当,在宗庙祭祀时装扮成祖先的模样身处宗庙受后人祭拜。从《仪礼》的记载来看,周代礼乐文化中的宗庙祭祀时"用尸""立尸"举措是一种制度,经常举行。《仪礼·特牲馈食礼》即是对士举行宗庙祭祀"用尸""立

---

① 阮元:《十三经注疏·礼记正义》,第1482页。
② 廖群:《中国审美文化史》(先秦卷),济南:山东画报出版社,2000年版,第204页。
③ 许慎:《说文解字》,北京:中华书局,1963年版,第174页。
④ 阮元:《十三经注疏·仪礼注疏》,第1129页。
⑤ 阮元:《十三经注疏·仪礼注疏》,第1130页。

尸"过程的详细描述,从文献记载来看,从"筮尸""宿尸""迎尸""享尸""献尸""送尸"等都有一套严格的规定,且有隆重的举行仪式。这点可以从《诗经》中有关宗庙祭祀"用尸""立尸"的生动描述中得到印证。《诗·小雅·楚茨》曰:

> 楚楚者茨,言抽其棘。自昔何为?我艺黍稷。我黍与与,我稷翼翼。我仓既盈,我庾维亿。以为酒食,以享以祀。以妥以侑,以介景福。济济跄跄,絜尔牛羊,以往烝尝。或剥或亨,或肆或将。祝祭于祊,祀事孔明。先祖是皇,神保是飨。……礼仪既备,钟鼓既戒。孝孙徂位,工祝致告:"神具醉止。"皇尸载起,鼓钟送尸,神保聿归。①

此段乐章就是记录周王在祖庙中举行仪式祭祀祖先过程的生动描述,其中就有请"尸"、享"尸"、送"尸"的生动描写。《诗经》中的其他一些篇章,诸如《小雅·信南山》《大雅·既醉》中也有类似的描述。这些都进一步证实周代礼乐制度中的用"尸"制度。

以上是就周代礼乐文化中的宗庙祭祀时"用尸""立尸"现象做了论述,其实,在周代礼乐生活中,其他祭祀活动中也存在许多"用尸"现象,"尸"依然是各种祭祀中的重要角色。晚清学者王国维说:"古之祭也必有尸。宗庙尸之,以子弟为之。至天地百神之祀,用尸与否,虽不可考,然《晋语》载:'晋祀夏郊,以董伯为尸。'则非宗庙之祀,固亦用之。"②此则肯定宗庙祭祀中有"用尸"现象,而诸如郊祭(祭天之礼)等其他祭祀中也有"用尸"现象。唐代杜佑《通典》卷四十八亦曰:"自周之前,天地宗庙社稷,一切祭享,凡皆立尸。"③因此,用"尸"现象存在于周代礼乐文化中的各种祭祀之中,甚至可以说是一种制度。《礼记

---

① 阮元:《十三经注疏·毛诗正义》,第467—470页。
② 王国维:《宋元戏曲史》,天津:百花文艺出版社,2002年版,第2页。
③ 杜佑:《通典》,王文锦等点校,北京:中华书局,1988年版。

·曾子问》中载有这样一段话:"曾子问曰:'祭必有尸乎?若厌祭,亦可乎?'孔子曰:'祭成丧者必有尸,尸必以孙,孙幼则使人抱之。无孙则取于同姓可也。祭殇必厌,盖弗成也,祭成丧而无尸,是殇之也。'"①曾子向孔子询问,是否祭祀中必须要有"尸"?祭礼(此处指丧葬之祭)是否可以用"厌祭"(即无"尸"而祭)?对此,孔子明确表示,成年人死后的祭礼一定要用"尸","尸"可以由子孙或同姓人子孙来充当,只有祭祀未成年人的"祭殇"才用"厌祭";倘若祭祀成年人时用"厌祭",则是把死者当成未成年人了,这是对死者的不敬,也是不符合礼制的。由此可见,在周代的礼乐生活中,不仅宗庙祭祀中,丧葬之祭等其他祭祀中也有"用尸"现象。

那么为什么两周礼乐文化中的各种祭祀仪式中会有这种"用尸""立尸"现象和制度呢?究其原因,主要有两点:其一,是出于自然目的。从原始人类时期起,人类就对自然万物充满神秘感和敬畏感,万物有灵的思想一直存在于先民们的思想意识深处,特别在夏商周三代时期,先民们的神灵观念发达,对鬼神极为崇拜。那时的人们普遍认为神灵、鬼神是存在于真实世界的,但神灵却又是行无踪、坐无影的,不能亲眼所见、亲耳所闻;但是鬼神可以凭依于人身及其他有形之物上。因此,人们在祭祀各路神灵特别是在祭祀祖先神灵时,就在祭祀仪式中用真实的人装扮成神灵,作为鬼神或祖先神灵的替身,以接受子孙后人的祭拜。同时,"尸"也作为鬼神的替身享用人间的一切祭品,就会降福于人类,这样就让生人获得心灵上的安慰。《仪礼·士虞礼》郑玄注"祝迎尸"句云:"孝子之祭,不见亲之形象,心无所系,立尸而主意焉。"②即是对立"尸"缘由的一个恰切的说明。其二,是出于政治目的。我们知道,周代是以家族公社制为组织形式的宗法制国家,如何有效地控制和统治这个国

---

① 阮元:《十三经注疏·礼记正义》,第1399页。
② 阮元:《十三经注疏·仪礼注疏》,第1168页。

家,是周代贵族统治阶级绞尽脑汁思考的问题。而利用宗教祭祀来凝聚宗族,维护宗族统治无疑是一种有效的途径和方法。在宗庙祭祀中,在全体族人在场的祭祀场合中,立"尸"以作为祖先的神灵,如同祖先在前,"尸"为鬼神传言或上传人意,自有威慑性、神秘性、权威性,从而起到维护整个宗族的团结和国家政权统治的稳定。这正是祭祀中立"尸"、用"尸"的另一缘由。

由上文可见,周代礼乐文化中的各种祭祀场合中普遍存在着用"尸"、立"尸"现象,"尸"作为鬼神或祖先神灵的替身,上传人意或下达神意,沟通着人神之间的关系。但从文化学上看,"尸"并非是现实存在的鬼神或祖先神灵,实际上它只是鬼神或祖先神灵的一种象征。《礼记·郊特牲》曰:

> 举斝角,诏妥尸。古者尸无事则立,有事而后坐也。尸,神象也。祝将命也。①

从这段文字中可知,举行宗庙祭祀时,迎"尸"入室就席后,"尸"就举起席前的酒器——斝或角,然后主人告请"尸"坐下;行礼过程中,"尸"无事时就站着,有了饮食之事,就坐在席上。而"尸,神象也","尸"是"神象",即是说"尸"是一种象征,是祖先神灵的象征,因此,"尸"充满着浓厚的象征意味。正因为"尸"作为祖先神灵的象征,它才格外受人尊重。《礼记·祭统》曰:

> 尸在庙门外则疑于臣,在庙中则全于君。君在庙门外则疑于君,入庙门则全于臣,全于子。②

举行宗庙祭祀仪式时,"尸"在庙门之外还未进庙门时,他还是作为国君的臣子,要尊重国君,可一旦进入庙门之内,"尸"就完全成了祖先神灵的象征,他的地位就立刻显赫起来。在"尸"面前,国君反而以儿臣的身份,对"尸"恭敬虔诚地祭拜,因为"尸"

---

① 阮元:《十三经注疏·礼记正义》,第1457页。
② 阮元:《十三经注疏·礼记正义》,第1605页。

是祖先的象征,国君不得不敬拜祖先。再者,在举行祭礼仪式时,先要迎"尸",这是象征着迎接或敬请祖先神灵的到来;祭礼过程中要请"尸"、劝"尸"享用祭祀酒食,这是象征着祖先神灵在享用;祭礼完毕后,要送"尸",这是象征着欢送祖先神灵离开人间。可见,周代礼乐文化中的祭祀之礼中"用尸""立尸"制度充满着浓厚的象征意味。究其实质,当然是周代礼乐文化中的象征性文化精神在"尸"祭制度中的体现。

最后需要说明的是,两周礼乐文化中的"用尸""立尸"现象和制度在周代的历史进程中并非是不变的,大体上来说,它是随着两周礼乐文化的兴盛而兴盛,衰退而衰退。实际上,西周之前,夏商时期的祭祀中已有尸祭现象。《礼记·礼器》曰:"夏立尸而卒祭,殷坐尸。"①即是一个明证。而在西周时期,祭祀仪式中"用尸""立尸"现象最为常见和盛行,尸祭成了一种制度;春秋时期,随着周代礼乐文化的"礼崩乐坏",祭祀中的尸祭现象逐渐减少,而到了战国时期,礼乐文化崩溃和垮台了,祭祀中"用尸""立尸"作为一种制度来说,则被废除了。所以,沈可培《滦源问答》卷三曰:"孟子曰:'弟为尸',则周末尚行之,尸之废,其在周秦之间乎?"两周时代以后,尸祭现象已经较少存在,用"尸"来象征祖先神灵,已经改为用"木主"(木制的祖先神灵牌位)来象征祖先神灵了。不过,在后世的祭祀仪式中虽然"用尸""立尸"作为一种制度已不复存在了,但在用"木主"象征祖先神灵的同时,"用尸""立尸"现象也还存在着,尤其在广大的民间祭祀活动中,"用尸""立尸"的遗风还长期遗留②。

---

① 阮元:《十三经注疏·礼记正义》,第1439页。
② 民国五年刊刻的《宁州志》记载,云南宁州地区的民间,"季春月三日,诣土主庙,醉酒饮福,度曲征歌"。民国二十一年刊刻《渠县志》亦记载,四川渠县地区民间也在"正月上旬,匀取先茔土块,归置神龛上,入夜倩疏远者为尸,燃灯闪香,家人环立请祷,香微动则神降矣"。这都说明现代社会的民间祭祀中还有用"尸"的现象,很明显这是古代立"尸"的风俗遗存。(参见黄强:《"尸"的遗风》,《民间艺术》,1996年第1期。)

第四节　两周礼乐文化与象征性艺术精神之关系

由前文可见，两周社会时期，祭祀活动在周代人的社会生活和日常生活中处于重要地位，甚至是核心地位，祭祀气息还很浓厚。而祭祀活动总是以某些象征性的动作或仪式来向世人传达或暗示某种精神性内容和观念，在这种祭祀气息笼罩一切的情况下，周代礼乐文化中的所有礼仪活动都或多或少地浸染着象征性色彩。从某种意义上说，两周的礼乐文化实际上是一种仪式性文化或象征性文化，充斥其中的是一种象征性文化精神，受这种象征性文化精神的影响，周代礼乐文化中充满着象征意味。例如，周代贵族身上悬挂的佩玉以及各种祭祀中的"用尸""立尸"的仪式习俗就具有典型的象征意义。而周代礼乐文化中的艺术精神受其象征性文化精神的影响似乎更大、更明显。从周代礼乐文化中的艺术上看，其表现出来的艺术精神明显就是一种象征性艺术精神。

黑格尔曾在其美学著作《美学》中，从其提出的绝对理念的演变出发，把从古至今的艺术分成三种类型：象征型艺术、古典型艺术和浪漫型艺术等三种类型。而对于象征性艺术，他认为一切艺术都是从此开始的，几乎世界上一切民族最古老的艺术都是象征艺术，他说：

> "象征"无论就它的概念来说，还是就它在历史上出现的次第来说，都是艺术的开始，因此，它只应看作艺术前的艺术，主要起源于东方。①

黑格尔的这段话告诉我们，象征是一切艺术的开始，并且象征艺术主要起源于东方。就黑格尔的论述来看，他的观点并非完

---

① [德]黑格尔：《美学》第二卷，朱光潜译，北京：商务印书馆，1979年版，第9页。

全正确,但也有其正确的一面。第一,从其不正确的一面来看,黑格尔认为象征艺术是一切艺术的开始,其实并非如此。实际上,从当前一些还处于原始状态的少数民族的艺术(如原始歌谣)以及世界各地发现的大量的原始岩画来看,艺术的开始并非是一种象征艺术,而是一种写实艺术。1879 年,在西班牙北部的阿尔塔米拉的洞穴中发现的距今约一万五千至两万两千年的原始岩画,则是有力的证明。此处岩画,画有二十多只旧石器时代的动物形象,有野牛、野猪、母鹿、野马等,姿态自然,形象栩栩如生①。因此,写实艺术是人类艺术史上最早、最古老的艺术,而象征艺术并非是如此,象征艺术是在人类历史上艺术发展到一定程度上才出现的艺术类型。但黑格尔的论述中说明象征艺术很古老,其产生的时间非常之早,却又是正确的。就我国的上古艺术来看,商周时代的艺术,尤其是周代礼乐文化中的艺术就是一种典型的象征性艺术,这和黑格尔的思想观点是可以互相印证的。

第二,黑格尔认为,象征艺术主要起源于东方,这种观点是正确的,但他对此论述却留有不少遗憾的地方。他认为象征性艺术"主要起源东方",可他所说的"东方"是指古代的埃及、波斯和印度,把这些地方作为象征艺术的发源地,而没有把他"伟人"的目光投向更遥远、更古老的东方帝国——中国,也没有去考察研究古老中国的璀璨的文化艺术,因而使他的象征艺术理论失去了一定的深度性和广度性。这是令人可惜的。而我们知道,上古时代的中国的艺术文化尤其是商周时代礼乐文化中的文化艺术即是典型的象征性文化艺术,而这却没有被他发现或是被他忽视不见了。陈良运说:"黑格尔把他的视线投向古代的埃及、波斯和印度,发现这些国家存在的是'不自觉'的象征。当他论及'自觉的象征'时,目光便转回了欧洲,在《伊索寓

---

① 朱狄:《艺术的起源》,北京:中国青年出版社,1999 年版,第 32—33 页。

言》《圣经》以及奥维德、莎士比亚、歌德等人的著作中援引例证。很可惜,这位伟大哲人的目光,被巍峨的喜马拉雅山挡住了,他不知道上古时代的中国,已有一部运用'象征'方法来阐释宇宙和人生的经典,那就是《周易》。"① 这段话就很深刻地指出黑格尔关于象征艺术理论的一些遗憾所在。而就上古时代我国灿烂文化的结晶——《周易》来说,它不也是具有典型的象征性吗?

当然,我们指出黑格尔的象征艺术观的偏颇,并非是信口开河,而是建立在充分认识到我国上古时代尤其是商周时代的文化艺术是一种典型的象征性艺术的基础之上的,是有事实根据的。从历史文献和出土文物看,商周时代的乐舞艺术、青铜艺术、诗歌艺术无不具有浓厚的象征意味,具有一种象征性艺术精神。而两周礼乐文化中的象征性艺术和象征性艺术精神何以会形成,究其原因,是多方面的,但主要原因有两点。

其一,两周礼乐文化中形成象征性艺术和象征性艺术精神,是与商周时代的象征性思维方式密不可分的。众所周知,远古乃至夏商时代,先民们和大自然所处的独特关系是一种宗教性巫术关系。他们常常举行各种巫术活动,跳起原始舞蹈,头戴一定的装饰,做出一定的动作以象征和模仿祖先神灵或图腾物。这些巫术活动是通过举行许多象征性仪式来沟通人神,表达对神灵的崇敬和其他特定的观念。而在这些巫术活动中,先民们的思维方式必然深受巫术性思维影响,而巫术性思维便是一种象征性思维,因而形成象征性思维。两周时期,周人与大自然的关系不再是宗教巫术关系,举行各种巫术活动减少了,但巫术性思维或象征性思维仍然还继续存留下来,成为周代人的主要思维方式。我们以形成于殷末周初的《周易》的思维方式为例就能说明这一问题。《周易》是纪录上古时代乃至

---

① 陈良运:《〈周易〉与中国文学》,南昌:百花洲文艺出版社,1999年版,第36页。

殷周时期的巫术文化思想的卜筮之书。在《周易》中，我们明显地看到它的思维方式就是一种象征性思维方式；抑或说，《周易》的思维方式就是一种象征性思维方式。《周易·系辞下》曰：

> 古者包牺氏之王天下也，仰则观象于天，俯则观法于地，观鸟兽之文，与地之宜，近取诸身，远取诸物，于是始作八卦，以通神明之德，以类万物之情。①

《周易·系辞上》又曰：

> 圣人有以见天下之赜，而拟诸其形容，象其物宜，是故谓之象。②

远古时代的先民们受其思维水平和认识能力的限制，并不能完全深入事物的内部，从逻辑上分析、概括其内在的规律和事理，而是依赖于感性认识，直观天地自然万物，"近取诸身，远取诸物"，"拟诸其形容，象其物宜"，从自然万物中抽取出"物象"，此即"观物取象"。但"观物取象"的"象"并不是简单地对自然万物的直接模仿，而是在直观中进行一定的概括而出的，具有象征性、暗示性的象征性符号。不过，"观物取象"并不是先民们的真正目的，其真正目的是要洞察和领悟大自然的深微之理，并把它抽象成具有普遍性的价值和意义。当然，对于那些大自然的深微之理，是很难用言语来把它们准确地表达出来的，而要借助于"观物取象"得来的"象"来表示它们，此即"意从象出"。可见，原始先民们认识事物的方式依靠的是：直观具象→象征抽象→深微之理的思维方式，而这种思维方式就是象征性思维方式。

正因为如此，《周易》中的各种卦象其实都是自然万物的象

---

① 阮元：《十三经注疏·周易正义》，第86页。
② 阮元：《十三经注疏·周易正义》，第79页。

征。八卦中的乾卦是天的象征,坤卦是地的象征,震、巽、坎、离、艮、兑等卦象也分别是雷、风、水、火、山、泽等自然物象的象征。所以,唐代孔颖达《周易正义》中说:

> 凡《易》者,象也,以物象而明人事,若《诗》之比喻也。或取天地阴阳之象以明义者,若《乾》之"潜龙""见龙",《坤》之"履霜""坚冰""龙战"之属是也。如此之类,《易》中多矣。①

孔颖达认为,《周易》充斥着各种物象或卦象,《周易》就是以物象来阐明人事,以天地阴阳之象来阐明义理,而这种"人事"和"义理"是对事物本质的一种抽象和概括,而要把这种对事物的本质抽象和概括出来的"人事""义理"表达出来,不能只依靠概念的形式来说明,而是要借助"象"来显现或暗示,但"象"是手段,而不是目的,"象"并不就它本身来看,而是就它所暗示的意义来看。很显然,这是一种象征。总之,《周易》的思维方式就是一种象征性思维方式,《周易》就是由八卦和各爻组成的各种象征性符号的卦象组成,并以此来阐明事理。因此,《周易》所展示的体系实际上是一个象征性体系。

由上文可见,《周易》是由各种象征性符号组成的象征性体系,其所属的思维方式是一种象征性思维方式。而《周易》的《易经》部分形成于殷末周初,纯属卜筮之书,是殷周之际人们占卜、问卦的纪录;《周易》的《易传》部分是战国时期或更晚时期人们对《易经》的解释和发挥之记载。因此,无论是《易经》部分,还是《易传》部分,在形成时间上都与周代密切相关,抑或说《周易》的产生、发展贯穿于宗周一代。既是如此,那么《周易》的思想和思维方式必然会对周代人的社会生活、日常生活产生很大的影响。我们知道,周代人在进行决策某一事情之前,总是要先进行占卜,以此预知未来的吉凶,而这便是周代人受《周

---

① 孔颖达:《周易正义》卷三,北京:中国书店影印,1987年版。

易》影响的最明显的体现之一。《国语》《左传》中记有许多周代人占卜、问卦的纪录。《国语·晋语四》中载有"重耳亲筮"一事即是明证。晋国公子重耳逃亡到秦国,后打算从秦国重返晋国执掌政权,回国之前,他亲自进行卜筮吉凶,看是否能"尚有晋国",卜筮得到的结果是屯卦,变至豫卦。筮人根据此卦解释说"不吉利"。而重耳的随从司空季子却根据《周易》解释说:"吉。是在《周易》,皆利建侯。"明确地告诉重耳,这是一个吉卦,卦象显示出"利于封建诸侯"的好兆头,这是"得国"的象征①。由此可见,司空季子根据《周易》的解释打消了重耳回国的顾虑,增强了他回国建功立业的决心,重耳最终成为春秋时代的一位霸主。这足以见证《周易》在周代人的政治生活、社会生活中有着多么重要的作用。

既然《周易》在周代人的生活中占据着如此重要的地位,那么《周易》的象征性思维方式和象征性文化精神也就必然会对两周的礼乐文化思想产生深刻的影响,《周易》的象征性思维方式和象征性文化精神也就必然会渗透在周代的礼乐文化之中。《礼记·乡饮酒义》曰:

> 宾主,象天地,介僎,象阴阳也,三宾,象三光也。让之三也,象月之三日而成魄也。四面之坐,象四时也。②

又说:

> 乡饮酒之义:立宾以象天,立主以象地,设介僎以象日月,立三宾以象三光。古之制礼也,经之以天地,纪之以日月,参之以三光,政教之本也。③

从这段文字可知,在周代礼乐生活的乡饮酒礼上,要举行隆重的饮酒礼仪式,通过设立宾、主、介(即副宾)、僎(主人特邀参加

---

① 徐元诰:《国语集解》,北京:中华书局,2002年版,第340—342页。
② 阮元:《十三经注疏·礼记正义》,第1683页。
③ 阮元:《十三经注疏·礼记正义》,第1684页。

饮酒礼的卿大夫)、三宾(众宾中的三位长者)等来象征性地表达乡饮酒礼的意义:设立宾主以象征天地;设立介、僎以象征阴阳或日月;设立三位宾长以象征三光(指天上的三颗大星星)。饮酒仪式上迎宾上堂时,宾主要相互谦让三次,这是以此来象征月亮在月末或月初前后三日而出现魄。宾主四面而坐,还象征着四时季节的变化。那么为什么会有这样的象征呢?因为,日、月、三星、四季运转遵时有规律,设立介、僎、三宾及宾主四面而坐等来象征它们,实际上就是要效法它们,通过举行礼仪仪式,遵时守纪、尊老养老的意识就会在全体成员中进一步增强,社会风气就会进一步淳化,贵族阶级的统治就会得到进一步的加强和稳定。类似于乡饮酒礼仪这样的象征,在周代的礼乐生活中还有许多。《礼记·射义》曰:"故男子生,桑弧蓬矢六,以射天地四方,天地四方者,男子之所有事也,故必先有志于其所有事,然后敢用谷也,饭食之谓也。"①男孩新生下来,主家就会用桑木做成的弓箭把蓬梗做的六支矢,分别射向天地和东南西北等四方。因为,天地和四方是有志男儿建功立业的地方,周人正是通过这种向天地四方射矢的礼乐仪式,象征着男孩将来长大成人后会立志于天地四方,取得巨大的功业和成就。由此可见,周代的礼乐生活中充满着浓厚的象征意味,体现出一种象征性文化精神。因此,在某种程度上可以说,周代的礼乐文化就是一种象征性文化,周代的礼乐文化的精神就是一种象征性文化精神。正如陈来所说:"周代的'礼乐文化'的特色不在于周代是否有政治、职官、土地、经济等制度,在于周代是以礼仪即一套象征意义的行为及程序结构来规范、调整个

---

① 阮元:《十三经注疏·礼记正义》,第 1689 页。《礼记·内则》亦曰:"子生,男子设弧于门左,女子设帨于门右。"(阮元:《十三经注疏·礼记正义》,第 1469 页。)也具有同样的象征意义。所谓"设弧",就是悬挂弓矢,这是象征男子将来能建功立业;所谓"设帨",就是悬挂佩巾,这是象征女子将来善做女活。

人与他人、宗族、群体的关系,并由此使得交往关系'文'化,和社会生活高度仪式化。"①这确实是很精辟深刻的论述。

其二,两周礼乐文化中的象征性艺术和象征性艺术精神的形成,又是与两周礼乐文化的象征性文化精神的影响是不可分的。为什么这么说呢?因为,艺术是和文化密不可分的,是文化大家族里的一个组成部分,而艺术精神又是与文化精神密切相关的。我们知道,艺术在作为一种文化类型与其他文化类型相分离之前,是和哲学、宗教等紧密结合在一起的,也有人把艺术、哲学、宗教称为三位一体,这是丝毫不为过的。因为,哲学的自由王国里合规律性和合目的性的统一,是和艺术精神的自由性在最高境界中达到真善美的和谐统一是相通的,这就难怪德国哲人谢林曾把艺术看作哲学的真正和永恒的感官;而宗教作用于人的心灵和艺术表现人的心灵深处最深刻的旨趣也是相通的。所以,黑格尔说:"(美的艺术)只有在它和宗教与哲学处在统一境界,成为认识和表现神圣性、人类的最深刻的旨趣以及心灵的最深广的真理的一种方式和手段时,艺术才算尽了它的最高职责。在艺术作品中各民族留下了他们的最丰富的见解和思想;美的艺术对于理解哲理和宗教往往是一个钥匙,而且对于许多民族来说,是唯一的钥匙。"②总之,艺术与宗教、哲学的关系极为密切,这也就是为什么有许多艺术家热衷于宗教内容的创作和许多艺术作品表现宗教性的内容的原因之一。达·芬奇的部分绘画、米开朗基罗的一些雕塑,还有佛像石窟艺术等都是如此。所以,黑格尔说:"艺术可以就神的显现方面向观照的意识提供一种如在目前的个别的实在的形象,还可以就基督的诞生、生活、受苦难、死亡、复活和升天成神这类事迹

---

① 陈来:《古代宗教与伦理——儒家思想的根源》,北京:三联书店,1996年版,第249页。
② [德]黑格尔:《美学》第一卷,朱光潜译,北京:商务印书馆,1979年版,第10页。

所涉及的外在细节提供一个生动鲜明的画面。"[①]当然,艺术与哲学、宗教等其他类型文化的关系密切,但它又不同于哲学和宗教。艺术是以感性的方式进入到对精神追求的状态之中,而这种感性的方式是审美的,这也是艺术区别于其他文化类型的原因之一。

既然艺术与文化关系密切,艺术是文化的一部分,而有艺术的产生就会有艺术精神的产生,那么艺术精神也就必然与文化精神密切相关。从广义上说,艺术精神也可以说是一种文化精神,而且是文化精神中最活跃的部分。艺术精神与文化精神之间呈现出多维取向形态,因此,我们探讨艺术精神,就不仅要从艺术本身去考察,还要从艺术所生存的文化土壤来观照研究。周代礼乐文化是我国历史上礼乐文化最发达的时期。周族在建立周王朝之后,就制礼作乐,建立了宗法制和礼乐制度,礼乐制度成了社会生活的主宰。而礼乐制度重视礼和乐,这就促使了"礼"艺术和"乐"艺术的发展。"礼"艺术的发展表现在青铜礼器艺术的发展上,而"乐"艺术表现在周代的乐舞艺术上,因为那时的"乐"的内容包含很广,音乐、舞蹈、诗歌三位一体,"乐"自然不仅指音乐,还包括舞蹈、诗歌等[②]。就乐舞艺术而言,周代礼乐文化中的乐舞艺术非常发达,不仅有"六大舞""六小舞"等雅颂之乐,还有许多民间俗乐。《墨子·公孟》曰:

> 或以不丧之间,诵《诗》三百,弦《诗》三百,歌《诗》三百,舞《诗》三百。若用子之言,则君子何日以听治?庶人何日以从事?[③]

---

① [德]黑格尔:《美学》第二卷,朱光潜译,北京:商务印书馆,1979年版,第296页。
② 郭沫若说:"中国旧时的所谓'乐',它的内容包含得很广。音乐、舞蹈、诗歌,本是三位一体可不用说,绘画、雕镂、建筑等造型美术也被包含着,甚至于连仪仗、田猎、肴馔等都可以涵盖。"(郭沫若:《青铜时代》,北京:中国人民大学出版社,2005年版,第141页。)
③ 吴毓江:《墨子校注》,北京:中华书局,1993年版,第705页。

从这段话中得知,墨子批评当时社会上人们普遍地纵情于声色的审美享受,而给国家带来巨大危害的现象,它恰好从另一面说明了墨子生活时代的诗歌、音乐、舞蹈等艺术之繁荣和发达。就周代礼乐文化中的青铜器艺术而言,其同样也取得巨大的成就,它在中国文化艺术史上甚至在世界文化艺术史上都是辉煌绝伦的。由此可见,周代礼乐文化中的艺术之繁荣和发达。而在周代礼乐文化中如此发达、如此完美的艺术表演之中,必然蕴涵着丰富的审美的艺术精神。正如有的学者所说:"在中国古代礼仪制度如此详尽的形式规定中,蕴涵着一种审美的艺术精神。在隆重的祭祀、盛大的朝会、哀戚的丧葬、庄重而欢快的婚冠等仪式中,无不带有某种艺术审美的气氛。"①而我们前文中论述过,艺术精神和文化精神密切相关,艺术精神深受文化精神的影响。既然周代礼乐文化中充满着象征性文化精神,那么周代礼乐文化中的审美的艺术精神必然深受其象征性文化精神的影响,其结果就会表现出一种象征性艺术精神。而这种象征性艺术精神很明显地体现在周代的青铜艺术、乐舞艺术和诗歌艺术等之中。

总之,两周时期是我国礼乐文化最发达的时期(春秋时期礼乐文化开始衰退),贯穿于礼乐文化中的是一种象征性思维方式和象征性文化精神,受这种象征性思维方式和象征性文化精神的影响,两周礼乐文化中的艺术上体现出一种象征性艺术精神,尤其在两周的乐舞艺术和青铜艺术上体现得很明显。因此,对两周礼乐文化中的象征性艺术精神进行考察和研究是可行的,也是具有重要价值和意义的。

---

① 柳肃:《礼的精神——礼乐文化与中国政治》,长春:吉林教育出版社,1990年版,第7页。

第三章　两周礼乐文化中的象征性艺术之表现

第一节　从写实到象征
——史前艺术到"三代"艺术的流变

由上文可知，两周时期是我国礼乐文化达到鼎盛的时期，这一时期的文化上表现出一种象征性文化精神，受象征性文化精神的影响，两周礼乐文化中的艺术主要表现为一种象征性艺术，体现出一种象征性艺术精神。那么，这种象征性艺术和象征性艺术精神是否在艺术产生之初就是如此呢？其实不然，从史前艺术到"三代"艺术是一个从具象到抽象、从写实到象征的逐步流变的过程，象征性艺术和象征性艺术精神是在一定的历史发展阶段上才形成和出现的。那么，两周礼乐文化中的象征性艺术和象征性艺术精神的形成自然也并非横空出世，而是有一个从先周之前的写实艺术到象征艺术的逐渐演变的过程。

人类究竟是怎样产生的，人类的历史究竟有多悠久？这都是还没有完全定论的问题。1974年，美国和法国的一个联合考察队在埃塞俄比亚的东北部的某地区发现了人类的骨骼化石,并推断是距今三百万年,是目前发现的最早的人类化石①。就我国而言,地质科学工作者在云南省元谋县发现了距今一百七十万年的"元谋人"的牙齿化石;考古学家在陕西蓝田县发现了距今五六十万年的"蓝田人"的头盖骨、鼻骨、上颌骨等化石;考古工作者还在北京房山周口店发现距今四五十万年的"北京人"的遗骨化石。由此可见,人类的历史很久远,而无论是"元谋人""蓝田人",还是"北京人",都还是"猿人",处于"原始人群"的发展阶段,学界称之为旧石器时代的前期。处于旧石器时代前期的"祖先们"主要通过直接地打击石头制造出非常简单的石器,并以此作为生产生活工具。他们过着原始的群居生活,依靠直接采集植物和简单猎获动物为生。由于当时极其落后的生产力和祖先们认识能力的低下,就审美意识而言,这时还没有产生,自然也就谈不上有审美艺术了。

历史进入距二十万年的旧石器时代的中期,祖先们已从"猿人"进化到"古人"阶段,如发现于湖北长阳县的"长阳人"、山西襄汾县的"丁村人"都处于旧石器时代中期。"丁村人"使用的石器的形状已经略有规范,有尖状的、球状的、橄榄状的等,它们很明显是经过了第二步的加工,是根据不同的需要和用途制作而成的,表现出一定的预想性和目的性。在婚姻上,"丁村人"已经脱离了原始群婚生活,形成了血缘婚姻,组成了血缘家庭。这一时期的祖先们生产能力和认识水平有了一定的提高,思维能力得到发展,而审美意识开始慢慢地滋生于生产生活之中②。大约在距今四五万年,历史进入旧石器时代的后期,即传说中的"燧人氏"与"伏羲氏"时代。这一时期的祖先们以血缘家庭为社会组织形式,并形成了母系氏族社会。从当

---

① 参见刘锡诚:《中国原始艺术》,上海:上海文艺出版社,1998年版,第12页。
② 参见于民:《春秋前审美观念的发展》,北京:中华书局,1984年版,第2页。

时的生产力和生产水平来看,人们制作工具的能力进一步加强,工具种类增多,并且形体匀称、实用。这一时期的人们还掌握了人工取火的技术,使人类利用自然、改造自然的能力大为加强。而祖先们"在制造工具的长期实践中,诸如光洁、和谐、秩序、平衡这些原本来源于生理机能和由神经系统协调的因素,逐渐转变为心理运演活动和精神活动的产物。在长期心理运演,无数次心理认知,和对形式的原始快感的基础上,审美意识产生了"①。而审美意识产生后,在此基础上,非严格意义上的"审美艺术"也就产生了。20世纪30年代,我国考古工作者(裴文中等)曾在北京周口店龙骨山顶部的洞穴中发现距今约一万八千年的"山顶洞人"的骨骼化石,并在其遗址中发现了大量的"审美艺术"——"丰富的装饰品"(如图),这些"装饰品中有钻孔的小砾石,钻孔的石珠,穿孔的狐或獾与鹿的犬齿,刻沟的骨管,穿孔的海蚶壳和钻孔的青鱼眼上骨等。所有的装饰品都相当精致,小砾石的装饰品是用微绿色的火成岩从两面对钻成的,选择的砾石很周正,颇像现代妇女胸前佩戴的鸡心。小石珠是用白色的小石灰岩块磨成的,中间钻有小孔。穿孔的牙齿是由齿根的两侧对挖穿通齿腔而成的。所有装饰品的穿孔,几乎都发红色,好像是它们的穿戴都用赤铁矿染过。此外还发现了几块鲕状赤铁矿,其中有长块的一端已磨擦得很光圆,显然是为了研磨粉末作为染料或直接当作画笔之用的"②。由于在"山顶洞人"的遗址中发现了如此众多丰富的"装饰品",以致有的历史学家认为"山顶洞人很爱美",这一观点是否正确,我们暂不做讨论;但至少可以说明"山顶洞人"的生活中已经有了装饰品,这意味着这一时期"审美艺术"已经开始萌芽。德国艺术史家格罗塞说:"人体的原始装饰的审美光荣,大部分是自然的赐予;但艺术在这上面所占的意义也是相当的大。就是最野

---

① 刘锡诚:《中国原始艺术》,上海:上海文艺出版社,1998年版,第38页。
② 贾兰坡:《"北京人"的故居》,北京:北京出版社,1958年版,第41页。

蛮的民族也并不是纯任自然地使用他们的装饰品,而是根据审美态度加过一番功夫使它们有更高的艺术价值。他们将兽皮切成条子,将牙齿、果实、螺壳整齐地排成串子,把羽毛结成束子或冠顶。在这许多不同的装饰形式中,已足够指示美的原则来。"①尽管这里格罗塞是就野蛮民族的原始装饰来说的,但同样也可以说明和野蛮民族相类似的"山顶洞人"的"装饰"中包含着审美的因素。由此可见,人类的审美意识的滋生和"审美艺术"的萌芽是有着多么悠久的历史。

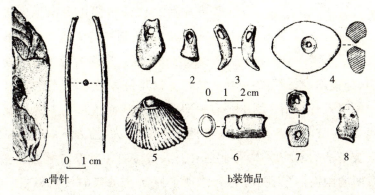

山顶洞人的骨针和装饰品

　　随后,历史进入新石器时代前期(约一万年前),原始祖先们结束了漂泊不定的采集生活和游猎生活,过上了较为稳定的原始农业生活,这就促进了原始村落的形成和原始手工业的进一步发展。而稳定的生活和手工技艺的发展必然会使其时的艺术得到进一步的发展。特别是那时的彩陶艺术和岩画艺术都取得非常杰出的成就,我们且称之为原始艺术;而就这些原始艺术的性质来看,这些艺术大多属于一种写实性艺术或再现性艺术。1978年,在河南临汝县阎村遗址中发现了仰韶文化时期的陶缸,此器表面绘有一幅"鹳鹚叼鱼图"(如图)。画面左侧绘有一只鹳鹚,昂首挺胸,姿态矫健,圆睁大眼,高足三爪,嘴

---

① [德]格罗塞:《艺术的起源》,蔡慕晖译,北京:商务印书馆,1984年版,第77页。

鹳鱼石斧彩陶瓮

叼一鱼,此鱼竖立,尾部向下,濒临死亡。画面右侧绘有一把带有手柄的石斧,石斧绑在木柄上,木柄上还绘有图案①。此图完全采用写实性的手法绘制,形象逼真,栩栩如生,很可能是仰韶文化时期人们依靠鹳鹬来捕鱼为生和借助石斧来从事生产而在陶器装饰上的再现。1976年至1980年,我国考古工作者先后在内蒙古阴山狼山地区进行岩画调查,在阿拉美左旗、乌拉特后旗、乌拉特中旗和磴口县发现了九十一处岩画,岩画总数达万余幅。这些岩画中有动物图、狩猎图、舞蹈图等。如乌拉特后旗几公海勒太的岩画中,有一幅双人行猎图。图中画有一只呈惊恐状而体形庞大的梅花鹿,鹿后身两侧各有一猎人,内侧有一执弓人,前方有一只大概已被猎杀的动物躯体,外侧还有一人持弓向相反方向射击。整幅图的画面形象逼真,充分体现了原始艺术家的技艺高超②。

西班牙阿尔塔米拉洞穴岩画

此图很可能是再现原始人类狩猎的过程,也可能是以此来教育年轻人如何狩猎的教材。就世界范围内的岩画而言,以法国南部和西班牙北部的洞穴岩画最为有名。自从1879年夏天,在西班牙的阿尔塔米拉洞穴

---

① 吴诗池:《中国原始艺术》,北京:紫禁城出版社,1996年版,第98页。
② 吴诗池:《中国原始艺术》,北京:紫禁城出版社,1996年版,第106—108页。

天井壁上发现了一只野牛图后,在欧洲大陆的许多地区都发现了原始时期的岩画,画的都是当时奔驰在欧洲大草原上的野生动物,如马、野牛、猛犸、熊、狮子、狐狸、驯鹿、牛、山羊、鹿、狼、犀牛等等,这些原始岩画以它逼真形象的艺术魅力强烈地震撼着全世界①。所以,阿诺德·豪泽(Arnold Hauser)在《艺术史的哲学》一书中说:"我们所具有的最早艺术属于绘画……就视觉艺术的起源而论,它就是旧石器时代的洞穴壁画,它们最动人的地方就是显著的写实风格和几乎毫无例外的'再现性特征'……而几何形的装饰风格要到公元前5000年的新石器时代才在艺术中占优势地位。"②这是很有道理和事实根据的。而就原始歌谣(原始诗歌)来说,由于它的非物质性和口传性,它不像陶器绘画和原始岩画那样能够经受久远的历史而留存下来,早已消失或改变了,以致我们今天很难再见到最初口传的原始歌谣的本真面貌了,但原始歌谣的写实性还是可以确定的。因为,今天在我国的少数民族的文学中,还流传下来大量的原始歌谣。这些原始歌谣依靠口头一代一代地流传下来,不知它的作者,也不知它产生的年代,但它近乎原生态地、逼真地再现了该民族祖先们的辛勤的劳动和质朴和谐的生活。自然我们可以从中窥见中华民族的最初的原始歌谣中写实性的一面。比如,我国西南地区(云、贵、川、藏等)就生活着许多少数民族,如纳西族、彝族、白族、藏族、怒族等。这一地区流传下来的少数民族的原始歌谣非常丰富,如劳动歌就是如此,有叙述生产劳动过程的,有教育后生和传授经验的,有表达丰收喜悦和生活幸福的。如独龙族的《开山种地歌》唱道:

> 大家干活要勤快,
> 砍树烧山把地开,

---

① 王小明:《原始美术》,上海:学林出版社,1992年版,第3—6页。
② 参见朱狄:《原始文化研究》,北京:三联书店,1988年版,第262页。

> 大火烧过的土地，
> 庄稼才能长出来。
>
> 我们劳动归来，
> 一起喝酒多痛快，
> 盼望收获的日子到，
> 唱起"门久"乐开怀。
> （注：门久，歌名，独龙语音译）①

独龙族在新中国成立前还处于原始社会父系氏族公社阶段，生产上还是刀耕火种，土地为家族公有。此首歌谣描写了独龙族氏族集体劳作，砍树烧山、开荒种庄稼的真实画面，其写实性、再现性的风格特征不言而喻。而纳西族的《打猎歌》则生动形象地再现了纳西族祖先们的集体打猎的真实场面：

> 最好的猎手都来了，
> 大家背弩又挎刀。
> 带来撵山的狗儿，
> 和同伴一起走出村。
> 野兽被围在崖子上，
> 最勇敢的猎手围上去。
> 围猎留下的卡子口，
> 最聪明的猎人在那里。
> 狗儿把野兽撵下山，
> 每个围猎的人都勇敢。②

像这样朴实、生动、真实地再现或描写少数民族祖先的生产、生

---

① 马学良、梁庭望、张公瑾：《中国少数民族文学史》（上册），北京：中央民族学院出版社，1992年版，第43页。
② 马学良、梁庭望、张公瑾：《中国少数民族文学史》（上册），北京：中央民族学院出版社，1992年版，第46页。

活景况的歌谣还有很多,如怒族的《龙潭歌》、基诺族的《生活歌》等。它们都是华夏民族的祖先们的原始诗性思维的再现和反映。顾祖钊根据少数民族的原始诗歌的内容与写实性特征概括说:"第一,无论是汉文献典籍中保存下来的古歌还是少数民族文献资料中保留的古歌,都是朴素的、写实的,形象地描写着先民们的劳动与生活;第二,这些诗歌的内容,总是乐观的、和谐的,充满着爱意与诗意;第三,诗中还看不出明显的等级关系,也看不出人对自然的恐惧,没有太明显的原始宗教色彩。"① 这是很深刻的见解。由此可见,原始社会初级阶段②的艺术,无论是陶器绘画、洞穴岩画,还是原始歌谣,大多是写实的、再现的,主要属于一种写实性艺术或再现性艺术,而非以象征性艺术为主,不仅中华民族的原始艺术是如此,而且世界范围内的原始艺术也是如此。我们理解了这一点,也就不难理解了何以有那么多的写实性的原始艺术作品了。(当然,我们说原始社会初级阶段的艺术主要属于一种写实性艺术,只是从主导性上来说的,并不是说这一历史时期的艺术就完全都是写实性风格的艺术,其实那时还有一些带有浪漫因素的艺术。)这样看来,黑格尔在《美学》第二卷中断言:"'象征'无论就它的概念来说,还是就它在历史上出现的次第来说,都是艺术的开始。"③ 从而把象征艺术作为人类艺术的开始,而从事实上看,情况并非如此。那么,他的这一观点就值得怀疑和商榷了。

---

① 顾祖钊:《华夏原始文化与三元文学观念》,北京:北京大学出版社,2005年版,第20页。
② 人类的史前时期是个漫长的历史阶段,一般称为原始社会阶段,其实在这个漫长的历史时期,其前后的性质并不完全相同,其前期(旧石器时代和新石器时代的前期)还处于无阶级的氏族公社阶段,我个人认为可以称之为"原始社会的初级阶段";但原始社会后期(新石器时代的中后期)就已经有了阶级压迫,财富和权利分化,私有化现象出现,我个人认为可以称之为"原始社会的发展阶段"。
③ [德]黑格尔:《美学》第二卷,朱光潜译,北京:商务印书馆,1979年版,第9页。

那么，为什么在原始社会的初级阶段时期，原始艺术主要表现为一种写实性艺术，并体现出写实性艺术精神，而到后代的艺术尤其是夏商周"三代"的艺术主要表现为象征性艺术，并体现出象征性艺术精神呢？也就是说，从史前艺术（主要指原始初级阶段的艺术）到"三代"的艺术为什么会发生流变，即从写实性艺术发展演变为象征性艺术呢？当然讨论这个问题的原因，应是多方面的，不过究其实质，我们发现从写实性艺术到象征性艺术的发展，是与原始社会的巫术性思维和巫术文化的发生、发展密切相关的。我们知道，人类的最初社会是一个无阶级的公社制社会，在这个社会中，人人劳作，人人平等，为了生存和繁衍，氏族成员全体协作，充满和谐与温馨。《列子·黄帝》曰：

> 华胥氏之国，在弇州之西，台州之北，不知斯（距）齐国几千万里，盖非舟车足力之所及，神游而已。其国无师长，自然而已；其民无嗜欲，自然而已。不知乐生，不知恶死，故无夭殇；不知亲己，不知疏物，故无爱憎；不知背逆，不知向顺，故无利害。都无爱憎，都无所畏忌……乘空如履实，寝虚若处床，云雾不硋其视，雷霆不乱其听，美恶不滑其心，山谷不踬其步，神行而已。①

《列子》中的这段描写可能是战国时人不满其时的纷乱和战争而对远古时代大同社会的一种向往，但人类历史上存在这样的时期是很可能的。在这种社会中，一切财产都公有，没有阶级分化，也没有产生超越氏族成员之上的个人特权。因而，在全体氏族成员中，还没有产生个人崇拜和对少数特权人的敬畏，没有崇拜，没有敬畏，也就无所谓至高无上的神灵，更谈不上崇拜和敬畏它，神灵观念不发达，巫术性思维和巫术文化还没有产生。因此，巫术性思维和巫术文化并不是人类文化史上的第

---

① 杨伯峻：《列子集释》，北京：中华书局，1979年版，第41—42页。

一个阶段,它是在人类社会的一定的历史阶段上才产生的,而在此之前,人类历史上还存在着一个原始文化时期。在这种原始文化阶段,由于没有受巫术象征思维和巫术文化的影响,艺术上就表现为一种写实的精神,写实性艺术就成为艺术的主要形式。这种写实性艺术是人类创造的第一个精神文化形式,是一种诗性浓烈的文化形式,原始人类产生不久,它也就产生了。它作为原始人类用来传递智慧和经验,组织和协调全体成员共同生产和劳作的手段,教育和指导年轻一代生产和生活的有效方式,因而在原始社会的初级阶段起着重要的作用。

当历史进入新石器时代的后期时（距今约五千年）,也即传说中的"三皇五帝"时期。那时,我国的黄河流域、长江流域的广大中下游地区,一些原始氏族已经从母系氏族社会过渡到父系氏族社会。齐家文化、龙山文化、红山文化、良渚文化就是其中的代表。新石器时代后期的生产工具虽然仍以石器为主,不过先民们已经能够精挑细选出高硬度、高质量的石料进行琢磨加工,从而所制石器工具显得锋利、坚实、耐用与美观。由于制作工具水平的提高,提高了劳动生产力,社会分工开始出现。一些掌握娴熟的生产技巧、足智多谋的氏族成员自然能够脱颖而出,从而使劳动分配出现差距,久而久之,氏族内部的贫富悬殊进一步扩大,原来属于氏族成员公有的财产也逐渐被私人所占有,私有财产开始出现,这就预示着阶级社会的到来。因此,原始社会的后期并非是平等的、大同的无阶级社会,而是出现了财富的集中和氏族成员的集权。那么,财富和权利集中在什么样的人手中呢？不难看出,往往正是那些智慧上超常、经验上超越其他氏族成员的人能够成为氏族的首领。传说中的"三皇五帝"发明了耕桑、渔罟、医药、天文、历算、乐舞、乐器、乐律等等。相传太昊伏羲氏发明了网罟、八卦、历法、琴、瑟,造了书契等。《周易·系辞下》曰:"古者包牺氏之王天下也,仰则观象于天,俯则观法于地……于是始作八卦。"①又曰:"上古结绳而治,后世圣人(伏羲)易之以书契。"②《周髀算经》曰:"伏羲作历法。"黄帝则发明了宫室、舟车、指南车、旒冕、瓦甑、十二律等。《世本》曰:"黄帝作旒冕。"《古史考》曰:"黄帝始蒸谷为饭,烹谷为粥。黄帝作瓦甑。"《汉书》载:"黄帝作舟车以济不通。"而炎帝神农氏则发明了耒耜、草药、五弦之瑟、土鼓,种植了粟、稻、黍、稷、麦、高粱等农作物。《帝王世纪》曰:神农氏"尝味草木,宣药疗疾"。《周易·系辞下》曰:"包牺氏没,神农氏作,斫木为耜,揉木为耒,耒耨之利,以教天下。"③正是因为"三皇五帝"们有所发明和创造,有超越其他氏族成员之处,才使得他们能够成为氏族成员敬仰和推崇的对象,才能成为氏族的首领,人民心中的英雄,而后"王天下也"。所以,张光直说:"三代以前的神话君王都是文化方面的英雄人物。"④这是很有道理的。

其实,在原始社会后期,氏族成员对氏族首领的推崇和敬畏,以致权力和财富逐渐集中在少数氏族首领的手中,不仅是因为他们有智慧,能够发明和创造,改变了氏族成员的生产和生活,更有重要的一点是,他们掌握了一套巫术巫法、有进行巫术活动的能力。我们知道,在原始社会初级阶段,先民们还处于蒙昧无知的状态之中,对大自然和人类自身的认识水平极其低下,对大自然的索取也很有限,仅满足自己的生存而已。正因为无知才无畏,无欲才无求,那时的先民们对大自然无所畏惧,无所恐惧,充满着豪情和爱意。但随着人类自身的发展和生产和生活的实践,先民们在四肢变得灵活起来的同时,大脑也得到锻炼,思维也不断地发展,其一方面向外发展,力图认识

---

① 阮元:《十三经注疏·周易正义》,第86页。
② 阮元:《十三经注疏·周易正义》,第87页。
③ 阮元:《十三经注疏·周易正义》,第86页。
④ 张光直:《美术、神话与祭祀》,沈阳:辽宁教育出版社,2002年版,第26页。

自然,征服自然;另一方面,其又向内探求,探求人类自身的奥秘,而人类越是要认识自然、认识自身,就越是不得其解,越是感到自身的渺小和自然的神奇,因此,先民们就对大自然充满神秘感,恐惧多于豪情,敬畏多于爱意,于是万物有灵的思想就产生了,神灵反而被人类自身塑造了出来。而神灵观念一旦产生,人类也就屈服于神灵,敬畏神灵和膜拜神灵,巫术宗教活动也就开始了。正是先民们给自己套上了神灵至上的精神枷锁,一些氏族首领恰好运用自己的智慧和手段玩弄巫术,借助巫术宗教的神秘、敬畏和神圣来威慑和统治自己的氏族成员,而先民们也因氏族首领会作巫术巫法,而对他们充满敬畏和畏惧。就华夏民族的巫术宗教和巫术文化产生的时间来说,大约在我国历史上的"三皇五帝"

黄帝像

时期(或者更早一点),而从历史文献来看,"三皇五帝"们也确实是当时天下"最大的巫师"。伏羲氏就是如此,《周易·系辞下》曰:"古者包牺氏之王天下也……始作八卦,以通神明之德,以类万物之情。"①伏羲氏创作了八卦,以通神明之德,以类万物之情,毫无疑问他精通巫术,擅用巫术。黄帝更是一个不折不扣的大巫师(如图)。他四张面孔,非常人所是,"驾象车而六蛟龙,毕方并辖。蚩尤居前,风伯进扫,雨师洒道。虎狼在前,鬼神在后,腾蛇伏地,凤凰覆上,大合鬼神"②。这不是巫师的形象,又是什么呢?他还利用巫术对敌作战,尤其是和蚩尤之间曾有过一场血雨腥风的战争,《山海经·大荒北经》记载曰:

蚩尤作兵伐黄帝,黄帝乃令应龙攻之冀州之野。应龙

---

① 阮元:《十三经注疏·周易正义》,第86页。
② 王先慎:《韩非子集释》,北京:中华书局,1998年版,第65页。

畜水,蚩尤请风伯雨师,纵大风雨。黄帝乃下天女曰"魃",雨止,遂杀蚩尤。①

《太平御览》卷十五载虞喜《志林》曰:

> 黄帝与蚩尤战于涿鹿之野,蚩尤作大雾弥三日,军人皆惑。黄帝乃令风后,法斗机作指南车,以别四方,遂擒蚩尤。②

黄帝和蚩尤在这场你死我活的战争中,双方都动用了自己的杀手锏——巫术巫法,蚩尤作法"纵大风雨",黄帝乃令天女止雨;蚩尤作大雾弥三日,黄帝就下令造出指南车,以辨别四方。黄帝最终战胜了蚩尤,很大一部分原因是他的巫术巫法略胜一筹。当然,这些文献记载带有浓重的神话色彩,历史真实和神话传说交织在一起,不易辨清。但巫术在当时社会生活(包括战争)中之重要和氏族首领作为大巫师,利用巫术迷信来蛊惑人心,威慑他人,维护自己的绝对权威和统治,这是不容置疑的。其后的治理天下的氏族首领(包括颛顼、帝喾、尧、舜、禹)等也都是当时天下的大巫师。既然连氏族首领都是大巫师,那么普通巫师理当更多,而当时社会的巫风之盛也就可以想见。

由此可见,"三皇五帝"时期的巫术气息之浓厚,整个社会生活都是建构在巫术之上,那一时代的文化也就毫无疑问可以称作巫术文化。而那时的先民们的思维方式也就必然和巫术文化紧密相连,最终形成了巫术性思维。这样看来,华夏民族的巫术性思维的形成和盛行的时间大约在"三皇五帝"时期,而此前先民们的思维方式却属于一种原始性思维。就世界范围内来说,人类的思维方式发展过程也大致如此,即有一个从原始性思维向巫术性思维发展的过程。而法国学者马塞尔·莫斯在《巫术的一般理论》中引述弗雷泽的巫术理论说:

---

① 袁珂:《山海经校注》,成都:巴蜀书社,1993年版,第490—491页。
② 《志林》,见李昉:《太平御览》卷十五,北京:中华书局,1960年版。

  这样的巫术被界定成了人类最早的思维形式。它无疑曾以纯粹的状态存在过,以巫术的方式思考是人类最初的思考方式。在原始膜拜和民间传说当中,巫术仪式占支配地位,这个事实被认为是支持上述观点的一个有力证据。而且,澳大利亚中部有一些部落,他们的图腾仪式从特征上说仍是纯粹巫术性的,巫术的思维状态依然存在于其中。①

其实,以巫术的方式思考并非人类最初的思考方式,它是在最初的纯粹原始思维的基础上产生的,即是说,是在一定的历史阶段上才产生的。而以巫术的方式思考就是一种巫术思维,我们在前文中已经论证过,在举行巫术宗教活动时,常常要依靠一些象征性的仪式和动作来进行某种暗示或表达某种观念,因此,巫术思维其实就是一种象征性思维。这样来说,我们是否可以得出这样的结论:巫术宗教活动是在一定的历史阶段上产生的,巫术宗教产生了,巫术文化和巫术性思维(或象征性思维)也就产生了。

  既然"三皇五帝"时期,巫术文化产生了,并逐渐发达起来,那么当时的一切(包括政治、文化等方面)便都笼罩在巫术文化的浓厚氛围中,巫术宗教的意识必然深深地影响着先民们的思维方式和价值取向。就艺术来说,艺术尤其和巫术文化的关系密切②。那时的艺术还没有从巫术宗教活动中独立出来,巫术

---

① [法]马塞尔·莫斯:《巫术的一般理论》,杨渝东译,桂林:广西师范大学出版社,2007年版,第21页。
② 英国学者克莱夫·贝尔在谈到艺术和宗教的关系时说:"我是这样理解的:宗教是个体对世界的情感意味感的一种表达。无论怎么看,这两种东西所表达的情感似乎都与生活中的情感不同,并且都超越了生活的情感。当然,两者都能够使人们获得超人的快感,它们都是达到非世俗的心理状态的手段。……我们说艺术和宗教是精神的两个孪生兄弟般的表现形式,这是恰如其分的。"([英]克莱夫·贝尔:《艺术》,薛华译,南京:江苏教育出版社,2005年版,第43—44页。)

宗教是艺术的母体,艺术成为巫术宗教的附庸,巫术宗教活动利用艺术来强化氏族成员的宗教信念和宗教情感,而艺术也在巫术宗教活动中获得至高地位,成为氏族成员们情感满足的有效形式①。比如,在巫术宗教活动中,常常要举行乐舞表演,先民们通过歌舞表演来娱神和媚神,达到人神共乐的和谐状态,而在此过程中,先民们忘乎所以地酣歌漫舞,如醉如狂地宣泄着内心的情感,表达着对神灵的崇拜和敬畏,也同时获得愉悦感。既然艺术和巫术宗教的关系如此密切,那么巫术的思维方式也就必然深深地支配着和影响着其时的艺术的思维方式,也就是说,那时的巫术性思维影响着那时的艺术思维,而巫术性思维就是一种象征性思维,因而,那时的艺术思维方式也就主要是一种象征性思维方式,既然如此,艺术也就主要表现为象征性艺术。比如,从那时的乐舞艺术来看,大部分的乐舞表演都借助于一些象征性的仪式和舞蹈动作来表达或暗示一种观念,很明显属于象征性艺术。

  夏朝,是我国历史上的第一个奴隶制王朝。在夏朝建立之前,原始社会已经到了末期阶段,这一时期的生产力已经得到很大的发展,家庭个人私有财产大量产生,部落之间的兼并战争日渐频繁,权力集中到个人手里,家天下开始形成。就夏代的文化来说,也还属于巫术文化,巫术宗教气息很浓厚,夏代的君王也是当时最大的巫师。夏后启就以一位巫师或巫首的形象出现:"夏后启于此舞九代;乘两龙,云盖三层。左手操翳,右手操环,佩玉璜。在大运山北。"②"昔夏后启筮,乘龙以登于天,枚占于皋陶,皋陶曰:吉而必同,与神交通。"③这位手操翳、环,身佩玉璜,御乘飞龙,直登天庭,与神交通的夏王启,不是一个巫师的形象又是什么呢?既然连夏王自己都是巫师,也就可以

---

① 罗坚:《从"神人以和"到"礼乐之和"》,《民族艺术》,2001年第2期。
② 袁珂:《山海经校注》,成都:巴蜀书社,1993年版,第253页。
③ 李昉:《太平御览》卷八十二,北京:中华书局,1960年版。

想见夏代的巫术宗教之盛行了。历史进入殷商时代,巫术和宗教祭祀活动一如以前,甚至比以前更为盛行和发达。比如,殷人从事某事,无论是大事,还是小事,都要进行巫术占卜,向鬼神求问以定决疑,且在人和卜、筮的结果之间选择时,以卜、筮的结果最终决定。殷王和许多大臣也都是巫师,殷王还亲自主持各种巫术祭祀活动。而这并非没有根据,大量的历史文献典籍和河南殷墟出土的十多万片甲骨上的卜辞记录可以充分证实这一历史事实。由此可见夏商时期,巫术宗教气息也很浓厚,受那时的巫术文化和巫术性思维(或象征性思维)的支配和影响,夏商时代的艺术也就表现为象征性艺术。这点尤其表现在青铜艺术和乐舞艺术上。如商王拥有至高无上的权力,能够集中大量的人力、物力、财力于一体,投入到宗教仪式用品——青铜器的生产上来,从而制造出大量的青铜艺术品。而青铜艺术也常常反过来满足王权、政权的需要,成为王权、政权和贵族身份的象征。

　　周代相去夏商时代不远,夏商时代浓厚的巫术宗教气息还在周代的社会中遗留,周武王伐纣克商的重要理由之一就是商纣王祭祀不力,可见巫术宗教活动在周代社会中仍然占据着重要地位,甚至是核心地位(在前文有论述)。正因为如此,周代的巫术文化、祭祀文化的氛围也很浓厚,因而周代人的思维方式也就主要表现为巫术性思维或象征性思维方式,而周代的艺术又是周代礼乐文化的重要组成部分,与巫术祭祀活动密切相关,那么周代的艺术也就自然表现为一种象征性艺术了。从周代的乐舞艺术、青铜艺术和诗歌艺术来看,它们都充满着浓烈的象征意味,体现出一种象征性艺术精神。

　　总之,我国上古时代的艺术有一个不断发展演变的过程,从史前艺术到"三代"艺术是一个从具象到抽象、从写实到象征的逐步演变的过程。在那和乐融融的原始社会初级阶段,艺术主要表现为写实性艺术,而在阶级出现的原始社会后期,艺术则逐渐表现为象征性艺术。这不但在绘画艺术、乐舞艺术、青铜艺术上体现出来,就是在图案艺术上也体现得很明显。如鸟纹、蛙纹、日纹的演变都是如此(见下图)①。所以,苏秉琦说:"鸟纹图案是从写实到写意(表现鸟的几种不同动态)到象征。"②而李泽厚则从陶器纹饰上发现这一规律:"仰韶、马家窑的某些几何纹样已比较清楚地表明,它们是由动物形象的写实而逐渐变为抽象化、符号化的。由再现(模拟)到表现(抽象化),由写实到符号化,这正是一个由内容到形式的积淀过程。"③刘锡诚也说:"中国彩陶文化中有很多几何图形,这些图形大多是从写实图形演变而来的。考古学家们认为,仰韶文化的陶器中,半坡期的鱼纹、庙底沟期的鸟纹和马家窑期的蛙纹,其发展演变的轨迹都是由再现(模拟)到表现(抽象化),由写实到符号化的。"④上古艺术(包括图案艺术)之所以会出现这样的演变,一方面是与原始人类的智慧发展、思维进步有关,人类最初只具有具象思维的能力,但在生产、生活实践中逐步得到锻炼,最终抽象思维逐渐发达,促进了象征性艺术的形成;另一方面,原始人类社会是由一个无阶级的大同社会逐步过渡到阶级社会,而在这个过程中,巫术宗教越来越成为氏族首领统治氏族成员的重要手段和方式,而巫术宗教的思维方式就是一种象征性思维方式,这种思维方式必然对与巫术宗教密切相关的艺术产生深刻影响,促使写实性艺术逐步过渡到象征性艺术。由此可见,两周礼乐文化中的象征性艺术和象征性艺术精神的形成并非是突然产生,而是有一个从先周之前的写实性艺术到象征性艺术的逐渐演变的发展过程,了解这一点,有助于我们更好地理解周代礼乐文化中的象征性艺术和象征性艺术精神的

---

① 参见李泽厚:《美学三书》,合肥:安徽文艺出版社,1999年版,第33页。
② 苏秉琦:《关于仰韶文化的若干问题》,《考古学报》,1965年第1期。
③ 李泽厚:《美学三书》,合肥:安徽文艺出版社,1999年版,第24页。
④ 刘锡诚:《中国原始艺术》,上海:上海文艺出版社,1998年版,第48页。

精髓和实质。

	蛙纹	鸟纹
半坡期		
庙底沟期		
马家窑期		
	拟蛙纹	拟日纹
半山期		
马厂期		
齐家文化回坝文化		
汉墓帛书		

第二节 "乐者,德之华也"
——两周礼乐文化中的乐舞艺术的象征

由前文可知,两周礼乐文化是以宗教祭祀为核心内容,而宗教祭祀在长期的实行过程中,逐渐形成一些象征,因而,两周礼乐文化可以说是一种祭祀文化或象征文化。而这种象征文化体现的象征性文化精神深深地影响着其时的艺术和艺术精神,使这一时期的艺术表现为象征性艺术,这在两周礼乐文化中的乐舞艺术上体现得较为明显。

两周礼乐文化中的乐舞(是包括诗、歌、舞三位一体的综合艺术)非常丰富,分为雅乐和俗乐。

其一,雅乐。周代的雅乐主要指庙堂之乐,是周代贵族阶级在举行祭祀、朝觐、聘问、飨宴、军事、会盟等重大仪式上所表演的乐舞。雅乐的发展基础主要是前代的祭祀礼仪乐舞,主要以"六代乐舞"为主体。"六代乐舞"又叫"六乐""六舞"(或"六大舞"),包括黄帝的乐舞《云门》《大卷》、唐尧的乐舞《大咸》、虞舜的乐舞《大磬》(即《大韶》)、夏禹的乐舞《大夏》、商汤的乐舞《大濩》、周武王的乐舞《大武》等。这些乐舞除《大武》之乐属于周代乐舞外,其余皆是前代的乐舞,当然它们可能经过周代乐师的改造后,才成为周代的雅乐。"六乐"与"六礼"互相配合,用来祭祀天地、四方山川和祖先。这在《周礼·春官·大司乐》中有明确的说明:"乃奏黄钟,歌大吕,舞《云门》,以祀天神;乃奏大蔟,歌应钟,舞《咸池》,以祭地示;乃奏姑洗,歌南吕,舞《大韶》,以祀四望;乃奏蕤宾,歌函钟,舞《大夏》,以祭山川;乃奏夷则,歌小吕,舞《大濩》,以享先妣;乃奏无射,歌夹钟,舞《大武》,以享先祖。"① 两周时期的雅乐除了"六大舞"之外,还包括"六小舞"。何谓"六小舞"呢?《周礼·春官·乐师》曰:"乐师掌国学之政,以教国子小舞。凡舞,有帗舞,有羽舞,有皇舞,有旄舞,有干舞,有人舞。"② 所谓"六小舞"是指帗舞、羽舞、皇舞、旄舞、干舞、人舞等。帗舞,即持"帗"(指用五色缯帛做成的舞具③)而舞,是用以祭祀社稷之舞④;羽舞,即持白羽而舞,是用以祭祀四方名山大川之舞⑤;皇舞,即持"皇"(是用五彩羽毛制成的舞具)

---

① 阮元:《十三经注疏·周礼注疏》,第788—789页。
② 阮元:《十三经注疏·周礼注疏》,第793页。
③ 周代王室雅乐中的舞具主要有两大类:兵器类和羽毛缯帛类。前者包括干、戈、戚、矛等,这些舞具为武舞所用;后者包括缯帛、全羽、散羽、牛尾等,这些舞具为文舞所用。
④ 《周礼·地官·舞师》曰:"教帗舞,帅而舞社稷之祭祀。"(阮元:《十三经注疏·周礼注疏》,第721页。)
⑤ 《周礼·地官·舞师》曰:"教羽舞,帅而舞四方之祭祀。"(阮元:《十三经注疏·周礼注疏》,第721页。)

而舞,是用在除旱求雨的祭祀活动中的乐舞[①];旄舞,即手执旄牛尾而舞,是天子学宫辟雍里所用的一种高规格的舞蹈;干舞,即兵舞,手持兵器而舞,是用以祭祀山川之神之舞[②];人舞,即徒手而舞。"六小舞"中除了"旄舞""人舞"之外,其他舞蹈也都是宗教祭祀之舞。

周代的"六大舞"和"六小舞"共同组成了周代的雅乐体系,构成了周代乐舞的主体部分。但是,随着周代礼乐制度的进一步发展和完善,雅乐体系也逐渐扩大,周代诗歌中的大小《雅》诗和《颂》诗也都属于雅乐。如在大夫士乡饮酒礼和诸侯燕礼中,主、宾就频繁地使用《小雅》中的《鹿鸣》《四牡》《皇皇者华》等乐章;而在两君相见礼中,则使用《大雅》中的《文王》乐章;在天子祭祀、大飨、大射之礼中则使用《颂》诗中的《清庙》乐章等。周代的雅乐与礼密切配合使用,在艺术性的乐舞表演中使等级森严的礼为人们自觉地接受,从而更好地维护周代贵族的统治。

其二,俗乐。周代的俗乐主要是指流行于民间巷里的劳动人民在生产生活中有感而发(创作)的一些民歌民曲。俗乐由于它的形式与内容都比较自由活泼,适于表达情感,因而在西周后期发展得很快,也广泛使用于周代礼乐文化中的各种礼仪场合中,成为周代的乐舞系统的组成部分。因此,俗乐在周代人的生活中也很重要,甚至有专门之人掌管和教授俗乐。《周礼·春官·旄人》曰:"旄人掌教舞散乐,舞夷乐。凡四方之以舞仕者属焉。"[③]"旄人"掌管和教授"散乐""夷乐",而所谓"散乐"即指民间音乐,"夷乐"即指少数民族音乐,它们都属于俗

---

① 《周礼·地官·舞师》曰:"教皇舞,帅而舞旱暵之事。"(阮元:《十三经注疏·周礼注疏》,第721页。)
② 《周礼·地官·舞师》曰:"教兵舞,帅而舞山川之祭祀。"(阮元:《十三经注疏·周礼注疏》,第721页。)
③ 阮元:《十三经注疏·周礼注疏》,第801页。

乐。这些俗乐有专人掌管和教授,可见,俗乐在周代也同样很受重视。《礼记·明堂位》亦记载鲁国宫室用禘祭礼祭祀周公时,"纳蛮夷之乐于大庙,言广鲁于天下也"。即是用"蛮夷之乐"来祭祀周公。① 俗乐和雅乐一起共同构成周代的乐舞体系。

舞蹈彩陶盆

由此可见,两周礼乐文化中的乐舞艺术非常丰富,而之所以如此,是与两周前的乐舞艺术的繁荣发展有着密切关系。人类的乐舞艺术究竟产生于何时,我们不得而知,但它产生的时间之早,这是可以肯定的。1973年,我国青海大通县上孙家寨出土的彩陶盆上,就绘有原始舞蹈图(如图)。在此彩陶盆的内侧口沿上,我们可以清晰地看到舞者的形象。这些舞者大概是女性,五人一组,共有三组,手牵着手,步伐一致,欢快地跳着舞,她们的发辫和尾饰还清晰可见。而此绘有舞蹈图的彩陶盆是属于新石器时代的产物,原始乐舞可能产生的时间比它更早,应该在原始社会的早期就有了。原始社会末期,乐舞艺术取得了更大的发展。相传伏羲氏发明了琴和瑟,他的时代的乐舞名叫《立基》;神农氏发明了五弦之瑟和土鼓,享配的乐舞叫《扶犁》;轩辕氏发明了十二律,他的时代的乐舞名叫《云门》《大卷》;唐尧时代的乐舞名叫《大咸》;虞舜时代的乐舞名叫《大磬》等等。夏商时期的乐舞艺术之繁荣更是超越此前任何一代。《山海经·大荒西经》曰:"西南海之外,赤水之南,流沙之西,有人珥两青蛇,乘两龙,名曰夏后开。开上

---

① 阮元:《十三经注疏·礼记正义》,第1489页。

三嫔于天,得《九辩》与《九歌》以下。此天穆之野,高二千仞,开焉得始歌《九招》。"①夏后开即夏启,是夏代的君主,他向上天献上美女,从而得到了《九辩》《九歌》之乐。尽管这是美妙的神话,但却从侧面说明了夏代的音乐很发达。夏代的末代君主夏桀在位之时,更是"女乐三万人,端噪晨乐,闻于三衢"②。那三万女乐的歌唱达旦不休,连远处的大路上都能听到。在殷代,"殷人尚声"③,无论是在重大的祭祀、朝聘、会盟、军事活动中,还是在日常生活的丧葬、宴饮、娱乐场合中,都要表演乐舞。其中最著名的是其中的祭祀乐舞——《桑林》和《大濩》。《桑林》是商裔祭祀其先妣简狄和玄鸟图腾的乐舞;《大濩》则是歌颂商朝开国元君商汤功绩的乐舞。商代不仅乐舞发达,而且乐器种类也很多,有大鼓、钟、磬、铙、埙、管箫、铜铃、编镛等,有些乐器名还在甲骨文和金文中出现过。到了帝纣时代,纣王还命乐师创制了许多新乐舞,尽管它们是"淫声""靡靡之乐"。《史记·殷本纪》曰:"帝纣……好酒淫乐……于是使师涓作新淫声,北里之舞,靡靡之乐。……大冣乐戏于沙丘,以酒为池,悬肉为林,使男女倮相逐其间,为长夜之饮。"④由此可见,商代的乐舞艺术也很繁荣和发达。正是因为有了前代繁荣发达的乐舞艺术,到了两周时期,周代人继承了此前时代的乐舞艺术,两周礼乐文化中的乐舞艺术才会如此丰富和发达。

但是,两周礼乐文化中的乐舞艺术虽然丰富发达,不过它和前代的乐舞艺术相比,它作为纯艺术的一面明显减弱。因为,在两周礼乐文化中,乐舞艺术受礼乐文化的象征性文化精神的影响,也充满着浓烈的象征意味,更明显地表现为一种象征,抑或说是象征性艺术。因此,两周礼乐文化中的乐舞艺术

---

① 袁珂:《山海经校注》,成都:巴蜀书社,1993年版,第473页。
② 黎翔凤:《管子校注》,北京:中华书局,2004年版,第1398页。
③ 阮元:《十三经注疏·礼记正义》,第1457页。
④ 司马迁:《史记》,北京:中华书局,1982年版,第105页。

从来就很少作为纯粹艺术存在过,或者是如我们今天所说意义上的具有独立意义和纯审美价值的艺术。它总是与社会政治、伦理道德联系在一起,承载着较多的社会意义。我们知道,两周时期是我国礼乐文化最鼎盛的时期,作为礼乐文化之重要组成部分的乐舞艺术并没有自由独立过,而总是受制于"礼"的约束,它不仅是人们表达情感的需要,更多的是要承载着政治伦理道德意义,是作为社会政治伦理道德的象征。因而,两周礼乐文化中的乐舞艺术始终都笼罩在礼乐文化的氛围中,染有浓重的政治伦理道德化的色彩,它始终被作为政治伦理道德的载体,或者说它的本质中就包含着道德伦理,而周族在各种场合表演乐舞,其最终目的也是为了其伦理道德观的熏陶和政治上的统治。正因为如此,《礼记·乐记》曰:

> 德者,性之端也。乐者,德之华也。金石丝竹,乐之器也。①

又说:

> 乐者,非谓黄钟、大吕、弦歌、干扬也,乐之末节也,故童者舞之。②

何谓"乐者,德之华也"?怎样去理解呢?原来,两周礼乐文化中的"乐"(诗歌舞三位一体)是表现"德"的,"乐"是德行的花朵,"乐"必须要注入"德"的内涵,成为"德之华",才能成其为"乐"。也就是说,"乐"要成其为"乐",不能仅仅停留在其外在的视听形式上,而是还要有内在的"德"的精神道德性内涵。这样看来,"乐"就并非只是金石、丝竹之类的乐器,黄钟、大吕之类的乐律,弦歌、干扬之类的乐舞表演了。而"乐"是什么?一

---

① 阮元:《十三经注疏·礼记正义》,第1536页。
② 阮元:《十三经注疏·礼记正义》,第1538页。

句话,"乐"是伦理道德的象征①。正因为如此,不是任何音声都可以成为"乐"的。《礼记·乐记》曰:"凡音之起,由人心生也。人心之动,物使之然也。感于物而动,故形于声。声相应,故生变。变成方谓之音。比音而乐之,及干戚羽旄,谓之乐。"②这就把"乐"的生成过程,分成三个不同的阶段:"声""音""乐"。这三个阶段是一个不断递进的过程,"声"是原始的声响,具有了文采节奏的形式美后,才能形成"音",而"音"只有承载了"德"的精神内涵后,才能上升为艺术层面上的"乐",即所谓"德音之谓乐"③。因此,"声""音""乐"虽相近,却是处在不同层面上的。魏文侯喜欢欣赏音乐,但他听古乐就很容易疲劳打瞌睡,而听郑卫的音乐就会精神振奋,他不知其解,就问子夏为什么会这样?子夏就告诉他,其实他所喜欢"郑卫之音"只是徒具文采节奏形式美的"音"而已,而并非是"乐","音"和"乐"虽相近但不相同。真正的"乐"是"德音","德音之谓乐"。《礼记·乐记》清楚地记载了子夏对"德音"的界定和论述:

> 夫古者天地顺而四时当,民有德而五谷昌,疾疢不作,而无妖祥,此之谓"大当",然后圣人作,为父子君臣,以为纪纲。纪纲既正,天下大定。天下大定,然后正六律,和五声,弦歌诗颂,此之谓德音,德音之谓乐。④

子夏认为,天地运行和顺,四季变化正常,五谷作物丰收,人民秉有德行,无疾病妖祥,圣人就会出来制定纲纪,让人民共同遵守,使天下太平安定,然后制律作乐来颂扬,这样的"音"称之为

---

① 在周代的礼乐文化中连乐器发出的音也要区分它们是否是"德音"。《礼记·乐记》曰:"圣人作为鞉、鼓、椌、楬、埙、篪,此六者,德音之音也。"(阮元:《十三经注疏·礼记正义》,第1541页。)这里就把鞉、鼓、椌、楬、埙、篪等乐器演奏的声音称为"德音"。
② 阮元:《十三经注疏·礼记正义》,第1527页。
③ 阮元:《十三经注疏·礼记正义》,第1540页。
④ 阮元:《十三经注疏·礼记正义》,第1540页。

"德音",而德音就称之为"乐"。真正的古乐是"进旅退旅,和正以广,弦匏笙簧,会守拊鼓,始奏以文,复乱以武,治乱以相,讯疾以雅"①。而"君子"们欣赏了以后,"于是语,于是道古,修身及家,平均天下,此古乐之发也"②。即是说在一起谈论古乐的意义,谈论古代的事迹,内容都是有关修身,达到和睦家庭以至于安定天下的。因此,真正的"乐"是秉有政治伦理道德的精神性内涵的。正如《礼记·乐记》所说:"乐者,通伦理者也。"③"声音之道与政通矣。"④这样的"通伦理""与政通"的"德音"在两周礼乐文化的乐舞艺术中却有很多。周代人用来祭祀四望的《韶》乐和祭享先祖的《武》乐就是如此。《韶》乐本是虞舜时代的乐舞,又名《大韶》《大磬》("磬"与"韶"同,盖为"韶"之古文假借字),但在进入周代社会以后,大概经过周代乐师的改造,成为"六大舞"之一,为周代人祭祀所用;而《武》乐,又名《大武》,是周代人为表现周武王的征伐的丰功伟绩而创作的,也是周代礼乐文化的"六大舞"之一,为周代人祭祀所用。《韶》乐和《武》乐在周人的生活中很重要,经常被使用,大概到春秋时期还一直存在着。孔子很可能欣赏过它们,所以才评价《韶》乐,"尽美矣,又尽善也";评价《武》乐,"尽美矣,未尽善也"⑤。那么,为什么孔子会对《韶》《武》之乐做出不同的评价呢?因为,《韶》乐是虞舜时代的乐舞,是表现虞舜之美德的,它作为一种乐舞艺术,不但具有外在形式上的美感,给人以感官上、情感上的愉悦,而且它又作为一种"德音",给人以道德精神上的熏染。所以,孔子说它"尽美矣,又尽善也",这是深得《韶》乐之本的。难怪他"在齐闻《韶》,三月不知肉味,曰:'不图为乐之至于斯也。'"⑥

---

① 阮元:《十三经注疏·礼记正义》,第1540页。
② 阮元:《十三经注疏·礼记正义》,第1540页。
③ 阮元:《十三经注疏·礼记正义》,第1528页。
④ 阮元:《十三经注疏·礼记正义》,第1527页。
⑤ 阮元:《十三经注疏·论语注疏》,第2469页。
⑥ 阮元:《十三经注疏·论语注疏》,第2489页。

《左传·襄公二十九年》记载"季札观乐"一事,吴国公子季札在鲁国观周乐,在欣赏了《大武》《大夏》《大韶》《雅》《颂》等乐之后,也评价《韶》乐为"德音":"德至矣哉!大矣……虽甚盛德,其蔑以加于此矣。"①称它为"德至矣",无法再加了。可见,《韶》乐是一种"德音",在实质上,它是作为虞舜之美德的一种象征,在两周礼乐文化的礼仪场合中表演《韶》乐,也就象征着虞舜的德行被覆天下,令后人景仰。

《武》乐是表现周武王征战之功绩的,而有征战就会有血腥和杀伐,从而缺乏"仁""爱"的道德精神。因此,《武》乐尽管和《韶》乐一样有着外在形式美,但它缺少仁爱之德,不过它也还具有一定的"善",所以孔子评价它说"尽美矣,未尽善也"。如果《武》乐没有一定的"善",它也就和"郑卫之音"没有任何差别了。《礼记·乐记》曰:"郑音好滥淫志,宋音燕女溺志,卫音趋数烦志,齐音敖辟乔志。此四者,皆淫于色而害于德,是以祭祀弗用也。"②郑卫、宋齐之音,尽管赏心悦耳,但只能给人以纯肉体感官上的刺激、情感上的愉悦,而不能给人以精神上、道德上的教化和熏陶,因而,它们"祭祀弗用"。如果《武》乐和"郑卫之音"一样,那么在两周礼乐文化的礼仪场合中也就不可能表演它了。实际上,《大武》之乐也还承载着一定的道德精神性内涵,它主要是表现周武王的战功战绩,是武王战功的象征(这一点下文将详细论述)。宗白华先生在谈到音乐的象征和表现"德"之内容的时候说:"关于音乐表现德的形象,《乐记》上记载有关于大武的乐舞的一段,很详细,可以令人想见古代乐舞的'容',这是表象周武王的武功。"③宗白华的话实际上也是在肯定《大武》的道德精神性内涵和它的象征性内涵。在两周礼乐文化中,人们不仅认为"乐"和伦理道德是相通的,而且还把"五

---

① 阮元:《十三经注疏·春秋左传正义》,第2008页。
② 阮元:《十三经注疏·礼记正义》,第1540页。
③ 宗白华:《美学散步》,上海:上海人民出版社,1981年版,第197页。

音"比附为"五事"。《礼记·乐记》曰:"宫为君,商为臣,角为民,徵为事,羽为物,五者不乱,则无怗懘之音矣。宫乱则荒,其君骄。商乱则陂,其官坏。角乱则忧,其民怨。徵乱则哀,其事勤。羽乱则危,其财匮。五者皆乱,迭相陵,谓之'慢',如此则国之灭亡无日矣。"①当然这种比附和象征显得荒谬,但也见出周代人极为重视"乐"与伦理人事相通的一面。

由此可见,两周礼乐文化中的乐舞艺术在重视其形式上、情感上的美感因素的同时,更不忘其内在的道德追求;乐舞艺术不仅是作为一种审美,更是作为一种承载伦理道德的载体。正如有些学者所说:"乐在先秦,乃所以为治,而非以为娱。乃将以启发人之善心,使百姓同归于和,而非以满足个人耳目之欲望。"②可以设想,在两周礼乐文化的各种礼仪场合中表演乐舞,那庄重、古朴的古乐演奏声,那舒缓、优美的舞蹈动作,可以使臣民们进入一个亦真亦幻的境界中,可以想见先王先公的仪容,可以忆起先王先公的美德,可以记起君臣之间的规范,因而,"乐在宗庙之中,君臣上下同听之,则莫不和敬;在族长乡里之中,长幼同听之,则莫不和顺;在闺门之内,父子兄弟同听之,则莫不和亲"③。周代贵族也正是利用"乐"的这种能全面作用于人的身心、情感的特性,来宣扬它的道德、规范和德行,以便更有效地维护其统治。因此,两周礼乐文化中的乐舞艺术充满着道德意味,乐舞艺术成了社会政治、伦理道德的象征,它所体现出的艺术精神也就是一种象征性艺术精神。下文我们且举

---

① 阮元:《十三经注疏·礼记正义》,第1528页。
② 萧涤非:《汉魏六朝乐府文学史》,北京:人民文学出版社,1984年版,第4页。
③ 阮元:《十三经注疏·礼记正义》,第1545页。《荀子·乐论》中也有几乎与此相同的话:"故乐在宗庙之中,君臣上下同听之,则莫不和敬;闺门之内,父子兄弟同听之,则莫不和亲;乡里族长之中,长少同听之,则莫不和顺。故乐者,审一以定和者也,比物以饰节者也,合奏以成文者也;足以率一道,足以治万变。"(王先谦:《荀子集解》,北京:中华书局,1988年版,第379—380页。)

《大武》乐舞一例来说明这一问题。

《大武》乐舞是两周礼乐文化中的"六大舞"之一,大约作于西周初期,是用来表现周武王伐纣克商的丰功伟绩的。这是有史实根据的。《左传·宣公十二年》载楚庄王的一段话说:"武王克商,作《颂》……又作《武》,其卒章曰:'耆定尔功。'"①《吕氏春秋·古乐》亦说:"武王即位,以六师伐殷,六师未至,以锐兵克之于牧野。归乃荐俘馘于京太室,乃命周公作为《大武》。"②后来,郑玄注《大武》曰:"《大武》,武王乐也,武王伐纣以除其害,言其德能成武功。"③大概在我国古代社会(甚至在现代社会)中,新的王朝建立或某一重大事件的告成,统治阶级都可能要创制歌舞来表现这一过程,借此来颂扬某英雄领导或功勋人物的功绩。西周王朝创制《大武》来歌颂周武王的征战功绩;商王朝创制《大濩》来再现与颂扬商汤伐桀的伟大功业④;夏王朝创制《大夏》来歌颂夏代的开国君主大禹治水的丰功伟绩⑤等,大概都是如此。

由此可见,《大武》之乐是西周初期周族统治者为表现周武王伐纣克商的战功而作的,这是无疑的。然而,由于历史的久远,《大武》之乐的本真原貌我们不得而知了。但是我们从有关《大武》的记载中,还是能够对它有所知晓。《礼记·乐记》中就载有一段孔子和他的学生宾牟贾关于《大武》之乐的对话:

---

① 阮元:《十三经注疏·春秋左传正义》,第1889页。
② 许维遹:《吕氏春秋集释》卷五,北京:中国书店影印,1985年版。
③ 阮元:《十三经注疏·周礼注疏》,第787页。
④ 《吕氏春秋·古乐》:"殷汤即位,夏为无道,暴虐万民,侵削诸侯,不用轨度,天下患之。汤于是率六州以讨桀罪,功名大成,黔首安宁。汤乃命伊尹作为《大濩》,歌《晨露》,修《九招》《六列》,以见其善。"(许维遹:《吕氏春秋集释》卷五,中国书店影印,1985年版。)
⑤ 《吕氏春秋·古乐》:"禹立,勤劳天下,日夜不懈,通大川,决壅塞,凿龙门,降通漻水以导河,疏三江五湖,注之东海,以利黔首。于是命皋陶作为《夏籥》九成,以昭其功。"(许维遹:《吕氏春秋集释》卷五,中国书店影印,1985年版。)

> 宾牟贾侍坐于孔子。孔子与之言及乐……宾牟贾起，免席而请曰："夫《武》之备戒之已久，则既闻命矣。敢问迟之迟而又久，何也？"子曰："居，吾语汝。夫乐者，象成者也。揔干而山立，武王之事也。发扬蹈厉，大公之志也。《武》乱皆坐，周、召之治也。且夫《武》始而北出；再成而灭商；三成而南；四成而南国是疆；五成而分，周公左，召公右；六成复缀以崇。天子夹振之，而驷伐，盛威于中国也。分夹而进，事蚤济也。久立于缀，以待诸侯之至也。"①

从孔子和宾牟贾的谈话中，我们知道《大武》之乐是表现武王伐纣克商的经过，象征着武王的武功业绩。"夫乐者，象成者也"，就明确地说明"乐"是象征事业功成的。首先从《大武》的舞蹈动作上看，"揔干而山立，武王之事也"，舞蹈开始时，舞者拿着盾牌像山一样屹立不动，这是象征武王等候诸侯的到来；"发扬蹈厉，大公之志也"，舞者奋力扬手顿足，这是象征太公的威武之志；"《武》乱皆坐，周、召之治也"，舞蹈结束后，舞者都跪下，这是象征周公、召公将以文德治理天下。再从《大武》的舞蹈结构上看，《大武》共有"六成"，每一"成"相当于现代歌舞剧中的一幕。这"六成"舞蹈，每一成、每一个舞蹈动作都具有一定的象征意义，或者说是一定意义的象征。"《武》始而北出"，这是象征武王开始出兵伐纣；"再成而灭商"，这是象征武王灭商；"三成而南"，这是象征武王灭商后又向南用兵；"四成而南国是疆"，这是象征武王将南方各诸侯国收入自己的版图；"五成而分，周公左，召公右"，这是象征灭商以后，周公和召公分陕以治；"六成复缀以崇"，舞者又回到起初的位置上，这是象征《武》乐已完备。由此可见，《大武》之乐充满着浓厚的象征意味。后来，郑玄注《大武》曰：

> 成，犹奏也，每奏武曲，一终为一成。始奏，象观兵盟

---

① 阮元：《十三经注疏·礼记正义》，第1542页。

津时也。再奏,象克殷时也。三奏,象克殷有余力而返也。四奏,象南方荆蛮之国侵畔者服也。五奏,象周公召公分职而治也。六奏,象兵还振旅也。复缀,反位止也。……舞者各有部曲之列,又夹振之者,象用兵务于早成也。久立于缀,象武王伐纣待诸侯也。①

郑玄也认为《大武》的每一成都是作为一种象征。乐舞起始(第一成)时,象征着周武王在等候诸侯会盟;第二成,象征着武王克商成功;第三成,象征着武王克商后返国;第四成,象征着武王收服南方荆蛮叛乱之国;第五成,象征着周公和召公二人分陕而治;第六成,象征着武王用兵后返还。这里,郑玄对《大武》之舞的"六成"舞蹈所作的注疏,其每一成的象征意义和孔子对其阐释的象征意义略有不同,但这丝毫不影响我们的观点:《大武》之舞具有象征性,体现的艺术精神是象征性艺术精神。

其实,像《大武》这样具有强烈的象征性的战争乐舞,在我国历史上还有许多。创制于殷商时期的《大濩》之舞,就是再现商汤伐桀的历史过程,象征着汤王的伟大功业。商代的一些重大祭祀活动中常用此乐舞,殷墟出土的甲骨卜辞中还多次提到它。周王朝建立后,《大濩》(可能经周代乐师改造)还成为周代贵族举行祭祀、庆典、朝聘等活动时所用之乐舞。只可惜关于它的历史文献记载较少,我们不能确切地知晓它的本真面貌,但《大濩》之舞具有强烈的象征性,这是可以肯定的。后世历史上也有许多像《大武》一样具有强烈象征性的战争乐舞,如唐代著名的战争舞《秦王破阵乐》和《兰陵王入阵曲》即是如此。《秦王破阵乐》(原名《破阵乐》)是唐太宗李世民时代的武舞。此舞队列模拟战争的队式,左圆右方,中间展开,两翼迂回,屈伸交错,如戟阵之状。此舞表演者多达120余人,皆执戟披甲;表演时气势恢宏,声震山河,其舞蹈动作和场景皆虚拟而设,象征性

---

① 阮元:《十三经注疏·礼记正义》,第1542页。

地再现了战争的场面,因而极具有象征性①。《兰陵王入阵曲》(又名《大面》)是颂扬南北朝时北齐大将军高长恭即兰陵王的战争舞。此舞历经北齐、北周、隋唐数百年而不衰,它所具有的象征意义已经远远超出了战争本身。兰陵王高长恭英勇善战,与士兵同甘共苦,出生入死,他的美德和精神在广大士兵心中已成一种象征②。而此舞就是模拟兰陵王入阵破敌,指挥作战,杀敌立功的战争动作,舞者的每一舞姿和动作都具有象征意义。因而,此舞也和《大武》一样具有强烈的象征性。

上文我们主要就《大武》之乐,论述了它的象征性,并提及《大濩》的象征性,其实,两周礼乐文化的"六大舞"中,像《咸池》之乐等乐舞也都具有强烈的象征性。《咸池》(又叫《大咸》),最初是黄帝时代的乐舞,后经唐尧时代的乐师的改造,成为唐尧的乐舞,进入周代礼乐文化中,又被改造成周代的"六大舞"之一。对《咸池》之乐,由于缺少文献资料记载,我们知之较少。但是《庄子·天运》篇中却载有一段"北门成问乐"的神话传说,从中我们还是能够知晓《咸池》之乐的大概风貌:

> 北门成问于黄帝曰:"帝张《咸池》之乐于洞庭之野,吾始闻之惧,复闻之怠,卒闻之而惑;荡荡默默,乃不自得。"
>
> 帝曰:"汝殆其然哉!吾奏之以人,徵之以天,行之以礼义,建之以太清。四时迭起,万物循生;一盛一衰,文武伦经;一清一浊,阴阳调和,流光其声……汝故惧也。
>
> "吾又奏之以阴阳之和,烛之以日月之明;其声能短能长,能柔能刚,变化齐一,不主故常;在谷满谷,在阬满阬;涂却守神,以物为量。其声挥绰,其名高明。是故鬼神守其幽,日月星辰行其纪。吾止之于有穷,流之于无

---

① 居阅时、瞿明安:《中国象征文化》,上海:上海人民出版社,2001年版,第451页。

② 居阅时、瞿明安:《中国象征文化》,上海:上海人民出版社,2001年版,第451—452页。

止。……形充空虚,乃至委蛇。汝委蛇,故怠。

"吾又奏之以无怠之声,调之以自然之命,故若混逐丛生,林乐而无形;布挥而不曳,幽昏而无声。动于无方,居于窈冥;或谓之死,或谓之生;或谓之实,或谓之荣;行流散徙,不主常声。……故有焱氏为之颂曰:'听之不闻其声,视之不见其形,充满天地,苞裹六极。'汝欲听之而无接焉,而故惑也。

"乐也者,始于惧,惧故祟;吾又次之以怠,怠故遁;卒之于惑,惑故愚;愚故道,道可载而与之俱也。"①

从黄帝和其大臣北门成讨论《咸池》之乐的这段文字来看,《咸池》之乐初听起来,使人感到恐惧害怕,再听起来,又使人感到缓怠,最终听完后,又使人感到心荡神怡,陷入无限迷茫之中。为什么会这样呢?这是因为《咸池》之乐并非是以写实的手法来创作的,而是用音乐象征的方式来表现鬼神幽冥、大化流行、日月行纪的,因而充满着神秘感、崇高感,这就难怪使人听后感到恐惧、缓怠、迷茫。而就这段精彩文字来说,它正是对古人在庭院、庙堂或旷野之中,运用象征性之手法演那种"宇宙之乐"(《咸池》)的精彩描绘②。因此,《咸池》之乐中充满着象征意味,这是毫无疑问的。宗白华先生在谈到乐舞艺术表现宇宙时说,乐舞"不仅是一切艺术表现的究竟状态,且是宇宙创化过程的象征。……这最紧密的律法和最热烈的旋动,能使这深不可测的玄冥的境界具象化、肉身化"③,也充分肯定乐舞艺术表现宇宙所具有的象征性。当然,《咸池》之乐是先周前的乐舞,在进入周乐体系时,曾经周代乐师的改造,但不管如何改造,其具有强烈的象征性,体现出象征性艺术精神,这是没有改变的。

---

① 陈鼓应:《庄子今注今译》,北京:中华书局,1983年版,第366—367页。
② 参见罗艺峰:《礼乐精神发凡并及礼乐的现代重建问题》,《中央音乐学院学报》,1997年第2期。
③ 宗白华:《美学散步》,上海:上海人民出版社,1981年版,第79页。

两周礼乐文化中,不仅"六大舞"具有强烈的象征性,而且"六小舞"(或"小舞")也同样具有象征性,体现出象征性艺术精神。作为"小舞"之一的《象》舞即是如此。《象》舞的使用很广泛,在两君相见、鲁禘、天子大射、天子大飨、天子大祭祀等礼仪场合都可以使用。《礼记·祭统》曰:"夫大尝、禘,升歌《清庙》,下而管《象》。"①可惜《象》舞的原貌我们了解不甚清楚,但《象》舞也具有强烈的象征意味,这却是可以得到证实的。我们且看两君相见礼中《象》舞的使用情况。《礼记·仲尼燕居》曰:

> 两君相见,揖让而入门……升歌《清庙》,示德也;下而管象,示事也。是故古之君子,不必亲相与言也,以礼乐相示而已。②

从这段话中可知,两君相见时,互行揖礼互相谦让步入大门内,这时乐工登堂而歌《清庙》乐章,这是在"示德也",而所谓"示德",就是用歌《清庙》乐章来象征国君景仰周文王的美德;下堂乐工用管乐伴奏表演《象》舞,这是在"示事也",而所谓"示事",就是用《象》舞来象征国君崇敬周文王的功业。用《清庙》和《象》舞来"示德"和"示事",正是因为《清庙》和《象》舞具有强烈的象征性,可以象征文王的美德和功业以及国君对他的景仰。我们知道,周文王在位期间,重德敬德,文治武功,先后灭掉了周族的一些属国,为武王灭商建周扫除了内外障碍,因而深受周族子民们的爱戴,自然周族后人就创制歌舞来表达对他的景仰和崇敬,大概《清庙》和《象》舞即是如此。而这些乐舞自然就成为文王之功业和美德的象征。由此可见,《清庙》和《象》舞具有象征性,这是无疑的。正由于此,在两周礼乐文化的各种礼仪场合中表演它们,"不必亲相与言也,以礼乐相示",就可以使人心领神会,传情达意。而像《清庙》和《象》舞这样的"象征之

---

① 阮元:《十三经注疏·礼记正义》,第 1607 页。
② 阮元:《十三经注疏·礼记正义》,第 1614 页。

作",其实在两周礼乐文化的乐舞中还有很多。《诗·小雅·鹿鸣》乐章就是如此。《诗·小雅·鹿鸣》多用于"大夫士乡饮酒礼""诸侯燕礼"等礼仪场合。其歌曰:"呦呦鹿鸣,食野之萍。我有嘉宾,鼓瑟吹笙。吹笙鼓簧,承筐是将。人之好我,示我周行。呦呦鹿鸣,食野之蒿,我有嘉宾,德音孔昭。视民不恌,君子是则是效。我有旨酒,嘉宾式燕以敖。"①这样的乐章在饮酒礼或燕礼宴会上登堂歌唱,根本无需用言语来表达,就能象征性地表示主人对嘉宾的敬意和对宾客美好懿德的称赏。

当然,两周礼乐文化中的"乐"具有象征性,在根本原因上是由于礼乐文化的象征性文化精神使然的,不过这也与音乐自身所依赖的表达方式有关。我们知道,音乐的表达方式具有一种隐喻性或象征性,而音乐的思维也是一种隐喻性或象征性思维。因为,音乐艺术与其他艺术有所不同,需要依靠抽象的声音来表现对象;它诉诸人的听觉,听者必须超越音乐的声响结构去把握和体味其背后所隐含和象征的意味。因此,音乐自身的特点使其本然就具有象征性。而在两周时期,人们的思维方式也主要是隐喻性或象征性思维,自然音乐就成为他们交流和表达的重要方式,其乐舞艺术中也就充满着象征性②。

在上文中,我们主要讨论了两周礼乐文化中的乐舞艺术的象征性艺术精神,其实,不仅是乐舞艺术充满着象征性,两周礼乐文化的用乐制度如乐舞的队列、乐器的配制、诗乐的选用等,也都具有象征性,体现出象征性艺术精神。

首先,从两周礼乐文化中的乐舞的队列和执羽人数来看,天子乐舞为"八佾",诸侯为"六佾",大夫为"四佾",士为"二佾"。这在《左传·隐公五年》中有清楚的说明:"九月,考仲子之宫,将《万》焉。公问羽数于众仲。对曰:'天子用八,诸侯用

---

① 阮元:《十三经注疏·毛诗正义》,第405—406页。
② 参见李壮鹰:《诗歌与音乐》,见《覆瓿存稿》,天津:百花文艺出版社,1995年版,第42页。

六,大夫四,士二。夫舞所以节八音而行八风,故自八以下。'公从之。"①"天子用八",就是说天子乐舞中执羽人数为"八佾","八佾"就是六十四人(摆成舞蹈方阵);诸侯执羽人数为"六佾",共三十六人;大夫为"四佾",共十六人;士为"二佾",共四人②。天子、诸侯、大夫、士所享用的乐舞规模和队列人数有着严格的等级区别,不可随便乱用,否则就是僭越行为,而僭越了就要被谴责和惩罚。而这正是两周礼乐文化的用乐制度的象征性使然的。因此,乐舞的规模大小和乐舞队列及执羽人数的多少都是一种象征,即是周代贵族统治阶级社会等级地位的高低、身份的贵贱、权力的大小的象征。这样,天子用"八佾","八佾"之舞就是天子的权力、身份和地位的象征(其他等级类推)。《礼记·祭统》曰:"八佾以舞《大夏》,此天子之乐也。"③任何他人享用"八佾"之舞,都是僭越天子之乐的违礼行为,都是对天子王权和地位的严重挑战,是要受到声讨和诛伐的。正因为如此,孔子站在维护"周礼"的立场上,对掌管鲁国执政大权的大夫季孙氏在自家厅堂上表演"八佾"之舞的僭越行为表示强烈的谴责和愤慨,发出"八佾舞于庭,是可忍也,孰不可忍也"④的愤激之辞。

其次,从两周礼乐文化中的乐器的享配上看,乐器也是周

---

① 阮元:《十三经注疏·春秋左传正义》,第1727—1728页。
② 关于两周礼乐文化中的乐舞队列的规模和执羽人数的多少,历来有不同的说法。《春秋公羊传·隐公五年》曰:"天子八佾,诸公六,诸侯四。"(阮元:《十三经注疏·春秋公羊传注疏》,第2207页。)《春秋穀梁传·隐公五年》曰:"舞夏,天子八佾,诸公六佾,诸侯四佾。"(阮元:《十三经注疏·春秋穀梁传注疏》,第2369页。)对于执羽人数的多寡,一种观点认为,八佾为六十四人,六佾为三十六人,四佾为十六人,二佾为四人;另一种观点认为,每佾为八人,八佾即为六十四人,六佾为四十八人,四佾为三十二人,二佾为十六人。但不管哪种说法正确,两周礼乐文化中的乐舞队列的规模和执羽人数的多寡都充满着象征意味,这是可以肯定的。
③ 阮元:《十三经注疏·礼记正义》,第1607页。
④ 阮元:《十三经注疏·论语注疏》,第2465页。

代贵族阶级的社会等级、身份地位的象征。不同身份、不同地位的贵族阶级享有的乐器种类和乐器数量不一样。比如,使用金石之类的乐器就是如此。"金石"主要指钟、磬之类的打击乐器,金石之类乐器的表演叫"金奏",金奏的使用就具有象征性。天子、诸侯在迎宾和送宾时都要用金奏,而大夫和士却只有在送宾时才可以用金奏,而且通常情况下只使用磬奏,而不能使用钟奏。所以,郑玄注《仪礼·乡饮酒礼》句"宾出,奏《陔》",曰:"钟鼓者,天子、诸侯备用之。"①可见,金奏的使用充满着浓厚的象征意味,金奏实际上成了贵族身份和地位的象征。不仅如此,天子、诸侯、大夫等悬挂钟、磬之类乐器的方式也具有象征性。不同身份和地位的人,其钟、磬之类乐器的悬挂方式也不同,且有严格的等级区别。《周礼·春官·小胥》曰:"(小胥)正乐县之位。王宫县,诸侯轩县,卿大夫判县,士特县。"②周代特设"小胥"一职,其职责就是管理和端正所悬挂乐器的位置,一定要"王宫县,诸侯轩县,卿大夫判县,士特县"。那么何谓"王宫县,诸侯轩县,卿大夫判县,士特县"呢?郑司农对其注曰:"宫县四面县,轩县去其一面,判县又去其一面,特县又去其一面。四面象宫室四面有墙,故谓之宫县。轩县三面,其形曲。"③这就是说,"宫县"是四面悬挂(东西南北四面),即指钟磬等乐器悬挂于宫室四面,它是天子享配的乐器悬挂方式;"轩县"是三面悬挂乐器(东西北三面),它是诸侯享配的乐器悬挂方式;"判县"是二面悬挂乐器(东西二面),是大夫享配的乐器悬挂方式;"特县"是士享配的乐器悬挂方式,乐器一面悬挂(东面)。1978年,我国考古工作者在湖北随县战国早期的曾侯乙墓中出土了大量的乐器,其编钟靠南面和西面墓壁立架放置,编磬靠北面墓壁立架放置(如图),除了悬挂的方位与文献记载

---

① 阮元:《十三经注疏·仪礼注疏》,第989页。
② 阮元:《十三经注疏·周礼注疏》,第795页。
③ 阮元:《十三经注疏·周礼注疏》,第795页。

略有出入外,这种三面悬挂乐器的方式和"诸侯轩县"的文献记载几乎一致①。可见,两周礼乐文化中的乐器悬挂方式有着严格的等级区别,不同身份地位的周代贵族阶级,其享配的乐器的悬挂方式也不同,因此,宫县、轩县、判县、特县也就分别成了不同身份地位的象征。《左传·成公二年》载:"新筑人仲叔于奚救孙桓子,桓子是以免。既,卫人赏之以邑,辞。请曲县、繁缨以朝,许之。仲尼闻之曰:'惜也,不如多与之邑。唯器与名,不可以假人,君之所司也。……若以假人,与人政也。政亡,则国家从之,弗可止也已。'"②仲叔于奚救援

曾侯乙墓(局部)

了卫国的卿相孙桓子后,卫人要赏赐他土地城邑,结果他谢绝了,请求得到"曲县",卫穆公竟然同意了,孔子对此感到很遗憾。为什么仲叔于奚"请曲县",而孔子感到"惜也"呢?因为"曲县"(即轩县)是诸侯享配的乐器悬挂方式,作为大夫身份的仲叔于奚是没有资格享配的。"唯器与名,不可以假人。"倘若把名号和器具(包括乐器)借给他人,也就意味着把权力、地位借给他人了,而这是严重的违礼行为,自然孔子站在维护"周礼"的立场上就对此感到很遗憾了。

再次,两周礼乐文化中的乐舞的选用也同样具有象征性。按照周礼规定,祭礼、燕礼、射礼、迎送宾客都要奏乐或表演乐舞。但是,不同的礼仪场合、不同的身份地位的人,其所用的乐舞也各不相同。天子举行大祭礼、大射礼时用"六大舞",诸侯

---

① 中国社会科学院考古研究所、湖北省博物馆:《曾侯乙墓》(上卷),北京:文物出版社,1989年版,第75页。

② 阮元:《十三经注疏·春秋左传正义》,第1893—1894页。

只能用"六小舞",而大夫、士则不用乐舞。在升歌上,大夫、士乡饮酒礼用《小雅》;诸侯燕享其臣和他国来臣也用《小雅》;两君相见礼则用《大雅》,有时也用《颂》;而天子大祭礼、大射礼、大飨礼上则必须用《颂》。在金奏上,天子、诸侯迎宾和送宾都奏《肆夏》,而大夫、士则奏《陔夏》[①]。射礼是一种以表演射箭为主要内容的礼节仪式,射礼的用乐也充满着象征意味。《周礼·春官·乐师》曰:"凡射,王以《驺虞》为节,诸侯以《狸首》为节,大夫以《采蘋》为节,士以《采蘩》为节。"[②]射礼有"天子大射礼""乡射礼"等不同的等级区别。举行射礼时要伴以一定的音乐节奏,天子、诸侯、大夫、士的身份地位不同,所用的音乐节奏也就不同。《驺虞》是天子举行射礼时的用乐,其他人不能僭越使用,《驺虞》即成为天子身份地位的象征。而《狸首》《采蘋》《采蘩》等也分别是诸侯、大夫、士的身份和地位的象征。因此,两周礼乐文化中的用乐有着严格的规定性,不能任意随用,不同礼仪场合、不同等级地位,所用之乐都不相同,而周人也正是以此来象征不同贵族阶级的身份和地位。《左传·襄公四年》记载:鲁大夫穆叔为了回报知武子的聘问而回聘晋国,晋悼公燕享他,"金奏《肆夏》之三,不拜。工歌《文王》之三,又不拜。歌《鹿鸣》之三,三拜。"[③]晋悼公如此热情地奏乐待宾,而鲁大夫穆叔却为什么起始时不予答谢呢?因为,按照周代乐制规定,《肆夏》是天子燕享诸侯的用乐,《文王》是两君相见时的用乐。春秋后期,在"礼崩乐坏"的情况下,僭越违礼的行为时有发生,晋悼公用天子、诸侯之乐来燕享大夫身份的穆叔,自然是僭越行为,所以遭到了还在维护"周礼"的穆叔的抵制,而只有当乐工歌《鹿鸣》乐章时,穆叔才觉得它符合自己大夫的身份,最后

---

① 参见杨华:《先秦礼乐文化》,武汉:湖北教育出版社,1997年版,第111页。
② 阮元:《十三经注疏·周礼注疏》,第793页。
③ 阮元:《十三经注疏·春秋左传正义》,第1931页。

才予以答拜。可见,在穆叔的眼里,不同的乐是不同身份地位的象征,是不能随意僭越的。《论语·八佾》曾记载"三家者以《雍》彻",孔子对此表示不满,愤慨地说:"'相维辟公,天子穆穆',奚取于三家之堂?"①因为,《雍》是《诗·颂》中的诗篇,是天子举行宗庙祭祀撤除祭品时所用的乐歌,自然是天子身份地位的象征。而作为大夫身份的季孙氏、叔孙氏、孟孙氏竟然在祭祀完毕自家的宗庙后,也用它来撤除祭品,这显然是僭越天子用乐的行为,所以自然受到还保有周代传统礼乐思想的孔子的强烈批判。可见,两周礼乐文化中对乐的选用也充满着浓厚的象征意味,具有象征性。

由上文可见,在两周礼乐文化中,无论是周代的"六大舞",还是"六小舞",抑或是周代的用乐制度,都充满着浓厚的象征意味,体现出象征性艺术精神。周代礼乐文化中的乐舞艺术不仅只是娱情娱耳娱目的手段和方式,更是与社会政治、伦理道德紧密相连,承载着巨大的社会意义,乐舞艺术成了周代贵族阶级的身份和地位的象征。当然,我们说两周礼乐文化中的"乐"与政通,"乐"通伦理,毕竟还是一个"通"字,而不是"同"字,乐舞艺术终究是艺术,而不等同于道德伦理;乐舞艺术具有象征性,也不是说它就等同于纯表意的象征性的符号。实际上,两周礼乐文化中的乐舞艺术渗透着伦理道德教化的汁液,"德"借助"艺"的审美形式来彰显自己,"艺"又依靠"德"作为自己的深层内涵。"德"和"艺"之间似乎是一种内容和形式的关系,但这种内容和形式是深层化合,浸融在一起的。它一方面重视乐舞艺术表现情感,给人以审美享受的作用,但同时又不忘情感需经过伦理道德的净滤、规范与提升;另一方面它重视乐舞艺术所承载的道德内涵,给人以精神道德的熏陶,但又不忘伦理道德获得情感化的表现形式。

---

① 阮元:《十三经注疏·论语注疏》,第 2465 页。

论述到此,我们已经了解了两周礼乐文化中的乐舞艺术具有强烈的象征性并体现出一种象征性艺术精神,那么为什么会这样呢?笔者认为,究其原因,主要有两个方面:

其一,这是与两周礼乐文化的象征性文化精神有关。我们知道,在两周礼乐文化中,宗教祭祀活动依然占据着核心地位,而祭祀总是以某些象征性的仪式来向人们传达或暗示某种观念,或者说宗教祭祀形成了人们的巫术性思维或象征性思维,因而,两周礼乐文化实际上就是一种仪式性文化或象征性文化,体现于其中的文化精神就是一种象征性文化精神。由于这种象征性文化精神无所不在地影响着礼乐文化的方方面面,尤其是它和艺术精神的关系最为密切,艺术精神甚至也可以说就是一种文化精神,自然它也深深地影响着其时的艺术精神,从而使两周礼乐文化中的乐舞艺术充满着象征性艺术精神。而实际上,两周礼乐文化中的乐舞艺术,无论是"六大舞",还是"六小舞",也大多是宗教祭祀之乐舞,宗教祭祀活动所秉有的象征性精神也会渗透在乐舞艺术的肌体之内,这自然也就使其充满着象征性。

其二,我们认为,这与两周礼乐文化中的周代贵族重德、敬德和宣德以最终维护自己统治的思想有关。周革殷命,没有费多大力气就完成了王朝的更新换代,其速度之快和朝代的更替之容易,令周代统治者不得不思考和总结其中的经验教训。他们从商纣王的暴虐中逐渐认识到民心的向背与统治者的德行是否被覆天下有重要关系,因而要重德、敬德。据郭沫若考证,在甲骨卜辞和殷人的彝铭中没有"德"字,而在周代的彝铭如成王时的班簋和康王时的大盂鼎中都有"德"字表现[①]。不仅如此,周代统治者还向周代的贵族和臣民们宣德,说天命权威的存在不是永恒不变的,上天是明智的,它只垂青于有德之人,周

---

① 郭沫若:《青铜时代》,北京:中国人民大学出版社,2005年版,第15页。

族得到了上天的垂青得天下,是因为周人重德、敬德,得到了上天的护佑,而夏代人和殷代人正是由于"惟不敬厥德"①,所以才"早坠厥命"②。而这样的重德、宣德,实际上就是要求有周一代上到贵族阶级下到臣民百姓,都要恪尽自己的本职,恪守自己的道德规范,以维护贵族阶级的统治,确保国家的长治久安。那么如何才能更有效地达到这种宣德的效果呢?周族统治者发现"乐"正好具有这一良好的效果。而乐既然具有如此重要的作用,周代贵族就自然十分重视乐和乐的教育,乐教也就成了贵族子弟必须学习的科目内容。从文献记载来看,西周时期,贵族子弟受教育的学校就很完备,有所谓小学和大学之分,孩童十岁时入小学学习书记、音乐等,十五岁时入大学学习乐舞、射御等③。《礼记·内则》曰:"十年,出就外傅,居宿于外,学书记……十有三年,学乐,诵诗,舞《勺》。成童,舞《象》,学射、御。"④就是说乐教在贵族子弟学习生活中的地位很重要。《周礼·春官·大司乐》亦曰:"(大司乐)以乐德教国子中、和、祗、庸、孝、友,以乐语教国子兴、道、讽、诵、言、语,以乐舞教国子舞《云门》《大卷》《大咸》《大磬》《大夏》《大濩》《大武》。"⑤大司乐的职责之一就是对国子进行乐德、乐语、乐舞之教育,这一记载与《礼记·内则》中的乐教之记载可以互相印证。因而,"乐"这种能全面作用于人的身心、情感的综合艺术,就被他们用来宣扬统治阶级的伦理道德,而这种宣扬在长期的历史过程中,就逐渐使"乐"具有强烈的象征性,成为社会政治、伦理道德的载体,体现出象征性艺术精神。

---

① 阮元:《十三经注疏·尚书正义》,第213页。
② 阮元:《十三经注疏·尚书正义》,第213页。
③ 杨宽:《古史新探》,北京:中华书局,1965年版,第198页。
④ 阮元:《十三经注疏·礼记正义》,第1471页。
⑤ 阮元:《十三经注疏·周礼注疏》,第787页。

第三节 "问鼎"与饕餮
——两周礼乐文化中的青铜艺术的象征

上文我们主要对两周礼乐文化中的乐舞艺术的象征性及其象征性艺术精神进行了讨论,实际上不仅乐舞艺术是如此,两周礼乐文化中的青铜艺术也同样具有强烈的象征性,体现出象征性艺术精神。因为,两周礼乐文化由礼和乐两部分组成,礼和乐紧密地结合在一起,既然两周礼乐文化中的象征性文化精神对礼乐文化中的"乐"产生深刻的影响,那么它同样也对礼乐文化中的"礼"产生影响,而这种对"礼"的影响也表现在礼器上,尤其是对主要用于宗教祭祀仪式中的青铜器艺术产生深刻的影响。因此,受两周礼乐文化的象征性文化精神影响,两周礼乐文化中的青铜器艺术也充满着浓厚的象征意味,体现出象征性艺术精神,下文我们对此做详细讨论。

众所周知,青铜器(包括青铜容器、青铜礼器、青铜兵器等)在我国古人的社会生活中曾经占据过无与伦比的重要地位,青铜器的铸造、管理和使用已经上升到依靠国家权力和意志来控制的这一高度,考古发现和大量出土的青铜器以及有关历史文献记载已经证实这段历史不是虚妄的,而是真实的存在。正因为如此,有些学者就把这段历史称之为"中国青铜时代"。而"中国青铜时代"的开始时间大约为公元前两千年,结束时间大约为公元前五百年,整个"中国青铜时代"的时间大约持续了一千五百年之久①。从"中国青铜时代"所处的历史时间来看,它正好是我国商周两代时期,考察这一时期大量出土的青铜器,可以发现商周时期的青铜器的铸造规模、数量和质量都是其他时期所无法比拟的,它在中国文明史上甚至在世界文明史上都

---

① 参见张光直:《中国青铜时代》,北京:三联书店,1999年版,第2页。

是辉煌绝伦的。正如黄留珠所说:"从世界范围来看,中国冶铜及青铜铸造等技术并非发明得最早,但中国古代特别是商周时期在青铜冶炼、铸造、合金技术等方面却走在了世界的前列,并取得了极其伟大的成就。"[①]这就不怪世界著名科技史家、英国学者李约瑟(Joseph Needham)博士说:"没有任何的西方人能够超过商、周两代的青铜器铸造"了[②]。这种"称赞"是当之无愧的,没有丝毫的夸饰。

其实,商周时代的青铜器铸造取得如此高的成就,并不是一下子就达到的,而是与此前的夏代的青铜器铸造技术基础分不开的。《左传·宣公三年》曾记载楚庄王觊觎周室之政权时,便"问鼎之大小轻重焉",而周定王派去慰劳楚庄王的王孙满便回答说:"昔夏之方有德也,远方图物,贡金九牧,铸鼎象物,百物而为之备,使民知神奸。"[③]这就明确地说明夏王曾经把远方贡献上来的青铜铸成九枚大鼎,并绘上"百物"图画。《史记·封禅书》亦曰:"禹收九牧之金,铸九鼎,皆尝享鬺上帝鬼神。"[④]其也同样认为夏王大禹收受铜金,铸有"九鼎"。可是几千年来,人们并没有发现"九鼎"的踪影,"九鼎"到底真的是否存在,也就成了一个大大的问号。许多年来,人们一直把它当作一个美好的神话。可是1959年,考古工作者在河南进行夏墟调查时,发现了偃师二里头文化遗址。经过考古研究,越来越多的人认定二里头文化就是夏文化,1996年开始启动的"夏商周断代工程"所取得的阶段性成果,也确定了这一论断的可靠性。这个二里头文化遗址的发现也许证明这个神话可能不是神话,而是历史的真实。因为,"在二里头文化遗址中,发现了青铜容

---

① 黄留珠:《周秦汉唐文明》,西安:陕西人民出版社,1999年版,第111页。
② 吕涛:《中华文明史》第二卷(先秦),石家庄:河北教育出版社,1992年版,第192页。
③ 阮元:《十三经注疏·春秋左传正义》,第1868页。
④ 司马迁:《史记》,北京:中华书局,1982年版,第1392页。

河南偃师二里头出土铜爵

器——铜爵(据测定合金成分为铜92％、锡7％,属锡铜器),此外还有铃、戈、镞、戚、刀、锥、鱼钩等青铜乐器、兵器、工具等,说明此时已经进入了青铜时代。"①而二里头文化可能只是掀开夏文化神秘面纱的一个小角,可能还有代表更高水平的夏文化遗址和青铜器物没有被发现,或某些青铜器物流落他方了,将来可能还有更多的发现。因此,夏代既然有了一定的青铜器铸造技术和水平,那么,夏王举全国之力,合天下之金,铸造出自己想要的象征着王权威严和天下一统的"九鼎"来,应该是可能的。由此可见,有夏一代,在青铜器铸造上并非是一个历史的空白,而是早有了相当高的技术和水平。

正是有了夏代的青铜器铸造工艺作为技术支持和基础,商周的青铜器艺术才取得巨大的成就。在商代,青铜艺术取得了辉煌灿烂的成就,不仅在我国青铜艺术发展史上占有特别重要的地位,就是在世界青铜艺术史上,其成就也是罕见非凡的。当然,商代青铜艺术的高度发展是与商代生产力的发展、国力的强盛和王权的集中是密不可分的。我们知道,商王朝是一个奴隶主君主专制的朝代,商王拥有至高无上的权力,他能够集中大量的人力、物力和财力于一起,投入到宗教仪式用品和艺术品的生产上来,而青铜器艺术的生产自然也是其中之一。商代的青铜器艺术品数量多、质量高、艺术精湛。从数量上看,商代的青铜艺术品的数量远远超过夏代。比如,1976年,考古工

---

① 廖群:《中国审美文化史》(先秦卷),济南:山东画报出版社,2000年版,第86页。

作者在河南安阳小屯村西北发现了商王武丁的配偶"妇好"之墓,这所墓葬保存完好,随葬品未曾盗掘。后经发掘,墓葬内共出土铜器、玉器、骨器、陶器、蚌器等各类随葬品近两千件,其中青铜器最多,将近五百件,而且青铜器的种类较多,炊器、盛器、食器、酒器应有尽有,有的成双成对成套,这些青铜器大概是墓主生前所用或后来祭祀时所用。既然一个"妇好"之墓中就出土如此之多的青铜器,那么可以推想商代的青铜器的数量之可观。从质量上看,商代的青铜艺术品的质量也大为提高。商代的鼎、簋、盉、钺、卣等铜器的质量都超越了前代。一般来说,铜器的体积样式有大有小;铜器的式样也繁多,有鸟形、有兽形、有人面形;铜器的铸造技法也显著提高,镂空、浮雕的技法已经成熟,这些都说明商代的青铜艺术品的质量大为提高。比如,

"妇好"铜钺

1965年,山东益都县苏埠屯1号商墓出土的"亚醜"铜钺。此钺体积庞大,钺面用镂空和浮雕的技法铸出狰狞的人面形象,弯眉,圆眼,长鼻,小耳,大扁嘴,张口露齿。钺身一面有"亚醜"二字铭文①。上文提到的河南安阳殷墟"妇好"墓中也出土了一件青铜兵器——"妇好"铜钺(如图)。此铜钺为斧形,钺刃为弧形,铜钺体积庞大,显得威武。钺身两面上部饰有浮雕的虎扑人头纹,人头处在两虎口中间。人头呈圆脸尖颌,大鼻小嘴,双眼稍陷,两耳朝前。虎侧身而扑,两眼圆睁,大口猛张,作欲吞噬状。铜

---

① 李泽奉、刘如仲:《铜器鉴赏与收藏》,长春:吉林科学技术出版社,1994年版,第97页。

钺中部刻有"妇好"的铭文①。如此高质量的青铜器艺术品只有到商代才会出现。再从艺术性来看,商代的青铜器工艺精湛,艺术品位高。比如,现藏于国外某博物馆的"虎食人卣"就是如此(如图)。此卣通高35.7厘米,重5.09公斤。卣身呈一虎形,虎肩端有一提梁,以云雷纹衬地,上饰长形夔纹。在提梁的两端之处,伸出浮雕的兽首。虎头很宽大,竖起尖耳,目眉弯圆,大鼻翘起,巨齿獠牙,张口欲食人状,显出凶狠之状。令人惊异的是,此虎的前爪抱持着一小人,虎口下的小人与虎相对而抱,手扶着虎肩,脚踏在虎的后爪之上。小人长发披肩,双眉紧锁,目瞪口呆。此外,虎背上部还有一椭圆形的器口,上面附盖,盖面以云雷纹为地,上饰卷曲夔纹,盖上立以小鹿为钮②。此卣呈虎欲食人头状,造型奇特,形象怪诞,令人惊异,但却在惊异之

虎食人卣

中给人以一种恐怖之美、神秘之美。而像这样工艺精湛的青铜器在商代还有很多,可见商代青铜器的艺术性较高。

当然,商代的青铜艺术取得如此高的成就,是需要仰仗王权、政权和经济实力上的支撑,那么青铜艺术也常常会反过来满足王权、政权的需要,成为王权、政权和贵族身份的象征。而在商代,商王既是人世间的王者,又是上帝在人世间的化身,拥有至高无上的权力和威严。青铜器艺术要表现这种威严和权力,那么就得借助于其造型和纹饰。因此,商代的青铜器,在造型上奇特怪异,显得阴森可怖;在纹饰上主要是表现为巨睛、咧口、獠牙、立耳、犄角的饕餮纹(即兽面纹)。商代青铜器采用这

---

① 李泽奉、刘如仲:《铜器鉴赏与收藏》,长春:吉林科学技术出版社,1994年版,第95页。
② 李泽奉、刘如仲:《铜器鉴赏与收藏》,长春:吉林科学技术出版社,1994年版,第86—87页。

种造型和纹饰,就是要突出王权的威严和神圣,使人接触后印象强烈,引起神秘、可怖和敬畏之情,从而达到臣属国对殷族统治,臣民对国君,奴隶对奴隶主的无条件屈从的效果和目的。而这样的表现手段在周代的青铜器艺术中还继续存在。

历史进入周代,在夏、商二代青铜器艺术的发展基础上,两周礼乐文化中的青铜器艺术又取得了进一步的发展,甚至在西周时期,青铜器艺术还达到了我国古代青铜器艺术发展的顶峰阶段。1974年,在湖北大冶县铜绿山发现了楚国冶矿遗址,在已发掘的春秋时代到战国时代的矿井中,有铜锭、青铜斧、铁砧、铁锤和木辘轳等,矿井长达两公里,掘深达五十多米,采掘了大约几十万吨矿石,炼出的铜总共有十多万吨,它的发现有助于我们了解周代的青铜的冶炼情况①。当时的青铜器铸造业成为最重要的手工业部门,上到天子、诸侯,下到普通贵族都曾在不同规模和程度上铸造各种铜器。而且从考古出土的青铜器来看,其范围遍及大半个中国(北到蒙古、东北,南到江西、湖南,西到甘肃一带,东到山东)。从数量上看,周代的青铜器艺术更是超越此前的夏商时代,"据不完全统计,仅解放后在全国各地出土的西周铜器就达数千件,其中大部分出自陕西关中地区,特别集中在西周统治中心——周原、丰镐以及邻近地区,而又以窖藏所出为多。一窖少则几件、十几件,多则几十上百件。如1960年扶风齐家村铜器窖藏出土中友父诸器39件;1961年长安县张家坡铜器窖藏出土师旋诸器53件;1976年扶风法门白家村南微氏家藏窖一次出土103件。无论就出土地域分布的广泛性,还是出土的数量及种类,西周均已超过商代,这充分说明了西周青铜铸造业的发达"②。

当然,周代的青铜器铸造业的发达是与周代处于最野蛮的

---

① 周世荣、欧光安:《马王堆汉墓探秘》,长沙:岳麓书社,2005年版,第130页。

② 黄留珠:《周秦汉唐文明》,西安:陕西人民出版社,1999年版,第108页。

奴隶制社会的阶级需要有着密切关系。我们知道，周代是我国奴隶制社会野蛮的、血腥的和暴力的时代，奴隶主贵族阶级和奴隶阶级之间有着不可调和的矛盾。奴隶主贵族阶级要想得到长治久安，就得想尽办法缓解这种矛盾，而如何才能有效地缓解这种矛盾呢？为此奴隶主贵族阶级找到了两种办法：其一，就是要在肉体上对奴隶阶级进行武力镇压和杀戮；其二，就是在精神上要对奴隶进行心理威慑和恫吓。而青铜既可以制造用于武力杀戮的青铜兵器，又可以制造进行精神统治的青铜礼器，恰好能够满足统治阶级的这种需要。因此，周王朝就把当时最先进质料的青铜大量地用于铸造青铜兵器和青铜礼器。正因为如此，周代的青铜器铸造业才兴盛发达，周代的青铜器艺术才取得巨大的成就。而且，由于青铜的开采、冶炼需要大量的人力、物力和财力，一般奴隶靠个人力量是无法完成的，只有奴隶主贵族阶级才能担负得起，而奴隶主贵族阶级又恰恰需要利用和依赖青铜器。因此，无论是青铜礼器，还是青铜兵器都是为周代奴隶主贵族阶级所把有，与奴隶阶级无缘。自然青铜器也就成为周代奴隶主贵族阶级的身份地位和等级权势的象征，青铜器的造型和纹饰也就是周代奴隶主贵族阶级的精神意志和情感意愿的象征性体现。这些青铜器艺术也就是一种象征艺术，体现在这些青铜艺术上的艺术精神就是象征性艺术精神，具体来说，主要体现在以下几个方面。

其一，从青铜礼器的体积上来看，有一类礼器的体积相当庞大，很有气势，比如说青铜鼎类就是如此。1939 年，在河南殷墟出土的"司母戊"大方鼎在体积之大上可以说是青铜礼器之最。此鼎通高 133 厘米，口径 110×79 厘米，底径 100×72 厘米，足高 46 厘米，重达 875 公斤。整个器形庞大端正，显得雄浑凝重①。那么为什么商代贵族统治阶级要铸造如此巨大

---

① 李泽奉、刘如仲：《铜器鉴赏与收藏》，长春：吉林科学技术出版社，1994年版，第 73 页。

的鼎器,这是因为他们正要以此稳固的方形和庞大的体势来象征贵族阶级统治的稳固和长久。而这种思想到了周代,还继续留存了下来,青铜鼎的象征性还在周代鼎器上体现出来。从周代的青铜鼎器(也包括其他礼器)来看,同样体积庞大,气势非凡。比如,西周康王时期的大盂鼎就是如此(如图)。大盂鼎 1821 年出土于陕西郿县。此鼎通高 101.9 厘米,口径 77.8 厘米,重 153.5 公斤,也是个"庞然大物"。和商代一样,周代贵族统治阶级也是以此鼎的庞大体势来作为贵族统治阶级的浩瀚的权力和显贵的地位之象征。这里需要说明一下,"司母戊"大方鼎是四足方

大盂鼎

鼎,而大盂鼎是三足圆鼎。但无论是方鼎,还是圆鼎,其象征作用都是一样的。《淮南子·天文训》曰:"天道曰圆,地道曰方。方者主幽,圆者主明。"①在古人看来,天是圆的,地是方的,方的主宰幽暗,圆的主宰光明。"方"和"圆"都具有象征性。"方"即象征着地之主,"圆"即象征着天之主。因此,无论是方鼎,还是圆鼎,都是作为大地和上天的象征。而统治阶级只要拥有了青铜鼎器,不管它是方的还是圆的,也都意味着和象征着他们拥有了权力和疆土。

其二,从青铜礼器的形制上看,这些青铜器的形制奇特怪异。有的是人与兽结合在一起,也有的是数种神异的怪兽结合在一起。像商代的"虎食人卣"(见前图)就是人兽结合在一起。此卣造型为踞坐的虎形,虎的前爪牢牢地抓持着一个人,人头已入虎口,令人触目惊心。为什么会出现这样的造型呢?很可能它反映的是原始战争的史实——杀俘以祭先祖或图腾。如

---

① 何宁:《淮南子集释》,北京:中华书局,1998 年版,第 169 页。

此令人恐怖的造型是作为对异族部落威慑、恐吓的象征性符号,也是对本族保护神力的崇拜①,此外它还作为统治阶级王权威严的象征②。周代的青铜器在造型上继承了此前的形制,也是以怪异、奇特的青铜器造型来象征周代贵族阶级王权的神圣和威严。比如,1963年,在陕西宝鸡出土了一件铜器——何尊。此铜器铸于周成王时期,其器形就特别奇异,似圆非圆,似方非方,内呈圆形而外又呈方形,敞口外侈,器表扉棱高低不平,兽角嶙峋③。1976年,陕西扶风出土了一件西周昭王时的青铜器——折觥(如图)。

折觥

此觥(酒器)造型诡异,式样奇特,集中了许多种神兽于一体,觥盖的前端是一曲角鼓目、口露利齿的羊头状怪兽,兽额上立着一小兽,兽首的后面是一条紧紧相随的伏龙。觥盖上部正中间有一条若断若续的扉棱,恰似时隐时现的龙脊。龙脊之后是上翘卷曲的龙尾,伏龙两旁还各有一条回首卷尾的夔。盖后部是一具巨角竖立的饕餮。此觥的流部及口沿下是两只身体扭曲的顾首夔

---

① 李泽厚:《美的历程》,见《美学三书》,合肥:安徽文艺出版社,1999年版,第45页。
② 关于"虎食人卣",历来人们对其解释不一。张光直从巫术角度认为,张开的兽口可能是把彼岸世界(如死者的世界)同此岸世界(如生者的世界)分隔开来的最初象征,青铜器上已入兽口的人非巫师莫属,他正在动物的帮助下升天,以便沟通天人。(见张光直:《中国青铜时代》,北京:北京三联书店,1999年版,第444页;又见张光直:《美术、神话与祭祀》,沈阳:辽宁教育出版社,2002年版,第53页。)不过人们虽然对其解释不一,但其作为一种象征,体现出一种象征性艺术精神,却是肯定无疑的。
③ 参见李泽奉、刘如仲:《铜器鉴赏与收藏》,长春:吉林科学技术出版社,1994年版,第110页。

纹,腹部被巨大的饕餮纹整个布满,圈足上饰有顾夔纹。觥体的后部有提梁,提梁是由怪兽、鸷鸟、象鼻组成的。折觥的造型奇特,纹样怪诞,整体看上去,很像一头蹲伏欲扑的怪兽。而这样怪异的造型就是为了突出和象征王权的神圣和威严,而在周代,类似于何尊、折觥这样造型怪异的青铜器还有很多。

其三,从青铜礼器的纹饰上看,两周礼乐文化中的青铜礼器的纹饰式样较多,但以饕餮纹为主。何谓饕餮纹呢?饕餮纹就是兽面纹。它是自宋代以来金石学上对商周青铜器上的怪异的兽面纹饰的统称。"饕餮"一词最早见于《吕氏春秋》一书中。《吕氏春秋·恃君览》曰:

> 雁门之北,鹰隼所鸷,须窥之国,饕餮、穷奇之地……此四方之无君者也,其民麋鹿禽兽。①

《吕氏春秋·先识》又曰:

> 周鼎著饕餮,有首无身,食人未咽,害及其身,以言报更也,为不善亦然。②

在《吕氏春秋》里,出现了"饕餮"一词,同时也透露了"饕餮"的一个重要信息,那就是"有首无身,食人未咽"是饕餮纹的一个重要特征。其实,饕餮纹的纹样很多,并不是一种。张光直在《商周青铜器上的动物纹样》一文中引用了容庚《商周彝器通考》对各种饕餮纹的归纳:"有鼻有目,裂口巨眉者;有身如尾下卷,口旁有足者;两眉直立者;有首无身者;眉鼻口皆作雷纹者;两旁填以刀形者;两旁无纹饰,眉作兽形者;眉往下卷者;眉往上卷者;眉鼻口皆作方格,中填雷纹者;眉目之间作雷纹者而无鼻者;身作两歧,下歧上卷者……身一足、尾上卷,合观之则为饕餮,分观之则为夔纹者。"③不过饕餮的纹样虽然繁多,但其本

---

① 许维遹:《吕氏春秋集释》卷二十,北京:中国书店影印,1985年版。
② 许维遹:《吕氏春秋集释》卷十六,北京:中国书店影印,1985年版。
③ 张光直:《中国青铜时代》,北京:三联书店,1999年版,第426页。

兽面纹样

质不变,一般都是以鼻、口为中轴,以突目、犄角、尖耳为对称的兽面纹样(如图)。因此,青铜饕餮常常以巨睛、裂口、獠牙、利爪、犄角、立耳的兽面形象,给人以威猛、狰狞、恐怖、神秘的感觉。不过,饕餮的狰狞、可怖形象并不是一开始就是如此,在夏商时期,它还显得温和一些,并非特别可怖。只是到了周代,饕餮纹变化发展为异常狰狞、可怖的形象。因此,本来在夏商时代还是正面形象的饕餮,在周代人的眼中却成了丑恶之类,是恶与丑的化身。《左传·文公十八年》曰:

> 缙云氏有不才子,贪于饮食,冒于货贿,侵欲崇侈,不可盈厌,聚敛积实,不知纪极,不分孤寡,不恤穷匮,天下之民以比三凶,谓之"饕餮"。①

这里,就把那种贪得无厌、冷漠自私的丑恶之人称为"饕餮"。缙云氏的不才之子,就是一个"贪于饮食,冒于货贿,侵欲崇侈"之人,因此被称为"饕餮"。

西周时期的青铜器上,饕餮纹饰占据着铜器的主要位置,成为青铜器的主流纹饰。到了春秋战国时期,饕餮纹饰还继续存留,但已经从铜器的主要位置上"撤离"下来,大多存留在青铜器的柱脚上。这些饕餮纹饰主要由夸张和变形的动物面部正面形象构成,总体上表现为一种巨目、咧口、獠牙、立耳、犄角的形象特征。上文中提到的西周成王时期的何尊的器表纹饰就是饕餮纹。此饕餮纹有一个呈卷曲状的长角,角节毕现,角

---

① 阮元:《十三经注疏·春秋左传正义》,第1863页。

何尊

尖高高翘起;其眉目粗壮,眉毛直立,怒睁着圆目,露出精光①。康王时期的大盂鼎的口沿下也有六个饕餮纹组成的纹饰带,同样显得神秘、森严和恐怖。当然,饕餮纹饰结构繁冗复杂,带有阴森神秘的气氛,这与掌握着生杀予夺大权的统治阶级要利用神灵崇拜和神秘的手段,以恫吓和欺骗下层臣民的需要相合拍。而周代铜器上的纹饰以饕餮纹饰为主,正是周代贵族统治阶级以此来暗示和象征王权的威严、神圣和阶级统治的可畏,兽面纹也就成了神圣王权的象征。谢崇安认为,《且甲鼎》上的徽号标识上的兽面纹中轴部分被"王"字所取代,就能够证明这一点②。

由上文可见,两周礼乐文化中的青铜礼器,在造型上显得奇异怪诞,在纹饰上以狰狞可畏的饕餮纹饰为主,虽显现一种狰狞、神秘之美,但是这样的造型和纹饰并不是作为审美欣赏的对象,而是作为一种宗教手段,用在各种宗教祭祀仪式之中。它们的审美所在并不在于它们所诉诸的视觉形式美因素,而在于这种形式成为一种象征性符号,寄托着或暗示着某种深沉的人类精神内涵或超人间的神力观念。因此,这些青铜器艺术都具有一种象征性,它们以形式服从于内容主题的需要,是将意念凌驾于形式之上。而这从根本上来说,是不同于古希腊的形式美统一于内容美,形体美和谐于精神美的那种关系③。因此,要透视这些青铜艺术的外在的形式外衣,才能发掘出它们所象

---

① 参见李泽奉、刘如仲:《铜器鉴赏与收藏》,长春:吉林科学技术出版社,1994年版,第110页。
② 谢崇安:《商周艺术》,成都:巴蜀书社,1997年版,第34页。
③ 谢崇安:《商周艺术》,成都:巴蜀书社,1997年版,第266页。

征的深刻内涵。黑格尔说:"象征一般是直接呈现于感性观照的一种现成的外在事物,对这种外在事物并不直接就它本身来看,而是就它所暗示的一种较广泛较普遍的意义来看。"①考察两周礼乐文化中的这些青铜艺术,其"各式各样的饕餮纹样以及以它为主体的整个青铜器其他纹饰和造型,特征都在突出这种指向一种无限深渊的原始力量"②。而这种原始力量可能是一种情感,可能是一种观念,也可能是一种精神意志,但无论是什么,都是作为一种象征来表现的。因此,两周礼乐文化中的青铜礼器具有浓厚的象征意味,体现于其中的是一种象征性艺术精神。而这是由两周礼乐文化中的青铜艺术的本质特征所决定的。

正是由于周代的青铜艺术具有强烈的象征性,象征着王权的威严和神圣。它在周人长期的礼乐生活中自然成为周代奴隶主贵族阶级的身份地位和等级权势的象征。因此,在周人的礼乐生活中青铜器占据着重要的地位,谁拥有的青铜器数量多、种类齐全,谁就意味着拥有的权力大、地位高。像青铜鼎类就是直接作为周代奴隶主贵族阶级身份地位的象征。从周代墓葬出土的大量的青铜鼎器来看,身份地位越高的墓主,其陪葬的青铜鼎器的数量就越多,质量也越高。而古代文献中记载的周代的列鼎制度的真实性所受怀疑,也被越来越多的出土鼎器所证实它是正确的,是真实存在过的。甚至像"九鼎"这样的青铜器简直就是王权和政权的象征,谁拥有了"九鼎",就意味着谁拥有了王权和政权。因此,春秋时期,当楚国的势力越来越强大,楚庄王觊觎周之政权时,他自然想要拥有"九鼎",这就难怪他要"问鼎"了。《左传·宣公三年》曾记载这件事:

---

① [德]黑格尔:《美学》第二卷,朱光潜译,北京:商务印书馆,1979年版,第10页。
② 李泽厚:《美的历程》,见《美学三书》,合肥:安徽文艺出版社,1999年版,第43页。

> 楚子伐陆浑之戎,遂至于洛,观兵于周疆。定王使王孙满劳楚子。楚子问鼎之大小轻重焉。对曰:"在德不在鼎。昔夏之方有德也,远方图物,贡金九牧,铸鼎象物,百物而为之备,使民知神奸。……用能协于上下,以承天休。桀有昏德,鼎迁于商,载祀六百。商纣暴虐,鼎迁于周。……周德虽衰,天命未改,鼎之轻重,未可问也。"①

楚庄王在位期间,不断地对楚国周边的国家攻伐,趁便伐击陆浑之戎的机会,也陈兵东周边境,借以炫耀武力,而且对周定王派来的大夫王孙满询问起周王朝的"九鼎"来。王孙满则陈述了"九鼎"的来历,并当头拒斥楚庄王,明确地告诉他"周德虽衰,天命未改,鼎之轻重,未可问也"。那么,楚庄王为何要"问鼎",而周大夫又予以拒绝呢?这是因为楚庄王所问的"九鼎"已经不再是一种炊器或盛器了,而是作为一种礼器,被赋予了神圣的色彩。"九鼎"为夏王所造,"九鼎"上所绘的"百物",可能是夏代各个地方的图腾物,也可能是巫术所用的动物图形,夏王集"百物"于一体和自身,就代表着拥有最大的权力和拥有天下。因此,"九鼎"实际上是王权和政权的象征。《周易正义》曰:"鼎者,器之名也。"又曰:"然则鼎之为器,且有二义:一有亨饪之用,二有物象之法,故象曰:鼎,象也,明其有法象也。"②《释文》亦曰:"鼎,法象也,即鼎器也。"这都是在说"鼎"是"法象",即"鼎"是统治阶级用来象征权力的"法象"器。因此,谁拥有了"九鼎",就意味着谁拥有了统治的权力,失去了"九鼎",也就意味着失去了统治的权力。"九鼎"是夏王所铸,夏桀暴虐"有昏德,鼎迁于商",后来"商纣暴虐,鼎迁于周"。夏商周三代王权、政权的更替,就是以夺取和占有前代的"九鼎"作为象征的。因此,当楚庄王觊觎周王的政权,自然问起"九鼎"来,而周大夫则

---

① 阮元:《十三经注疏·春秋左传正义》,第1868页。
② 孔颖达:《周易正义》卷九,北京:中国书店影印,1987年版。

站在维护周王室统治的立场上,自然要警告楚庄王不要随意"问鼎",实际上这是在告诫楚庄王不要觊觎周王的权力和王朝的政权①。而这样的事件在战国时期又再次上演。战国时期,地处西域的秦国经过图新进取后迅速崛起,国势增强,大有吞并他国之势头,而这时的周之势力却每况愈下,朝夕不保,自然周之政权也在其觊觎范围之内,在这样的境遇之下,"秦兴师临周而求九鼎"的事件也就会自然发生,不足为怪。《战国策·东周策》"秦兴师临周而求九鼎"曰:

> 秦兴师临周而求九鼎,周君患之,以告颜率。颜率曰:"大王勿忧,臣请东借救于齐。"
>
> 颜率至齐,谓齐王曰:"夫秦之为无道也,欲兴兵临周而求九鼎,周之君臣,内自尽计,与秦,不若归之大国。夫存危国,美名也;得九鼎,厚宝也。愿大王图之。"齐王大悦,发师五万人,使陈臣思将以救周,而秦兵罢。
>
> 齐将求九鼎,周君又患之。颜率曰:"大王勿忧,臣请东解之。"
>
> 颜率至齐,谓齐王曰:"周赖大国之义,得君臣父子相保也,愿献九鼎,不识大国何途之从而致之齐?"齐王曰:"寡人将寄径于梁。"颜率曰:"不可。夫梁之君臣欲得九鼎,谋之晖台之下,少海之上,其日久矣。鼎入梁,必不出。"齐王曰:"寡人将寄径于楚。"对曰:"不可,楚之君臣欲

---

① 侯外庐说:"这种'尊''彝''爵''鼎'在原来仅表示所获物如黍稷与酒食的盛器,后来由于超社会成员的权利逐渐集中在个人身上,它们便象征着神圣的政权,因而尊爵之称,转化为贵者的尊称,所谓'天之尊爵'(《孟子·公孙丑》)。'尊''彝'只有贵族专享,故尊爵成了政权的代数符号。……换言之,尊爵就是富贵不分的公室子孙的专政形式,过去很少人把礼器的意思明白地指出来,著者认为礼器也者,是周代氏族贵族专政的成文法,后来争夺礼器与争夺政权同等看待,所谓'问鼎'即抢政权之谓。"(侯外庐、赵纪彬、杜国庠:《中国思想通史》第一卷,北京:人民出版社,1957年版,第15页。)

得九鼎,谋之于叶庭之中,其曰久矣。若入楚,鼎必不出。"王曰:"寡人终何途之从而致之齐?"颜率曰:"弊邑固窃为大王患之。夫鼎者,非效醯壶酱瓵耳,可怀挟提挈以至齐者;非效鸟集乌飞,兔兴马逝,漓然止于齐者。昔周之伐殷,得九鼎,凡一鼎而九万人挽之,九九八十一万人,士卒师徒,器械被具,所以备者称此。今大王纵有其人,何途之从而出?臣窃为大王私忧之。"齐王曰:"子之数来者,犹无与耳。"颜率曰:"不敢欺大国,疾定所从出,弊邑迁鼎以待命。"齐王乃止。①

秦国兴师,兵临城下威胁东周,其目的之一就是索要象征周之政权的国宝——"九鼎"。因为,拥有了"九鼎",也就意味着拥有了号召和统治天下的权力。所以秦国迫不及待地兴师威胁,而周君患之,最后在齐国五万兵力的讨伐下,秦国退兵,保住了"九鼎"。而齐国之所以出兵救周,并非出于心甘情愿,而是因为颜率"许诺"让其拥有"九鼎",而当齐国真的索要"九鼎"时,颜率又设种种障碍,阻挠了齐国的索要。这里,无论是秦国索要"九鼎",还是齐国以出兵为筹码想获得"九鼎",抑或颜率想尽办法为周王保住"九鼎",目的都是要拥有"九鼎",因为它是王权和政权的象征,拥有了它,也就拥有了权力和天下。所以张光直说:"九鼎神话直接而有力地宣称:占据这些神圣的青铜礼器,就是为了使帝王的统治合法化。青铜礼器是明确而强有力的象征物:它们象征着财富,因为它们自身就是财富,并显示了财富的荣耀;它们象征着盛大的仪式,让其所有者能与祖先沟通;它们象征着对金属资源的控制,这意味着对与祖先沟通的独占和对政治权力的独占。"②由此可见,周代的青铜鼎器具有强烈的象征性,作为艺术来看,自然是象征性艺术,而其他青

---

① 刘向:《战国策》,上海:上海古籍出版社,1985年版,第1—3页。
② 张光直:《美术、神话与祭祀》,沈阳:辽宁教育出版社,2002年版,第74页。

铜器艺术自然也是如此。

上文我们主要就两周礼乐文化中的青铜礼器艺术的象征性做了论述,同样,周代的青铜兵器艺术也具有强烈的象征意味。像青铜斧钺之类就是周代的王权、军权的象征。其一,青铜斧钺为青铜所铸,自然结实耐用,作为武器,有很大的威力和杀伤力,所向披靡。《释名》曰:"钺,豁也,所向莫敢当前,豁然破散也。"《诗·商颂·长发》:"武王载旆,有虔秉钺,如火烈烈,则莫我敢曷。"① 就是说商汤手握青铜斧钺征伐,而这样的青铜斧钺具有巨大的威力。其二,青铜斧钺上常常饰以令人可怖的饕餮纹,以此来增强斧钺的神圣性和威严性,而帝王贵族的威势也常常需要这样的斧钺来加以衬托。殷墟妇好墓出土的"妇好"铜钺就是如此。此青铜斧钺身上饰有两虎食人图,两虎侧身而扑,露出凶相,人头则处于两虎口之间,整个纹饰给人以一种狰狞可怖感,显出神圣性和可畏性。商代的青铜钺是如此,而周代的铜钺也是如此。青铜斧钺既有肃杀之威,又是王权、军权的象征,既是如此,也只有天子和大奴隶主贵族才有使用青铜钺的特权。"武王"(商汤)秉钺,"妇好"铜钺就是明证。而在周代,也只有周公、毕公这样的周之重臣、大贵族才能拥有铜钺这样的武器。《史记·周本纪》:"周公旦把大钺,毕公把小钺,以夹武王。"② 此也说明了这一点。而天子常常将铜钺赐给臣下,实际上也就是授予臣下进行征伐攻战的军事权力,以便代天子进行军事行动③。不仅如此,就是天子赐金(青铜)给下臣,也是具有多重象征意义,其中最重要的就是象征着赐给下臣权力和地位等。正因为如此,那些获得铜金的下臣用所赐之金铸作铜器以作纪念时,会将此殊荣大书特书,无限荣耀地铭

---

① 阮元:《十三经注疏·毛诗正义》,第 627 页。
② 司马迁:《史记》,北京:中华书局,1982 年版,第 125 页。
③ 参见杜逎松、杜洁珣:《步入青铜艺术宫殿》,北京:人民教育出版社,1989 年版,第 48 页。

刻在铜器上。这就是我们常常在周代铜器上所能见到的铭文，而这种赐金、铸器、刻铭文的现象在周代很普遍，它为我们研究周代的历史、文化和艺术提供了最可靠、最珍贵的实证材料。1976年3月，陕西省临潼县出土了一件目前已知最早的西周铜器——利簋。此铜器内底部镌刻着周武王伐纣克商的历史史实的铭文，共有4行32字：

> 珷征商，惟甲子朝，岁鼎（贞），克昏。夙又（有）商。辛未，王才（在）阑师，易（锡）又（有）吏（事）利金，用乍（作）檀公宝隞彝。

利簋

此段铭文大意是：武王伐纣是在甲子黎明，就在当天周师打败了商军，举行了岁祭和贞卜。到了辛未这天，武王赐青铜给一个跟随武王伐商的名叫"利"的人，"利"便用此铜铸成方座簋，以作纪念[①]（如图）。考察此铭文，其内容几乎与《尚书》等文献记载完全一致。利簋的出土以铁一般的证据证实了周代赐金铸器的史实。而西周时期的何尊，是周成王五年周天子对宗小子——"何"的一次诰命并赐金，而后"何"所铸的铜器。从宗周考古发现来看，在黄河流域和长江流域的广大地区，同一时代的青铜艺术的风格特征几乎差不多，正是因为周王通过赐土、赐金、赐民，即授予权力、地位、财富的方式，把王朝的法统和文化推广到王朝各地，从而在青铜艺术上

[①] 李泽奉、刘如仲：《铜器鉴赏与收藏》，长春：吉林科学技术出版社，1994年版，第19—20页。

的一种反映①。

　　由此可见,两周礼乐文化中的青铜艺术充满着象征意味,体现出象征性艺术精神,而之所以如此,从本质上来说,是由于两周礼乐文化的象征性文化精神在青铜艺术上的表现。具体来说,主要有以下几个方面的原因:

　　其一,这与"三代"的巫术宗教的盛行有着密切的关系。宗教是人类社会特有的现象,它产生于人类社会的一定历史阶段之上。恩格斯在《自然辩证法》中说:"我们只能在我们时代的条件下去认识,而且这些条件达到什么程度,我们才能认识到什么程度。"②原始社会的生产力极其低下,思维水平不发达。原始先民们在面对大自然的狂风暴雨、电闪雷鸣、山呼海啸、天崩地裂、月转星移、晦明交替等自然现象时,常常感到困惑和迷茫,在和大自然作斗争时也感到自身力量的渺小,从而对大自然产生一种恐惧感和神秘感。久而久之,原始先民们就对大自然顶礼膜拜,充满敬畏之情,并通过宗教仪式,祈求大自然给予人类以恩惠,原始宗教就这样慢慢产生了。

　　"三代"时期,巫术、宗教的气息还很浓厚,巫术宗教活动还在人们的生活中占据着重要的地位,甚至有的巫师还担任王朝命官的重任,享有很高的政治地位和经济待遇。而我们知道,艺术与巫术、宗教的关系极为密切,从本质说,艺术和宗教都是为了表达人类情感的需要而产生的。正是这种共同的情感纽带使二者紧密地联系在一起。宗教想象与幻想为艺术的发生发展提供了肥沃的土壤,宗教情感使艺术有了个体的感性生命并赋予其具体内容;而艺术反过来又为宗教情感的表达提供了

---

① 谢崇安:《商周艺术》,成都:巴蜀书社,1997年版,第181页。
② 《马克思恩格斯选集》(第四卷),北京:人民出版社,1995年版,第337页。

一个最好的载体和途径①。"三代"时期的巫术、宗教气息特别浓厚,致使当时的整个政治、思想和艺术都笼罩于其中,政治、宗教和艺术密切联系在一起。既然如此,周代的青铜艺术必然受巫术宗教的影响颇大,而实际上青铜器也大多是作为宗教礼器而被使用。正如马承源所说:"在商、周时代,政治、宗教和艺术是结合在一起的。在青铜礼器上施以各种怪诞的图像,当然有利于神权的统治,有助于天命论的宣扬。"②张光直也说:"商周青铜器上的动物纹样,实际上是当时巫觋通天的一项工具。这里我们不妨把这个主张更加扩张,把它当作商周艺术的一般特征,并且指出这种为通天工具的商周艺术品,也正因此而是商周统治阶级的一项政治工具。"③既然青铜艺术与巫术宗教密切相关,而我们在前些章节已经论述过,巫术宗教的思维方式是一种象征性思维,这种象征性思维方式必然也对两周礼乐文化中的青铜艺术产生影响,使其具有浓烈的象征意味。因此,两周礼乐文化中的青铜艺术具有象征性,体现出象征性艺术精神,正是巫术、宗教的象征性思维在青铜艺术之中的一种折射和反映。

其二,两周礼乐文化中的青铜艺术具有象征性,体现出象征性艺术精神,还与"三代"时期君主专制下王权、政权和神权统治的需要密切相关。我们知道,随着人类社会的发展和进步,原始社会的公社制逐渐解体,人类开始步入充满血腥、暴力和杀戮的阶级社会,而"三代"时期是我国历史上最野蛮、最残酷、最血腥的时期。人类就是这样踩着自己同类的头颅和血迹继续前进。正如恩格斯所说:"人类是从野兽开始的,因此,为

---

① 陈荣富:《宗教礼仪与古代艺术》,南昌:江西高校出版社,1994年版,第14—15页。
② 马承源:《中国古代青铜器》,上海:上海人民出版社,1982年版,第33—34页。
③ 张光直:《中国古代艺术与政治》,见《中国青铜时代》,北京:三联书店,1999年版,第457页。

了摆脱野蛮状态,他们必须使用野蛮的、几乎是野兽般的手段,这毕竟是事实。"①"三代"时期的统治充满血腥和暴力,摆在统治阶级面前的最主要的矛盾,就是奴隶主贵族阶级与奴隶阶级之间的矛盾。怎样去解决二者之间的矛盾呢？奴隶主阶级发现了两种有效的方法和手段:一种硬的,即是对奴隶阶级施以武力镇压和杀戮；一种软的,即是对下层奴隶实行精神上的恐吓和威慑。而能够同时担当此重任的便是当时最先进的质料——青铜,一方面,青铜可以铸造青铜兵器进行武力镇压和杀戮；另一方面,青铜又可以铸造青铜礼器进行思想意识统治,即对奴隶阶级进行精神上的恐吓和威慑。

关于青铜可以铸造青铜兵器进行武力镇压和杀戮,我们暂且不做讨论,我们着重讨论的是统治阶级如何利用青铜礼器对被统治阶级进行思想意识统治,实行精神上的恐吓和威慑。首先,统治阶级把青铜礼器与宗教祭祀联系起来,青铜礼器起初是作为祭器来使用的,而宗教具有一种神圣性和威严性,这就使得青铜礼器也同样具有神圣性和威严性,从而起到威慑人心的作用。而青铜的冶炼和青铜礼器的铸造并非是轻而易举之事,它们只能掌握在奴隶主阶级手中。久而久之,青铜礼器也就慢慢地成为奴隶主贵族阶级身份和地位的象征,有着强烈的阶级等级性。从周代墓葬出土的青铜礼器的种类、数量和质量来看,它是与奴隶主贵族的身份地位成正比的。其次,统治阶级善于利用青铜礼器的造型和纹饰来对奴隶阶级进行精神上的恐吓和威慑。在造型上,青铜器采用极度夸张、变形的手法,集多种神异动物于一身,人头和与兽口结合在一起,使人触目惊心,从而产生恐惧感和敬畏感。倘若采用人们习以为常的、写实的动物造型,而不是采用暗示性、象征性的造型,就难以达到良好的威慑效果。在纹饰上,青铜器的主题纹饰常采用与祖

---

① 《马克思恩格斯选集》(第三卷),北京:人民出版社,1995年版,第524页。

先崇拜和图腾崇拜密切相关的图案纹饰。这些图案纹饰经过极度的抽象变形,与现实产生一定的距离,但是又充满着幻想和想象,指向现实中某种威猛凶残、令人恐惧的实物。像青铜器上的饕餮纹,就是突出它的面部特征:圆睁的怒目,张开的大口,竖立的尖耳,令人畏惧的犄角[①]。这样就能给人以一种神秘感、恐怖感,起到威慑、恐吓奴隶及其他被统治阶级的目的。马承源说:"商和周初青铜器动物纹饰都是采取夸张而神秘的风格。即使是驯服的牛、羊之类的图像,也多是塑造得狰狞可怕。这些动物纹饰巨睛凝视,阔口怒张,在静止状态中积聚着紧张的力,好像在一瞬间就会迸发出凶野的咆哮。在祭祀的烟火缭绕之中,这些青铜图像当然有助于造成一种严肃、静穆和神秘的气氛。奴隶主对此尚且作出一幅恭恭敬敬的样子,当然更能以此来吓唬奴隶了。"[②]而同时奴隶主阶级也正是以饕餮纹饰的凶猛、可怖来象征奴隶主阶级的威严和权威,从而把自身凌驾于奴隶阶级之上。因此,两周礼乐文化中的青铜艺术的象征性是周代奴隶社会的产物,是在周王朝奴隶主贵族阶级的王权、政权和神权统治的需要下产生的。

当然,我们说两周礼乐文化中的青铜艺术具有象征性,体现出象征性艺术精神,只是从总体上来说的。实际上,到了春秋末期,我国古代社会开始由奴隶制社会向封建制社会转型,旧奴隶主阶级与新兴的封建地主阶级之间产生激烈的冲突,整个社会处于大动荡时期,思想意识领域也发生剧烈的变化。人

[①] 《周礼·冬官·梓人》说:"凡攫杀援噬之类,必深其爪,出其目,作其鳞之而。深其爪,出其目,作其鳞之而,则于视必拨尔而怒。苟拨尔而怒,则于任重宜,且其匪色必似鸣矣。爪不深,目不出,鳞之而不作,则必颓尔如委矣。苟颓尔如委,则加任焉,则必如将废措,其匪色必似不鸣矣。"(阮元:《十三经注疏·周礼注疏》,第925页。)可见,那时人们已经掌握了如何突出飞禽走兽的凶猛可怖的特征了,饕餮纹就是凶禽猛兽的凶猛、残酷特征的进一步简化和集中的结果。

[②] 马承源:《中国古代青铜器》,上海:上海人民出版社,1982年版,第34—35页。

莲鹤方壶

的自我意识逐渐从过去的那种巫术宗教束缚中觉醒了,无神论思想、怀疑论思想蓬勃兴起和发展,人的理性精神和自我价值日益高涨,完全突破了周代礼乐文化制度的束缚,而这势必会影响到其时的文化审美领域。就青铜艺术来说,过去那种奇异的造型和饕餮纹饰也逐渐减少,青铜艺术所体现的象征性也逐渐减弱,取而代之的是一种写实性风格,人们以追求青铜艺术给人以情感上的愉悦和感观上的快适为主要目的。

正是在这样的社会变革和审美思潮的影响下,春秋末期至战国时期,周代的青铜艺术出现了由象征性艺术转变为写实性艺术的倾向,这一时期的青铜艺术体现出较明显的写实性艺术精神。比如,春秋末期的莲鹤方壶就具有明显的写实性风格特征。1923年,莲鹤方壶发现于河南新郑县李家楼(如图)。此壶整体上呈椭方形,带有壶盖。壶耳为两条伏龙,爬伏于陡立的壶壁上。壶体上的纹饰似蟠结纠缠的龙螭纹,龙螭浮凸,连绵不绝,明显是继承了前期的纹饰。而盖顶上的装饰却与前期很不相同,带有写实性风格。盖顶如一篷盛开的莲花,有两重花瓣,向四面张开,瓣叶镂空,莲瓣正中铸有一只亭亭玉立的仙鹤,冲天而立,展开双翅,引颈高鸣,姿态婀娜[1]。从这只清新俊逸、展翅欲飞的白鹤来看,它正是春秋晚期的青铜艺术从商周时代那种巫术宗教、半神话状态的礼器艺术中脱颖而出的一个标志,体现出春秋末期青铜艺术的灵巧多变、生动活泼的写实性精神特征。"尤其是壶顶莲瓣中立鹤展翅欲飞的姿态,颇为生动和写实,这和商、周青铜器的装饰花纹

---

[1] 李泽奉、刘如仲:《铜器鉴赏与收藏》,长春:吉林科学技术出版社,1994年版,第131—132页。

基本上是静态的肃穆的格调,形成鲜明的对比。春秋晚期社会变动相当剧烈,莲鹤方壶体现了新时期的艺术构思"①。而像莲鹤方壶这样写实性的青铜艺术在春秋末期还有许多。1963年,湖南衡山出土的蚕桑纹尊就是如此。此尊呈圆形,侈口,短颈,鼓腹,圈足,其表面饰有桑叶和春蚕纹,在几片阔大的桑叶上布满了许多滚圆可爱的春蚕,它们姿态各异,互不相同,正在蠕动着,吞噬着桑叶。而在此尊的口沿上还出现群蚕涌动的情景,蚕头高昂,嗷嗷待哺,充满着一片生机和活力②。此蚕桑纹尊的造型显得单纯、轻灵,不再像以前的铜器那样怪异奇特;其纹饰也不再是饕餮纹、夔纹、龙纹,而是采用生动活泼的蚕食桑纹。郭沫若曾在《彝器形象学试探》中把中国青铜器时代分成四个时期(滥觞期、勃古期、开放期、新式期)③,其中的"新式期"就相当于春秋中叶至战国时期,"新式期"的青铜器特征如下:

> 新式期之器物,于前期所有者中,鬲甗之类罕见,须亦绝迹,有敦盖诸器新出,而编钟之制盛行。形式可分为堕落式和精进式两种。……精进式,则轻灵而多奇构,纹缋刻镂更浅细,前期之粗花一变而为极工整之细花……附丽于器体之动物,多用写实形,而呈生动之气韵。古器至此期,俨若荒废之园林,一经精灵之吹歔而突见奇花怒放。④

这里,郭沫若所描述的"新式期"的铜器特征完全可以在蚕桑纹

---

① 马承源:《中国古代青铜器》,上海:上海人民出版社,1982年版,第114页。
② 李泽奉、刘如仲:《铜器鉴赏与收藏》,长春:吉林科学技术出版社,1994年版,第135页。
③ 郭沫若:"据余所见,中国青铜器时代,大率可分为四大期。第一,滥觞期——大率当于商代前期。第二,勃古期——殷商后期及周初成、康、昭、穆之世。第三,开放期——恭、懿以后至春秋中叶。第四,新式期——春秋中叶至战国末年。"(郭沫若:《青铜时代》,北京:中国人民大学出版社,2005年版,第242页。)
④ 郭沫若:《青铜时代》,北京:中国人民大学出版社,2005年版,第245页。

树形灯

尊身上得到证实。蚕桑纹尊在造型上"轻灵而多奇构","附丽于器体之动物"——春蚕,也"多用写实形,而呈生动之气韵",蚕桑纹尊的纹饰也"纹缋刻镂更浅细"。可见,蚕桑纹尊不管在造型上还是在纹饰上,都体现出一种生动活泼、轻灵奇巧的写实性精神特征。而这正是春秋末期至战国初期的青铜艺术上体现出的一种艺术精神。

而到了战国时期,随着社会变革的加剧,民本思潮、思想解放潮流更加高涨,青铜艺术的风格特征更向写实性方向迈进,一改商周时期的怪异、神秘的象征性精神特征,更明显地体现出写实性艺术精神。1977年河北平山出土了一件战国中晚期铜器——树形灯(如图)。此器名曰树形灯,顾名思义器形呈树形,其伸出的枝端与树干顶端共有灯盘十五盏。此器既具有实用性,又具有装饰美。灯树上饰有数种动物:树干上端有一条螭龙盘缠,枝间有两只啁啾小鸟,还有八只正在戏耍的顽猴,树下有两个赤膊男子正在仰头抛食喂猴。特别是树上的两只小顽猴单臂悬挂,伸手乞讨,情态滑稽而可爱①。此器的造型和装饰充分体现了战国时期清新生动的写实性风格特征。所以于民说:"(青铜纹饰)到了春秋末年之后,便一反过去,发生了巨大的变化,以人物为主代替了以兽形为主,写实代替了虚构,生动活泼的图景代替了呆滞僵化的形式,人间平易的气味代替了天上神秘的严威,瑰丽精巧的造型代替了单调的纹色。"②战国中后期的青铜纹饰也完全以写实性的镶嵌装饰图

---

① 李泽奉、刘如仲:《铜器鉴赏与收藏》,长春:吉林科学技术出版社,1994年版,第141—142页。
② 于民:《春秋前审美观念的发展》,北京:中华书局,1984年版,第105页。

水陆攻战纹铜壶

案来描绘贵族阶级的宴乐、射箭、采桑、攻战、狩猎等现实生活情景和场面。如现藏于故宫博物院的"水陆攻战纹铜壶"就是如此。此铜壶上的纹饰分成三个层次。最上层为竞射图和采桑图。竞射图上的人物正在表演射箭,这大概是君王贵族在举行射礼;采桑图上的妇女正在采桑,大概是贵族妇女在举行蚕桑之礼。中间层是宴乐武舞和弋射的图景。宴乐武舞图表现的是贵族在举行宴乐的情景,有的人在敲击钟磬;有的人在擂鼓;有的人在拿着矛起舞。弋射图表现的是人们在举行弋射练习的情景,那些持弓弋射的人姿态各异,神情毕现。最下层是陆上和水上的攻战图,它可能表现的是进行军事演练的情景①。那么,战国中后期的青铜器上为什么会出现这样的纹饰呢?因为战国中后期,社会处于大变革时期,在当时"礼崩乐坏"的情况下,诸侯权贵们不再受周代礼乐制度的束缚,他们追求奢华,相互夸富斗奢,炫耀攀比,享受着过去只有天子才能享受的礼乐生活。而此铜壶上的图案纹饰就是对当时权贵们宫苑生活的真实写照,其表现的内容和场面可以和《仪礼》和《礼记》中的记载相互印证。由此可见,战国时期的青铜艺术已经采用了写实性风格,和西周时期的象征性风格特征已经不同。李泽厚说:"宗教束缚的解除,使现实生活和人间趣味更自由地进入作为传统礼器的青铜领域。手法由象征而写实,器形由厚重而轻灵,造型由严正而'奇巧',刻镂由深沉而浮浅,纹饰由简体、定式、神秘而繁复、多变、理性化。到战国,世间的征战、车马、戈戟等等,统统以接

---

① 谢崇安:《商周艺术》,成都:巴蜀书社,1997年版,第137页。

近生活的写实面貌和比较自由生动、不受拘束的新形式上了青铜器。……你看那夔纹玉佩饰,你看那些浮雕石板,你看那颀长秀丽的长篇铭文,尽管它们仍属祭祀礼器之类,但已毫不令人惧畏、惶恐或崇拜,而只能使人惊讶、赞赏和抚爱。那四鹿四龙四凤铜方案、十五连盏铜灯,制作是何等精巧奇异,真不愧为'奇构',美得很。"①这段话准确而深刻地概括了战国中后期的青铜艺术的全新的风格变化和特征。

当然,春秋末期至战国时期的青铜器艺术出现了由过去的象征性风格向写实性风格的变化,体现出写实性艺术精神,而不再是一种象征性艺术精神,这是有深刻原因的,具体来说,主要有以下三个方面:

第一,这是与春秋时期的社会变革和思潮变新有关。我们知道,春秋时期,由于生产工具的改进,生产力进一步发展,奴隶制开始解体,民众的力量开始兴起,社会政治经济发生剧烈的变革,尤其是春秋末期,民本思想进一步发展,人的理性精神得到进一步高扬,人们要求打破传统的呼声日益高涨,而商周时期的那种巫术宗教的神秘主义气息再也无法窒息人们已经觉醒的心灵。李泽厚说:"怀疑论、无神论思潮在春秋已蔚为风气,殷周以来的远古巫术宗教传统在迅速褪色,失去其神圣的地位和纹饰的位置。再也无法用原始的、非理性的、不可言说的狞厉神秘来威吓、管辖和统治人们的身心了。所以,作为那个时代精神的艺术符号的青铜饕餮也'失其权威,多缩小而降低于附庸地位'了。"②因此,青铜饕餮纹也就慢慢地成为历史的过去,以致最终消失褪色,取而代之的是与那一时代精神相一致的生动活泼的写实性纹饰和造型。

---

① 李泽厚:《美的历程》,见《美学三书》,合肥:安徽文艺出版社,1999年版,第53页。
② 李泽厚:《美的历程》,见《美学三书》,合肥:安徽文艺出版社,1999年版,第52页。

第二,这与青铜器的前后期的铸造目的不同有关。商周时期的青铜器主要是商周王朝王室所铸,铸器的目的是要借助青铜器来显示王权的神圣、威严和稳固,是作为王权、政权的象征,因此,在造型和纹饰上都显得森严、可怖和神秘。而那些王朝王室赐给王臣的金铜,王臣铸器也不能随心所欲,必须按照周代礼制的规定铸器。但这一规定却在春秋中后期被打破,各贵族可以按照自己的嗜好要求和目的来铸器,不再受周代礼乐文化制度的约束和限制。而青铜器原先作为礼器的功用也慢慢改变,转而变为生活用器和工艺品。"而日用化和工艺品化的结果,是一方面其实用性增强,而同时其工艺上也趋于更加考究和精致,更加重视其审美装饰性"①。审美性成了铸器的重要目的之一。因此,战国时期的青铜器,和前期相比,其造型和纹饰都发生了根本性的改变,过去铜器所具有的那种凝重、庄严、象征性的风格,转而变为写实性的、清新活泼的风格特征了,而这与春秋战国时期铸器的目的有关。

第三,春秋中后期至战国时期,随着宗周势力的衰退,周代的礼乐文化也处于"礼崩乐坏"的境地,礼乐制度再也不能继续实行下去了。原本作为宗庙重器和象征着统治阶级身份地位的青铜器,是不允许私自铸造的,就是王臣铸造也必须由王室赐给王臣青铜并得到准许后才能铸造。但在春秋战国时期,这一情况发生了极大的变化,私自铸造青铜器的现象大量出现。从出土的铜器来看,不仅有诸侯、卿大夫所铸的铜器,就连卿大夫家的家臣也铸有铜器②。另一方面,春秋中后期的金属冶炼技术大为提高,而此前的青铜冶炼技术不高,费时费力,产量有限,普通贵族无法拥有青铜,只有王室才能拥有青铜。而现在

---

① 彭亚非:《华夏审美风尚史(第二卷)——郁郁乎文》,郑州:河南人民出版社,2000年版,第451页。
② 彭亚非:《华夏审美风尚史(第二卷)——郁郁乎文》,郑州:河南人民出版社,2000年版,第450页。

不但青铜的产量增加了,而且铁器也取代了一部分青铜制品,这样就会有更多的青铜用来铸造青铜器。因此,春秋末期至战国时期,青铜器得到了前所未有的普及,进入到普通的贵族家庭,而且权贵们在制造和使用铜器上,也极其放纵和奢华。青铜器不再作为王权、政权的象征和恐吓被统治者的手段,也失去了它昔日的神秘性、威严性和可怖性。因此,这一时期的青铜器的造型和纹饰的象征性也就减弱,而写实性却不断加强了。

总之,两周礼乐文化中的青铜艺术所取得的成就达到了我国青铜艺术史上的最高峰,这些青铜艺术集中体现了周代的王权、政权意识,是周代王权、政权和贵族身份地位的象征,因而具有强烈的象征性,而青铜艺术所体现的艺术精神就是一种象征性艺术精神。当然,这种象征性艺术精神只是就两周礼乐文化中的青铜艺术总体上体现出的艺术精神而言,实际上,这种象征性艺术精神主要集中体现在周代前期的青铜艺术上,到了春秋战国时期,随着周代礼乐文化的"礼崩乐坏",艺术越来越与政治、教化分离,走向独立自觉的道路,而艺术精神也随之发生变化,周代前期的象征性艺术精神也转而变为一种写实性艺术精神,而这一变化在春秋战国时期的青铜艺术上体现得特别明显。

第四节　比兴与"赋诗言志"
——两周礼乐文化中的诗歌艺术的象征

前文我们已经讨论了两周礼乐文化中的"乐"(乐舞艺术)深受礼乐文化的象征性文化精神的影响,具有强烈的象征性,体现出象征性艺术精神,而两周礼乐文化中的"乐"又是包括音乐、诗歌、舞蹈三位一体的综合性艺术。《礼记·乐记》曰:"乐者,德之华也。金石丝竹,乐之器也。诗言其志也,歌咏其声也,舞动其容也,三者本于心,然后乐器从之。"①这就是在强调诗、歌、舞的紧密联系,三者都是"乐"的表现。《文心雕龙·乐府》亦曰:"乐辞曰诗,诗声曰歌。""诗为乐心,声为乐体。"②其也强调文辞和歌声是中国古代歌谣的一体两面,二者相依相存。所以朱光潜说:"诗歌与音乐、舞蹈是同源的,而且在最初是一种三位一体的混合艺术。"③既然古代的诗歌、音乐、舞蹈是三位一体的综合性艺术,而两周礼乐文化中"乐"(乐舞艺术)又具有强烈的象征性,体现出象征性艺术精神,那么两周礼乐文化中的诗歌艺术就必然也具有象征性,体现出象征性艺术精神。本节内容我们就来讨论一下两周礼乐文化中的诗歌艺术的象征性问题,而在讨论此问题前,我们先来看看人类社会早期的诗歌艺术的发生发展情况如何。

沈约《宋书·谢灵运传》曰:"歌咏所兴,宜自生民始也。"④诗歌起源于人类社会的原始初级阶段,那时人们在生产劳动之余,为了缓解劳动压力,配合劳动的节奏需要,或者表达自己的心情,往往会用一定的语言来吟咏,用一定的音调来歌唱,用一定的肢体动作来舞蹈,这就是诗歌舞的产生,但是那时没有文字,用语言来吟咏的诗歌往往都是口头诗歌,这些口头诗歌一代一代相传下去,但绝大部分都因历史的久远而逐渐消失了。《吴越春秋》卷九中记载了相传是黄帝时代的歌谣《弹歌》:"断

---

① 阮元:《十三经注疏·礼记正义》,第1536页。
② 刘勰著,詹锳义证:《文心雕龙义证》(上),上海:上海古籍出版社,1989年版,第257、251页。
③ 朱光潜:《诗论》,合肥:安徽教育出版社,1997年版,第7页。郭沫若亦说:"中国旧时的所谓'乐',它的内容包含得很广。音乐、舞蹈、诗歌,本是三位一体可不用说,绘画、雕镂、建筑等造型美术也被包含着,甚至于连仪仗、田猎、肴馔等都可以涵盖。所谓'乐'者,乐也,凡是使人快乐,使人的感官可以得到享受的东西,都可以广泛地称之为'乐'。但它以音乐为其代表,是毫无问题的。"(郭沫若:《青铜时代》,北京:中国人民大学出版社,2005年版,第141页。)
④ 沈约:《宋书》(第六册),北京:中华书局,1974年版,第1778页。

竹,续竹,飞土,逐肉。"①这是用文字来记载的最早的原始诗歌,叙述了从弓箭材料的选择到弓箭的制作再到射猎的全过程,表现了原始先民们对劳动的热情和希望(也有人根据《吴越春秋》中的记载,认为《弹歌》是古人"不忍见父为禽兽所食,故作弹以守之,绝鸟兽之害"时所唱的歌,而云南彝族、土家族的丧葬舞为此提供了线索②)。其实,这首狩猎之歌可能在黄帝之前的时代就产生了③,而最原始的口头流传的诗歌可能更早于这首《弹歌》,但准确的年代在何时,其诗歌原貌如何,我们都无从知晓了。不过,产生于原始狩猎和原始采集生活中的歌谣,在南方的一些少数民族歌谣中还留有一些身影。1980年,在云南省西双版纳勐海县一个傣族家庭里搜集到一本祖传的歌本"甘哈墨贯",此本中收有古歌谣六十七首。而据傣族典籍《尚嘎雅纳坦》中的《文史专记经书》论述,"甘哈墨贯"产生年代与抄录年代相距遥远:

> "甘哈墨贯"是傣族文化的种子和树苗,而文字则是这粒种子、这棵树苗上的花和果。……椰树的种植,从下种、成苗到它长高成树开花、结果,至少也得有八年的时间。从古歌谣产生到用文字记录它,谁知两者相隔的时间究竟有几千个八年呀!

因此,"甘哈墨贯"中收集的歌谣产生的年代很古老、很遥远,已

---

① 张觉:《吴越春秋校注》,长沙:岳麓书社,2006年版,第243页。
② 参见刘亚虎:《中华民族文学关系史》(南方卷),北京:人民文学出版社,1997年版,第24—25页。
③ 关于《弹歌》的产生时代,刘勰在《文心雕龙·通变》中说"黄歌'断竹',质之至也",断定此诗是黄帝时代的作品。今人认为仅仅根据黄帝时代才有弓箭的发明就断定它是当时的作品是不可靠的。考古资料证明弓箭早在旧石器时代晚期就已经开始出现了。因此,有人认为《弹歌》是黄帝时代之前流传,后人根据口传诗歌写定的"太古的作品"。(参见刘锡诚:《中国原始艺术》,上海:上海文艺出版社,1998年版,第411页。)但一般都认为《断竹》是黄帝时代的作品。

经无法断定所产生的准确年代,它们可能是通过歌手一代一代口传下来的,文字形成后才记录成本的。这些古老的歌谣中,有反映原始狩猎生活的,如彝族的《撵山歌》;有反映原始采集生活的,如傣族的《摘果歌》;有反映原始群居生活的,如傣族的《叫人歌》;有反映先民们刀耕火种劳作的,如彝族的《种荞歌》等等①。从这些原始歌谣的内容来看,它们描写的内容大多是与原始先民们的生产、生活息息相关的情景和场面;而从描写手段来看,它们大多是采用写实的方式来再现先民们的生产生活状况(关于此点在本章第一节中已有论述)。因此,最初的原始歌谣是写实的,而并不是象征的;或者说,人类社会最初产生的歌谣并非是具有象征性的,诗歌的象征性是在历史的过程中逐渐产生的。

　　那么,诗歌艺术的象征性究竟是怎样逐步产生的呢?当然,原因是多方面的。其中一点就是巫术宗教的象征性文化精神和象征性思维方式对它的深刻影响。我们知道,巫术宗教是在人类的一定的历史阶段上才产生的,先民们在举行巫术宗教活动时,常常借助于原始祭歌和咒语来表达自己顺应自然或改造自然的心声,抑或来取悦神灵、控制神灵等。而这些祭歌和咒语为了更朗朗上口,更易于念诵,以便取得更好的巫术效果,也往往采用原始歌谣所具有的那种节奏、韵律。《礼记·郊特牲》曰:"伊耆氏始为蜡。蜡也者,索也,岁十二月,合聚万物而索飨之也。"其蜡辞曰:

　　　　　　土返其宅,
　　　　　　水归其壑,
　　　　　　昆虫勿作,
　　　　　　草木归其泽。②

---

① 参见刘亚虎:《中华民族文学关系史》(南方卷),北京:人民文学出版社,1997年版,第27—34页。
② 阮元:《十三经注疏·礼记正义》,第1454页。

伊耆氏相传生活在帝尧时代,从他开始就设蜡祭,即代享受祭祀的神灵发命令,要求土、水、昆虫以及草木都各归其所,不得胡作非为,以危害农作物。这首有关农事的"蜡辞",实际上是原始农耕先民们祈求风调雨顺、农业丰收的一种原始宗教心理写照。"这种辞,具有巫术的意味,有节奏,有韵律,即为原始的咒语。它们的产生,透露出原始歌谣已同原始宗教祭祀、巫术活动结合在一起"①。如果这还不能很好地说明诗歌与巫术的关系之紧密的话,那么甲骨文上的"诗歌"卜辞记录则能进一步说明这一问题。我们知道,"殷人尚声",殷代人在举行巫术祭祀活动时,常常举行诗歌舞表演,可是乐和舞已经失传了,"诗"却在甲骨上留存了下来。下面即是一首甲骨上记录的祭祀祈祷的"诗歌":②

> 癸卯卜,
> 今日雨。
> 其自西来雨?
> 其自东来雨?
> 其自北来雨?
> 其自南来雨?

这首祭祀之歌,有韵律,有节奏,有情感,很像脍炙人口的汉乐府民歌《江南》:

> 江南可采莲,
> 莲叶何田田。
> 鱼戏莲叶间。
> 鱼戏莲叶东,

---

① 刘亚虎:《中华民族文学关系史》(南方卷),北京:人民文学出版社,1997年版,第36页。
② 刘亚虎:《中华民族文学关系史》(南方卷),北京:人民文学出版社,1997年版,第35页。

鱼戏莲叶西。

鱼戏莲叶南,

鱼戏莲叶北。①

二者在形式上如此相似,那么,这首祭祀之歌不是"诗歌",又是什么呢?由此可见,产生于人类最初的历史阶段的原始歌谣在原始巫术宗教产生后,就逐渐地和巫术宗教结合在一起,并和乐、舞结成一体为巫术宗教祭祀服务。而形成于殷周之际的集巫术占卜记录之大成的《周易》更是直接把一些时人的歌谣、谚语作为爻辞来用,甚至后来在《诗经》中出现的赋、比、兴的手法也在《周易》中随处可见,这足以说明诗歌艺术和巫术宗教的关系密切,非同一般。我们且先看《中孚·九二》中的爻辞:

鸣鹤在阴,

其子和之。

我有好爵,

吾与尔靡之。②

这首爻辞以兴体的方式出现,用鸣鹤来起兴,表达对对方的爱慕之情。大意是:那欢快的雄鹤在树荫里鸣叫,它的对偶在声声应和。我有甜美的酒浆,亲爱的人啊,我愿与你举杯共饮它!这简直就是一首诗歌,甚至说它是一首情诗,也未尝不可。它句式整齐,偶句谐韵,形象鲜明生动,上两句"鹤鸣""子和"与下两句"我爵""尔靡",见有"比兴"情调。所以,陈骙《文则》说:"《易》文似《诗》","《中孚》九二曰:'鸣鹤在阴,其子和之。我有好爵,吾与尔靡之。'使入《诗·雅》,孰别爻辞?"③确实如此,这首爻辞如果出现在《诗经》中,没有人不把它当作一首诗歌来看

---

① 吴小如等:《汉魏六朝诗鉴赏辞典》,上海:上海辞书出版社,1992年版,第77页。

② 阮元:《十三经注疏·周易正义》,第71页。

③ 参见黄寿祺、张善文:《周易译注》,上海:上海古籍出版社,2004年版,第467页。

待的。而像这样的爻辞入"诗"的现象在《周易》爻辞中还有很多,并非"鸣鹤在阴"一首。《明夷·初九》也是如此,其爻辞曰:

> 明夷于飞,
> 　垂其翼。
> 　　君子于行,
> 　　　三日不食。①

"明夷",指昏暗不明的境地。《集解》引郑玄注曰:"日出地上,其明乃光;至其入地,明则伤矣,故谓之'明夷'。"此爻辞以鸟在"明夷"中垂翼低飞来起兴,表达君子在自晦其明,仓皇落魄时的情景。大意是:那可怜的鸟啊,正在昏暗不明中飞行,它的羽翼多么沉重啊!君子在他的道路上啊,也有忍饥挨饿的时候!这首爻辞与《诗·小雅·鸿雁》有惊人的相似之处:"鸿雁于飞,肃肃其羽。之子于征,劬劳于野。爰及矜人,哀此鳏寡。"②二者在句式、手法、形象上几乎同出一辙。以上这两首爻辞"诗"是用了比兴手法,就是赋体的爻辞"诗"在《周易》中也出现。《屯》六二曰:"屯如邅如,乘马班如。匪寇,婚媾。"③《困》六三曰:"困于石,据于蒺藜;入于其宫,不见其妻。"④即是如此。这里限于篇幅,不再多述。可见,《周易》具有诗性智慧和诗学品格,也足见《周易》的爻辞与诗歌艺术之间的交融和渗透,关系是多么的密切。

总之,由上文可见,诗歌艺术在它产生之后,经过一段原始歌谣的发展之后,就与巫术、宗教祭祀自为地结合在一起,成为巫术、宗教祭祀活动中的一个因子,巫术、宗教祭祀与诗歌艺术的关系也就非同一般。既是如此,那么巫术、宗教祭祀所具有的象征性文化精神和象征性思维方式必然会影响诗歌的艺术

---

① 阮元:《十三经注疏·周易正义》,第49页。
② 阮元:《十三经注疏·毛诗正义》,第431页。
③ 阮元:《十三经注疏·周易正义》,第19页。
④ 阮元:《十三经注疏·周易正义》,第59页。

精神和艺术思维,诗歌艺术也就慢慢地在巫术、宗教祭祀的气息中具有了象征意味,体现出象征性艺术精神。两周礼乐文化中的诗歌艺术很丰富。我们今天所能看到的《诗经》三百零五篇,是春秋中后期经过文人删改后的结集文本,实际上两周时代的诗歌远远超过此数。这些诗歌从内容上看,都是周代当时流行的歌曲,包括上自周初时制礼作乐所创制的乐歌,中自诸侯、公卿、大夫、列士献给天子以听政的诗章,下自周王朝所派乐师从民间采集到的乡歌俚曲等;从时间上看,它们所处的时间正是西周初年至春秋中后叶两周礼乐文化由形成到鼎盛再到衰退的时代①。正因为如此,两周礼乐文化中的诗歌艺术具有它自身的特点:

其一,两周礼乐文化中的诗歌基本上都属于雅乐系统,就是那些从乡间采集而来的民歌民曲也都经过周代乐师的加工、改造,成为雅乐系统的一部分(当然也有一些除外)。如,今存《诗经》中的《风》诗基本上都是民间俗乐的歌诗的诗词,但在进入宫廷以后,都经过了改造。因此,这些诗歌被广泛地使用于两周礼乐文化中的各种礼仪场合,成为周代人的礼仪生活中的不可或缺的组成部分。如《仪礼》所载《乡饮酒礼》《乡射礼》《燕礼》中就频繁地使用《周南》中的《关雎》《葛覃》《卷耳》和《召南》中的《鹊巢》《采蘩》《采蘋》等诗章。《左传·襄公二十九年》记载了"吴公子季札观乐"一事,鲁国人请吴国公子季札欣赏乐舞表演和奏乐表演,除了欣赏《大武》《大夏》《韶濩》等乐舞外,还欣赏了《大雅》《小雅》《颂》等"雅颂"之诗乐,甚至还欣赏了《周南》《召南》《邶风》《鄘风》《卫风》《齐风》《魏风》《唐风》《秦风》《陈风》等"风"诗②。由此可见,两周礼乐文化中的诗歌艺术基本上都进入了周人的雅乐系统,并被频繁地使用于周代贵族的

---

① 廖群:《中国审美文化史》(先秦卷),济南:山东画报出版社,2000年版,第251页。
② 阮元:《十三经注疏·春秋左传正义》,第2006—2008页。

礼仪生活中。

其二,两周礼乐文化中的诗歌有很大一部分是宗教祭祀诗歌。我们知道,周初的巫术宗教气息还很浓厚。周人一方面希望依靠"天命"和宗法制来维持统治,这就需要敬天祭神,举行祭天祭神等仪式活动;另一方面,周人又认为,周族能革殷命是与先祖先公的功德功绩分不开的,因此,周之后人就对先祖先公极为崇敬,经常举行宗庙祭祀活动。这样一来,大量的祭祀诗歌就产生了。现存《诗经》中的"颂"诗(包括《周颂》《鲁颂》《商颂》)都是宗教祭祀乐歌,其中《周颂》最多。如《周颂·维天之命》曰:"维天之命,於穆不已。於乎不显,文王之德之纯!假以溢我,我其收之。骏惠我文王,曾孙笃之。"[1]这就是周王祭祀文王的乐歌。不仅"颂"诗是宗教祭祀乐歌,就是在《大雅》中,像《生民》《公刘》《绵》《皇矣》《大明》等周族的"史诗",也实际上都可以说是祭祀诗歌。由此可见,两周礼乐文化中的宗教祭祀诗歌之多。

既然两周礼乐文化中的诗歌艺术基本上都属于周人的雅乐系统,并被频繁地使用于周代贵族的礼仪生活之中,它也就成了两周礼乐文化的一个部分。而我们在前文中多次强调过两周礼乐文化实际上是一种象征文化,体现出一种象征性文化精神,而这种象征性文化精神必然会对其时的艺术及其艺术精神产生深刻的影响。这样一来,两周礼乐文化中的诗歌艺术必然也会受到象征性文化精神的影响,从而具有象征意味,体现出象征性艺术精神。此其一。其二,两周礼乐文化中的诗歌有很大一部分是宗教祭祀诗歌,这些宗教祭祀诗频繁地使用于两周礼乐文化中的各种宗教祭祀场合中。而巫术、宗教祭祀活动在长期的、反复的举行过程中,往往会形成一套特定的仪式,这种特定的仪式及其内在意义在程序化过程中就逐渐成为一种

---

[1] 阮元:《十三经注疏·毛诗正义》,第 583—584 页。

象征,向人们暗示或表达一定的观念。因而,巫术、宗教祭祀文化实际上是一种象征文化,巫术性思维也就是象征性思维。这样一来,这些频繁使用于宗教祭祀仪式和场合中的祭祀诗歌(为宗教祭祀而作)必然会受到巫术性思维(即象征性思维)的影响,从而具有强烈的象征性,体现出象征性艺术精神。因此,两周礼乐文化中的诗歌艺术充满着象征意味,体现出象征性艺术精神,这是可以肯定的,而且这种象征性和象征性艺术精神体现在多个方面。下文我们具体来讨论这个问题。

首先,我们来看看《清庙》一诗具有的象征意味。《清庙》是《诗·周颂》中的第一首。其歌曰:

> 於穆清庙,
> 肃雍显相。
> 济济多士,
> 秉文之德。
> 对越在天,
> 骏奔走在庙。
> 不显不承,
> 无射于人斯。①

《清庙》是周王朝统治者于宗庙之中祭祀文王的祭祀诗。《郑笺》:"清庙者,祭有清明之德者之宫也,谓祭文王也。"②诗歌大意是:啊,在那深沉的清庙之中,助祭端庄而又显雍容。众士祭祀行列整齐,文王德教记在心胸。遥对文王在天之灵,奔走在宗庙快疾如风。他的光照上天延在后世,人们仰慕他无时无穷③。我们知道,周文王在位期间,勤劳治国,尊德重德,国力逐渐强大,并灭掉了周族附近的一些方国,为后来武王伐纣灭商

---

① 阮元:《十三经注疏·毛诗正义》,第583页。
② 阮元:《十三经注疏·毛诗正义》,第583页。
③ 译文参见程俊英:《诗经译注》,上海:上海古籍出版社,2004年版,第513页。

打下了坚实的基础。因而,周族建立王朝后自然不忘文王的功绩,创制诗歌乐舞来祭祀他,表达对他的景仰和崇敬,自在情理之中。《清庙》即是这样的一首祭祀诗。而这些诗歌乐舞在两周礼乐文化的各种礼仪场合中使用,久而久之,也就自然成了文王之功业和美德的象征。《礼记·仲尼燕居》曰:

> 两君相见,揖让而入门……升歌《清庙》,示德也;下而管象,示事也。是故古之君子,不必亲相与言也,以礼乐相示而已。①

两君相见时,互行礼节步入大门,这时乐工登堂而歌《清庙》乐章。为什么要这样呢?因为这是在"示德也",而所谓"示德",就是用歌《清庙》乐章来象征国君景仰周文王的美德。《战国楚竹书·孔子诗论》:"《清庙》,王德也,至也。"②用《清庙》来"示德",正是因为《清庙》具有强烈的象征性,象征着文王的美德和功业,两君相见时歌《清庙》也就同样象征着国君对文王的景仰。《清庙》不仅用于两君相见礼中,在天子行养老礼中也用它。《礼记·文王世子》曰:"天子视学,大昕鼓征,所以警众也,众至,然后天子至。乃命有司行事,兴秩节,祭先师、先圣焉。有司卒事反命,始之养也。适东序,释奠于先老,遂设三老、五更、群老之席位焉。……反。登歌《清庙》,既歌而语,以成之也:言父子、君臣、长幼之道,合德音之致,礼之大者也。"③天子在视察学校时,在学宫中行养老礼后,返回座位,乐工上堂歌《清庙》,歌完后,老人开始交谈,以成就养老礼的意义。同样,在行养老礼中,歌唱《清庙》,实际上也是用它来象征文王的功德和后人对他的景仰。可见,《清庙》具有象征性,体现出象征性艺术精神,这是可以肯定的。而在两周礼乐文化的诗歌艺术

---

① 阮元:《十三经注疏·礼记正义》,第1614页。
② 马承源主编:《上海博物馆藏战国楚竹书(一)》,上海:上海古籍出版社,2001年版,第17页。
③ 阮元:《十三经注疏·礼记正义》,第1410页。

中,这样的具有象征意味的诗歌还有许多。像频繁使用于周代各种礼仪场合的《周南》中的《关雎》《卷耳》,《召南》中的《采蘩》《采蘋》,《小雅》中的《鹿鸣》《四牡》,《大雅》中的《文王》等都具有象征性。这就难怪吴公子季札在观乐后会做出道德上的评判。

《左传·襄公二十九年》记载吴国公子季札聘问鲁国,并请求观赏周乐,乐工为其歌唱了许多"风"诗及大小"雅""颂"诗等:

> 请观于周乐。使工为之歌《周南》《召南》,曰:"美哉!始基之矣,犹未也。然勤而不怨矣。"为之歌《邶》《鄘》《卫》,曰:"美哉,渊乎!忧而不困者也。吾闻卫康叔、武公之德如是,是其《卫风》乎?"为之歌《王》,曰:"美哉!思而不惧,其周之东乎?"为之歌《郑》,曰:"美哉!其细已甚,民弗堪也,是其先亡乎!"为之歌《齐》,曰:"美哉,泱泱乎,大风也哉!表东海者,其大公乎!国未可量也。"为之歌《豳》,曰:"美哉,荡乎!乐而不淫,其周公之东乎?"为之歌《秦》,曰:"此之谓夏声。夫能夏则大,大之至也,其周之旧乎?"为之歌《魏》,曰:"美哉!渢渢乎!大而婉,险而易,行以德辅,此则明主也。"……为之歌《小雅》,曰:"美哉!思而不贰,怨而不言,其周德之衰乎?犹有先王之遗民焉。"为之歌《大雅》,曰:"广哉,熙熙乎!曲而有直体,其文王之德乎?"①

鲁国乐工给季札表演周乐,大概一边歌唱"风"、大小"雅""颂"诗,一边伴以相应的乐曲演奏。而乐工每歌一曲,季札都做出了相应评判。季札的评判除了从审美角度评判外,更多的是从所歌诗章的内涵上进行。比如,乐工为他歌《周南》《召南》,季札评判说:"真美妙啊!周朝的教化已经开始奠定基础了,不过

---

① 阮元:《十三经注疏·春秋左传正义》,第2006—2008页。

还没有尽善,但人民勤劳而没有怨恨了。"为他歌《齐风》,季札评判说:"真美妙啊!这样深广宏大,它是大国之乐啊,它象征着可作东海一带诸侯的表率,那是太公的国家吧!"……为什么季札能够从道德境界和治国之道上对所歌诗章进行评判,正是因为这些诗歌具有强烈的象征性,是某种治国之道和道德境界的象征。由此可见,两周礼乐文化中的诗歌艺术具有象征性,体现出象征性艺术精神,这是肯定无疑的。

上文我们主要论述了两周礼乐文化中的《清庙》《周南》《召南》等诗歌艺术的象征性及其体现的象征性艺术精神。不仅如此,两周礼乐文化中的诗歌艺术的"比兴"的美学原则的运用,实际上也具有浓烈的象征意味。《周礼·春官·大师》有"六诗"说:

> 教六诗:曰风,曰赋,曰比,曰兴,曰雅,曰颂。以六德为之本,以六律为之音。①

汉代《毛诗序》把"六诗"说发展为"六义"说:

> 故诗有六义焉,一曰风,二曰赋,三曰比,四曰兴,五曰雅,六曰颂。②

《周礼》称"风、赋、比、兴、雅、颂"为"六诗",《毛诗序》称其为"六义",实质一样。《郑志》以为"六诗"皆是诗体之称,而《朱传》以为风雅颂为体,赋比兴为用。今不见赋比兴为诗体,章炳麟认为是为孔子所删,因为,赋比兴三体"不被管弦","不入声乐"③。今天我们一般认为风、雅、颂是根据音乐和内容来对《诗经》的分类,而赋、比、兴则是对《诗经》创作方法的概括。《毛诗序》对

---

① 阮元:《十三经注疏·周礼注疏》,第796页。《周礼·春官·大司乐》曰:"以乐德教国子中、和、祗、庸、孝、友,以乐语教国子兴、道、讽、诵、言、语。"其也把"兴"作为乐语之一来教育贵族子弟。
② 阮元:《十三经注疏·毛诗正义》,第271页。
③ 参见傅斯年:《诗经讲义稿》,北京:中国人民大学出版社,2004年版,第56页。

风、雅、颂做了具体解释,但《毛诗序》和《周礼》都没有对赋、比、兴做解释,这就给后人的阐释增加了许多空间。"赋",是铺陈直言之意,历来注家对此阐释基本一致,对"比、兴"的阐释却不尽一致。《文心雕龙·比兴》:"比者,附也;兴者,起也。附理者切类以指事,起情者依微以拟义。"①按刘勰的解释,"比"就是比附,用事物间的相似之处打比方来说明道理。"兴"就是起兴,依据事物与所吟咏物间的微妙关系来表情达意。孔颖达《毛诗正义》引郑众言,"比者,比方于物";"兴者,托事于物",又引郑玄注"六诗"言,"赋之言铺,直铺陈今之政教善恶。比,见今之失,不敢斥言,取比类以言之。兴,见今之美,嫌于媚谀,取善事以喻劝之"②。郑玄站在汉儒的立场上,从政教得失的角度来解释"赋、比、兴",显得牵强附会。朱熹《诗集传》释"赋比兴"为:"兴者,先言它物以引起所咏之词也。赋者,敷陈其事而直言之也。比者,以彼物比此物也。"③则撇开汉儒的"美刺"说,释"比兴"为修辞手法。其实,"比"也好,"兴"也好,都是"取譬引类",从本质上来说,都是一种象征④。而这种"比兴"式象征则是(我们在前文中已经论述过)《周易》的巫术性思维和礼乐文化的象征性思维在诗歌艺术中的一种反映和折射。刘纲纪说:"《周易》本是一本占筮的书,它沿袭着巫术的思维方式,这是很自然的。就是《诗经》的比兴,也是从巫术的思维方式发展而来的。"⑤这是很正确的论断。清代学者章学诚在《文史通义》中也认为《周易》的"取象"相通于《诗经》的"比兴":"《易》象虽包六

---

① 刘勰著,詹锳义证:《文心雕龙义证》(下),上海:上海古籍出版社,1989年版,第1337页。
② 阮元:《十三经注疏·毛诗正义》,第271页。
③ 朱熹:《诗集传》,上海:上海古籍出版社,1980年版。
④ 严云受、刘锋杰说:"当比兴作为表达方式的一种时,就是象征方式,它所创造的正是间接暗示本义的象征形象。"(严云受、刘锋杰:《文学象征论》,合肥:安徽教育出版社,1995年版,第409页。)
⑤ 刘纲纪:《〈周易〉美学》,武汉:武汉大学出版社,2006年版,第253页。

艺,与《诗》之比兴,尤为表里。夫《诗》之流别,盛于战国人文,所谓长于讽喻,不学《诗》,则无以言也。然战国之文,深于比兴,即其深于取象者也。"①因此,《诗经》中的象征意象的原理与《易》象的原理在本质上是相通的,《诗经》中的诗歌就是通过创造一个象征性意象来喻志、托情。正如孔颖达《毛诗·周南·樛木》小序疏云:"兴必取象。"②明代郝敬《毛诗原解》亦云:"比者意之象……意象附合曰比。"③《周南·樛木》即是一首祝贺新婚男子美满幸福的赞歌,其诗章曰:

> 南有樛木,葛藟累之。乐只君子,福履绥之。
> 南有樛木,葛藟荒之。乐只君子,福履将之。
> 南有樛木,葛藟萦之。乐只君子,福履成之。④

诗人用重章叠咏的手法,兴而兼比,创造了葛藤或攀缘、或荫盖、或缠绕樛木的意象,来象征着新婚夫妻之间亲密无间的关系。《周南·桃夭》也用"桃之夭夭,灼灼其华"等来起兴,通过对春天盛开的火红热烈鲜艳的桃花的描写来象征新嫁娘的青春和美丽:"桃之夭夭,灼灼其华。之子于归,宜其室家。桃之夭夭,有蕡其实。之子于归,宜其家室。桃之夭夭,其叶蓁蓁。之子于归,宜其家人。"⑤《诗》中用"兴"来象征,还有许多例子,不再赘述。"比"也可以象征,《豳风·鸱鸮》全诗都用"比"来象征:

> 鸱鸮鸱鸮!既取我子,无毁我室。恩斯勤斯,鬻子之闵斯!

---

① 章学诚著,叶瑛校注:《文史通义校注·易教下》,北京:中华书局,1985年版,第19页。
② 阮元:《十三经注疏·毛诗正义》,第278页。
③ 参见吴建民:《中国古代诗学原理》,北京:人民文学出版社,2001年版,第176页。
④ 阮元:《十三经注疏·毛诗正义》,第278—279页。
⑤ 阮元:《十三经注疏·毛诗正义》,第279页。

> 迨天之未阴雨,彻彼桑土,绸缪牖户。今女下民,或敢侮予!
>
> 予手拮据,予所捋荼,予所蓄租,予口卒瘏,曰予未有室家!
>
> 予羽谯谯,予尾翛翛。予室翘翘,风雨所漂摇。予维音哓哓!①

此诗托一只母鸟之口,诉说她过去被鸱鸮(猫头鹰)掳走子女,但仍经营窝巢、抵御外辱及养育子女的艰辛和处境的危险。诗人用母鸟来自比,用母鸟的不幸遭遇和处境的危险来象征自己的不幸和处境困厄。而这样的"比"实际上也就是一种象征。再看《小雅·鹤鸣》用"比"来象征:

> 鹤鸣于九皋,声闻于野。鱼潜在渊,或在于渚。乐彼之园,爰有树檀,其下维萚。它山之石,可以为错。
>
> 鹤鸣于九皋,声闻于天。鱼在于渚,或潜在渊。乐彼之园,爰有树檀,其下维榖。它山之石,可以攻玉。②

《鹤鸣》全诗用象征的手法,抒发诗人的招贤纳良为国所用的主张,诗中的"鹤"正是隐居的贤良之士的象征。王夫之《夕堂永日绪论》说此诗"全用比体,不道破一句,三百篇中创调也。要以俯仰物理而咏叹之,用见理随物显,惟人所感,皆可类通。"可谓对诗中用象征手法来表达道理的认识之深刻。

由此可见,两周礼乐文化中的诗歌艺术具有象征意蕴,体现出的艺术精神就是象征性艺术精神。而正因为如此,在周代的各种礼仪场合中,配乐表演它们就可以传达一定的情感和意义。比如,在"乡饮酒礼"或"燕礼"等礼仪场合中登堂歌唱《小雅·鹿鸣》诗章,就能象征性地表达主人对嘉宾的敬意和对宾客美好懿德的称赏。郑玄注云:"《鹿鸣》,君与臣下及四方之宾

---

① 阮元:《十三经注疏·毛诗正义》,第394—395页。
② 阮元:《十三经注疏·毛诗正义》,第433页。

燕,讲道修政之乐歌也。此采其己有旨酒,以召嘉宾,嘉宾既来,示我以善道。又乐嘉宾有孔昭之明德,可则效也。"①再如间歌《鱼丽》等诗乐,也能表示礼宾。郑玄注:"《鱼丽》,言太平年丰物多也。此采其物多酒旨,所以优宾也。"②不过,西周时期的各种礼仪场合中歌"诗",还带有较强的仪式性和音乐性,而到了春秋时期,随着周代礼乐文化由鼎盛走向衰退,这种仪式性和音乐性就慢慢地减弱。春秋时期,"赋诗言志"之风大为流行,究其实质来看,它实际上是对西周时期的歌"诗"礼仪的继承和革新(当然春秋时期的礼仪场合中也有歌"诗")。"赋诗"对仪式性和音乐性的要求不高,但是对所"赋诗"的意义却要求较高。"赋诗言志"在诸侯国之间的外交聘问场合中颇为重要,成功地"赋诗言志"可以起到传达意旨,沟通交流,化解敌意,甚至避免战争可能的重大作用。《论语·子路》:"孔子云:'诵《诗》三百,授之以政,不达;使于四方,不能专对;虽多,亦奚以为?'"③亦说明《诗》三百在外交政治场合中的重要作用,难怪孔子一再要求弟子诵读《诗》三百。《左传》和《国语》中载有许多"赋诗言志"的事例,现略举几例说明。《左传·襄公八年》载:

> 晋范宣子来聘,且拜公之辱,告将用师于郑。公享之,宣子赋《摽有梅》。季武子曰:"谁敢哉!今譬于草木,寡君在君,君之臭味也。欢以承命,何时之有?"武子赋《角弓》。宾将出,武子赋《彤弓》。④

晋国范宣子聘问鲁国,打算告诉鲁国说晋国将要出兵攻伐郑国,希望能得到鲁国的帮助,但又不便明言。范宣子便赋《召南·摽有梅》诗章,借梅花盛极就会衰谢之理,来暗示鲁国应该趁现在的大好时机一同去伐郑。而鲁国的季武子心领神会,知

---

① 阮元:《十三经注疏·毛诗正义》,第405页。
② 阮元:《十三经注疏·毛诗正义》,第417页。
③ 阮元:《十三经注疏·论语注疏》,第2507页。
④ 阮元:《十三经注疏·春秋左传正义》,第1940页。

道晋国使臣所赋之诗的含义,于是便赋《小雅·角弓》来表示兄弟之国的忙不可不帮,从而通过"赋诗"活动,晋鲁两国顺利地完成了一场外交使命。《左传·襄公二十七年》载,郑简公宴飨晋卿赵文子(赵孟),赵文子请郑大夫赋诗以观其志:

> 子展赋《草虫》,赵孟曰:"善哉!民之主也。抑武也不足以当之。"伯有赋《鹑之贲贲》,赵孟曰:"床笫之言不逾阈,况在野乎?非使人之所得闻也。"子西赋《黍苗》之四章,赵孟曰:"寡君在,武何能焉?"子产赋《隰桑》,赵孟曰:"武请受其卒章。"子大叔赋《野有蔓草》,赵孟曰:"吾子之惠也。"印段赋《蟋蟀》,赵孟曰:"善哉!保家之主也。吾有望矣。"公孙段赋《桑扈》,赵孟曰:"'匪交匪敖',福将焉往?若保是言也,欲辞福禄,得乎?"卒享,文子告叔向曰:"伯有将为戮矣!《诗》以言志,志诬其上,而公怨之,以为宾荣,其能久乎?幸而后亡。"①

郑国的七位大夫子展、伯有、子西、子产、子大叔、印段、公孙段等人分别赋诗,他们所赋之诗实际上都是他们各自心志的展示,赵文子就是通过他们所赋之诗,了解了他们各自的心志,因为,"《诗》以言志",赵文子还对每人的赋诗做了评述。特别是伯有赋《鹑之贲贲》,赵文子说他"将为戮",后来伯有果然被郑人所杀。《鹑之贲贲》是《诗·鄘风》之一首,它是人民讽刺、责骂卫国君主的诗。诗人看到鹑鹑、喜鹊都有固定的配偶,而卫国君主却过着荒淫无耻的乱伦生活,导致政治腐败,人民生活困难,因而责骂他连禽兽都不如,根本不配当国君。而伯有在这里赋言此诗,赵文子看出了他心中在污蔑国君,而他又公开了自己的怨愤,因而他的宠荣不会长久,最终会带来杀身之祸。可见,"赋诗言志"也就是用诗来表达自己的意旨和心志,实际上就是以诗来作为一种暗示或象征某一种思想或意念,而之所

---

① 阮元:《十三经注疏·春秋左传正义》,第1997页。

以能够如此,是因为《诗经》中的许多诗章本身就具有象征性。

春秋时期,诸侯卿大夫除了在各种礼仪场合、外交场合赋诗之外,还在这些场合经常引诗。《左传·宣公十七年》载:

> 范武子将老,召文子曰:"燮乎!吾闻之,喜怒以类者鲜,易者实多。《诗》曰:君子如怒,乱庶遄沮;君子如祉,乱庶遄已。君子之喜怒,以已乱也。弗已者,必益之。……"乃请老,郤献子为政。①

范武子准备告老退休,但需要一个理由,于是就引《诗·小雅·巧言》中的诗意来帮助说明自己将退的缘由,最终请求得成。这里顺带说一下,赋诗时经常赋引全诗或诗中的某一章,而引诗时通常只引用诗中的某几句,但它们都是"赋诗断章,余取所求"②,即所谓"断章取义"。赋诗人或引诗人都往往根据自己的需要断取《诗》的某一部分,"断章"所取之义正是"余取"所求之义,而所求之义往往也不是"诗"的原有之义,而是它的引申义或象征义。通俗地来说,赋诗或引诗人在各种场合为了表达自己的心志、意愿,往往用"诗"来予以象征或暗示,以期达到较好的目的和效果。上文中赵文子请郑大夫赋诗以观其志,子展所赋之诗《召南·草虫》本是一首男女相恋的情歌,子展断取诗句"未见君子,忧心忡忡,亦既见止,亦既觏见,我心则降",来表达见到赵文子后的欢乐之情,所取之义与诗歌原意是毫不相干的。子大叔所赋之诗《郑风·野有蔓草》也是一首恋歌,子大叔断取"邂逅相遇,适我愿兮"诗句,来象征性地表达自己与赵文

---

① 阮元:《十三经注疏·春秋左传正义》,第1889页。
② "赋诗断章,余取所求"语出《左传·襄公二十八年》:"齐庆丰好田而奢酒,与庆舍政,则以其内实迁于卢蒲嫳氏,易内而饮酒。数日,国迁朝焉。使诸亡人得贼者,以告而反之,故反卢蒲癸。癸臣子之,有宠,妻之。庆舍之士谓卢蒲癸曰:'男女辨姓。子不辟宗,何也?'曰:'宗不余辟,余独焉辟之?赋诗断章,余取所求焉,恶识宗?'癸言王何而反之,二人皆嬖,使执寝戈而先后之。"(阮元:《十三经注疏·春秋左传正义》,第2000页。)

子的相见非常愉快,也是所取之义与诗歌原意不相干。陈桐生说:"先秦人们把《诗》看成'义之府',即一个思想库,需要表达某种志意时,从这个思想库中取出意思相近的诗句就行了,不必对它进行深入的研究。"①这是有道理的。而究其实质来说,春秋时期,赋诗和引诗实际上是用"诗"来作为一种象征,而就赋诗或引诗的行为本身来说,它也充满着象征性,具有象征性艺术精神。

总之,我国古代的诗歌艺术经过了最初的原始社会的原始歌谣阶段以后,就逐步和巫术宗教结合在一起,到了两周时期,诗歌艺术又成为两周礼乐文化的一个重要组成部分,而且有相当一部分诗歌还属于宗教祭祀诗歌。因此,原始诗歌的那种写实性风格特征和写实性艺术精神就在历史的进程中慢慢减弱,而在两周礼乐文化的诗歌艺术中更突出地表现出象征性艺术精神,究其原因,一方面是两周礼乐文化中的诗歌艺术深受其时的礼乐文化的象征性文化精神的影响;另一方面,两周礼乐文化中的诗歌又有许多用于宗教祭祀场合和仪式中,又深受巫术文化精神和巫术性思维的影响,而巫术性思维实际上就是一种象征性思维。因此,在这种二重情况的影响下,两周礼乐文化中的诗歌艺术自然就具有象征性,体现出的艺术精神也就是一种象征性艺术精神。

---

① 陈桐生:《〈孔子诗论〉研究》,北京:中华书局,2004年版,第164—165页。

第四章 象征艺术观
——先秦儒家对象征性艺术精神的承传

第一节 "岁寒,然后知松柏之后凋也"
——先秦儒家象征思维观

美国历史学家拉铁摩尔曾在《中国简明史》中说:"如果用另一种方法来研究历史,那中国历史便可以对整个人类的历史投射出鲜明的光亮和揭示出它的许多隐秘——从人类最原始的活动(其中有些活动就发生在亚洲),一直到人类的哲学、宗教、文学和艺术方面发展的顶峰。就思想和哲学而言,还未曾有过别的文化能超过中国在各个伟大创造时期的文化。"① 拉铁摩尔的这段话说得一点儿也没错,中国古代文化确实对中国文化乃至世界文化的贡献和意义重大。而在中国古代文化中,夏商文化只是中国文化的开始和发展,两周文化才是将中国古代文化推向一个顶峰阶段。而我们知道,两周文化是一种礼乐文化。它内容丰富,思想博大精深,是中华民族文化的元文化,为后世的中国文化发展奠定了基本走向,确立了内在的文化精神。因此,说中国古代文化对中国文化和世界文化意义重大,更大的程度上是体现在两周的礼乐文化上,这应该是无疑义

---

① [美]拉铁摩尔:《中国简明史》,陈芳芝、林幼琪译,北京:商务印书馆,1962年版,第29页。

的。而就艺术来说,两周礼乐文化中的艺术辉煌灿烂,丰富多姿,是华夏民族艺术的元艺术,而在这些礼乐文化和艺术中却蕴涵着丰富的审美艺术精神,其中尤为突出的是一种象征性艺术精神。两周礼乐文化中的乐舞艺术、青铜艺术、诗歌艺术都体现出这种象征性艺术精神,而这种象征性艺术精神对后世的中国艺术精神产生了深远的影响,因为,任何一种文化或精神都会对后世产生或大或小的影响,尽管它的存在已成过去。两周礼乐文化作为中华民族文化的元文化和其艺术上体现出的象征性艺术精神作为元艺术精神,自然对后世影响颇为深远。而以孔子为代表的先秦儒家象征艺术观的形成,就是首先深受这种象征性艺术精神的影响。不过,我们在讨论先秦儒家的象征艺术观之前,还是先认识一下他们的象征性思维方式及其表现特征等。

　　孔子生于鲁昌平乡陬邑,其生年在鲁襄公二十二年(前551年),卒于鲁哀公十六年(前479年),时值春秋末期。孔子的先世是商代的王室,周灭商后,周成王封微子启于宋,遂从王室转为了诸侯。其后经数代相传,至其先祖弗父何时,弗父何为宋厉公之卿,孔子先世遂由诸侯家又转为了公卿之家。而至孔子的祖父时,孔子先世又由贵族公卿转为了士族之家①。尽管孔子先世一代一代地衰落,由王室贵族转变为一般士族,但他毕竟是宋王室的后裔,而又生于士族家庭中,这就和普通的庶民百姓不一样。在春秋时期,士族尽管地位低下,但还是属于贵族阶层,士族家庭可以有俎豆之类的礼器,也常常举行各种礼乐仪式。孔子的母亲家,还有其乡党也都是士族,因此,孔子自幼就生活在一个礼乐当行的环境中,接受礼乐生活的熏陶,尽管这时周礼已经"礼崩乐坏"了。《史记·孔子世家》载:

　　　　孔子为儿嬉戏,常陈俎豆,设礼容。②

---

① 参见钱穆:《孔子传》,北京:三联书店,2005年版,第1—3页。
② 司马迁:《史记》,北京:中华书局,1982年版,第1906页。

孔子儿时，耳濡目染礼乐生活，即使为儿戏时，也常常以礼为嬉，设置俎豆之类的礼器，布设礼容。可见，孔子自幼就喜爱礼乐，而当时的士族家庭也都要求子弟学习礼、乐、射、御、书、数六艺，孔子虚心学习礼乐，态度端正虔诚，甚至在成人后也是如此。《论语·八佾》曰：

> 子入太庙，每事问。或曰："孰谓鄹人之子知礼乎？入太庙，每事问。"
>
> 子闻之，曰："是礼也。"①

孔子每次入太庙进行祭祀，都要询问和学习礼乐仪式事宜，以至于招来别人的怀疑和讥讽，说他不知礼，其实孔子并不是不知礼，而是他始终谦虚地学习礼仪。正是他具有这种虚心学习、不耻下问的精神，使他很快以知礼乐而出名，成为他人学习的楷模。《左传·召公七年》曰：

> 九月，公至自楚。孟僖子病不能相礼，乃讲学之，苟能礼者从之。及其将死也，召其大夫，曰："礼，人之干也。无礼，无以立。吾闻将有达者曰孔丘，圣人之后也，而灭于宋。其祖弗何，以有宋而授厉公。及正考父佐戴、武、宣，三命兹益共。……臧孙纥有言曰：'圣人有明德者，若不当世，其后必有达人。'今其将在孔丘乎？我若获没，必属说与何忌于夫子，使事之，而学礼焉，以定其位。"故孟懿子与南宫敬叔师事仲尼。②

春秋时期，已有许多贵族阶级不知礼、不学礼，违礼僭越现象时

---

① 阮元：《十三经注疏·论语注疏》，第 2467 页。
② 阮元：《十三经注疏·春秋左传正义》。《史记·孔子世家》亦曰："孔子年十七，鲁大夫孟僖子病且死，诫其嗣懿子曰：'孔丘，圣人之后，灭于宋。其祖弗父何始有宋而嗣让厉公。及正考父佐戴、武、宣公，三命兹益恭，故鼎铭云……吾闻圣人之后，虽不当世，必有达者。今孔丘年少好礼，其达者欤？吾即没，若必师之。'及僖子卒，懿子与鲁人南宫敬叔往学礼焉。"（司马迁：《史记》，北京：中华书局，1982 年版，第 1907—1908 页。）

时出现。孟僖子大概跟随鲁君过郑至楚,在礼节上多有不能应对之处,因而感到自愧,回来后就向所有精擅礼仪之人学习,并召集大夫们说:礼,犹如人的躯干,没有礼,就不能立身。而当他得知孔子是圣人之后,是个特别知礼之人,就嘱咐其子一定要向孔子学习礼仪,而孟懿子与南宫敬叔也就拜孔子为老师。由此可见,孔子在年轻时就以知礼、懂礼而知名于当时,也才赢得当时贵族阶级的尊重和学习。孔子不仅自己学习礼仪礼数,他还要求弟子学习礼乐,要"兴于《诗》,立于礼,成于乐"①,用诗乐、礼仪来修身,培养自己君子的行为和品德。当弟子颜渊向他问"仁"时,他告诉颜渊:"非礼勿视,非礼勿听,非礼勿言,非礼勿动。"②即是说,不合乎礼的不去看,不合乎礼的不去听,不合乎礼的不去说,不合乎礼的不去做。凡是不符合"礼"的视、听、言、行都不要实行。

总之,孔子推崇从尧舜到周公时代的礼乐之治③,是周代礼乐文化的崇拜者和追随者,他自己也说:

周监于二代,郁郁乎文哉!吾从周。④

周礼借鉴了夏、殷两代的礼制,丰富而完备,深受孔子的称赞。孔子一生中孜孜以求的就是问礼、学礼、复礼、传礼,以恢复周礼和改造周礼为己任。《史记·孔子世家》载:"鲁南宫敬叔言鲁君曰:'请与孔子适周。'鲁君与之一乘车,两马,一竖子俱,适周问礼,盖见老子云。"⑤就记载说孔子曾向担任周王朝的"守藏

---

① 阮元:《十三经注疏·论语注疏》,第2487页。
② 阮元:《十三经注疏·论语注疏》,第2502页。
③ 《论语·泰伯》曰:"子曰:'巍巍乎!舜、禹之有天下也而不与焉。'"(阮元:《十三经注疏·论语注疏》第2487页。)就表明孔子非常称赞舜、禹的品德高尚。《论语·述而》曰:"子曰:'甚矣吾衰也!久矣,吾不复梦见周公。'"(阮元:《十三经注疏·论语注疏》第2482页。)就表明孔子对周公的敬仰。
④ 阮元:《十三经注疏·论语注疏》,第2467页。
⑤ 司马迁:《史记》,北京:中华书局,1982年版,第1909页。

室之史"(管理藏书的史官)的老子问礼、学礼。而《论语·子罕》则记录了孔子自己的言论:"吾自卫返鲁,然后乐正,《雅》《颂》各得其所。"①即是说从卫国回到鲁国,他订正了已经错乱的《雅》《颂》之乐,使其合乎应有的规范,这是他在努力地复礼、传礼。孔子不仅一生都在问礼、学礼、复礼、传礼,而且还躬身亲行,在自己的生活中践行周礼。《论语·乡党》就集中记载了孔子朝见君主、接待宾客、出使他国、日常穿着以及饮食、家庭起居等方面严格遵守周礼的言行和举止行为。

比如,孔子朝见君主时,在朝堂之上的种种仪态就处处显出恭敬,尽遵臣仆事奉国君之礼:

> 入公门,鞠躬如也,如不容。
> 立不中门,行不履阈。
> 过位,色勃如也,足躩如也,其言似不足者。
> 摄齐升堂,鞠躬如也,屏气似不息者。
> 出,降一等,逞颜色,怡怡如也;没阶,趋进,翼如也;复其位,踧踖如也。②

孔子进入朝堂大门时,像鞠躬似地弯下身体,如同大门不能容身,显出惶恐害怕的样子;站立时不挡在大门中间,行走时不踩着门槛;经过国君面前时,神色立即庄重起来,脚步轻盈,符合走步的礼仪,说话轻声细语,如同气力不足;登堂时提起衣襟的下摆,像鞠躬似地弯下身子,屏住气息如同停止了呼吸;退堂时,走下一级台阶后才放松神态,显得和颜悦色,下完台阶后快步向前走,如同鸟儿展开翅膀;回到自己的位置后,依然显出恭敬的神情。孔子在接待宾客或出使他国时也遵守礼仪规范,显得庄重得体:

> 君召使摈,色勃如也,足躩如也。揖所与立,左右手,

---

① 阮元:《十三经注疏·论语注疏》,第2491页。
② 阮元:《十三经注疏·论语注疏》,第2494页。

衣前后，襜如也。趋进，翼如也。宾退，必复命曰："宾不顾
也"。①

执圭，鞠躬如也，如不胜。上如揖，下如授。勃如战
色，足蹜蹜如有循。

享礼，有容色。

私觌，愉愉如也。②

孔子被国君召去接待宾客，神色立即矜持庄重，合着礼仪快步疾走，向左右两边的人或拱手或作揖，衣服俯仰都很整齐。快步行走时，如同鸟儿展翅。宾客告退，必定回报国君说："宾客已经走了。"孔子出使时，手执玉圭，像鞠躬似的弯下身子，如同拿不动的样子。上举时如同在作揖，放下时又如同授物与人。神色庄严谨慎，脚步细小急促，像沿着什么行走。敬献礼物时，仪容和颜悦色；以私人身份拜见时，又显得轻松愉快。由此可见，孔子在接待宾客、出使他国时是如此地遵从礼仪规范。不仅如此，就是在日常生活中，孔子的穿着、饮食、家庭起居等方面也都符合礼仪：

君赐食，必正席先尝之；君赐腥，必熟而荐之；君赐生，必畜之。侍食于君，君祭，先饭。疾，君视之，东首，加朝服，拖绅。君命召，不俟驾行矣。③

国君赐给熟食，孔子必定要端正坐席品尝一点，国君赐给生食，必定要煮熟了才荐供，国君赐给活物，必定要畜养起来。陪同国君吃饭，国君行祭祀礼，孔子就先吃饭，为国君尝食。孔子生病了，国君来看望，他就卧床头向东，盖上朝服，放上绅带，以示

---

① 阮元：《十三经注疏·论语注疏》，第2493页。
② 阮元：《十三经注疏·论语注疏》，第2494页。
③ 阮元：《十三经注疏·论语注疏》，第2495页—2496页。

尊敬。国君有命令，不等驾好车就前去。"齐，必有明衣，布。"①斋戒必定备有沐浴后穿的用布制作的明衣。"食不语，寝不言。虽蔬食菜羹，瓜祭，必齐如也。"②进食时不交谈，睡觉时不说话，即使是粗茶淡饭，也必须向先祖献祭。"席不正，不坐。"③坐席不端正，就不坐。"升车，必正位，执绥。车中不内顾，不疾言，不亲指。"④上了车，就必定端正地站立，手拿绳索；在车内不随便回顾，不大声说话，不指指点点。总之，孔子处处都在践行周礼，无论是上朝为官、外交出使等一些政事，还是日常生活中的衣、食、住、行，都遵循着礼仪规范。那么仅仅是孔子是如此吗？不。实际上，孔门的弟子后学也都继承了孔子的礼学思想，遵守着礼仪规范。孟子就曾说过："非礼之礼，非义之义，大人弗为。"⑤《孟子·离娄下》还记载了这样一件事：

> 公行子有子之丧，右师往吊。入门，有进而与右师言者，有就右师之位而与右师言者。孟子不与右师言，右师不悦曰："诸君子皆与驩言，孟子独不与驩言，是简驩也。"
>
> 孟子闻之曰："礼，朝廷不历位而相与言，不逾阶而相揖也。我欲行礼，子敖以我为简，不亦异乎？"⑥

齐国大夫公行子的儿子死了，当时有权势的右师子敖也去吊唁，人们纷纷去趋附他，而不顾正常的礼仪，有走上前来和他说话的，有来到他席位前与他说话的，唯有孟子没有去，右师子敖不高兴，说孟子简慢了他。而孟子则认为，在朝堂上不越位次而交谈，不隔阶梯而作揖，现在是以君命来吊丧，就如同上朝一样，应该遵循朝廷上的礼仪。可见，孟子还是非常重视礼仪的，

---

① 阮元：《十三经注疏·论语注疏》，第2494页。
② 阮元：《十三经注疏·论语注疏》，第2495页。
③ 阮元：《十三经注疏·论语注疏》，第2495页。
④ 阮元：《十三经注疏·论语注疏》，第2496页。
⑤ 阮元：《十三经注疏·孟子注疏》，第2726页。
⑥ 阮元：《十三经注疏·孟子注疏》，第2730页。

哪怕是因此而被人怪罪。而到了荀子那儿，荀子一如既往地重视礼乐，他还著有《礼论》《乐论》，专谈礼乐的重要意义，而在《大略》中则谈论了许多具体的礼仪规范：

> 天子外屏，诸侯内屏，礼也。外屏，不欲见外也；内屏，不欲见内也。

> 诸侯召其臣，臣不俟驾，颠倒衣裳而走，礼也。

> 寝不逾庙，燕衣不逾祭服，礼也。

> 和鸾之声，步中武、象，趋中韶、濩。君子听律习容而后出。

> 坐视膝，立视足，应对言语视面。立视前六尺而六之，六六三十六，三丈六尺。①

由此可见，以孔子为代表的先秦儒家们极为重视礼、推崇礼、遵守礼，对礼身体力行，当然，他们所推崇和践行的"礼"的内容可能并不完全相同，但是都致力于礼的推崇和遵守，而这却是一致的，其目的也都是一方面用等级森严的礼来区别上下、尊卑、贵贱、男女、长幼之间的等级秩序，以使社会有着严格的等级分别，彼此不相僭越，达到社会的稳定与和谐，另一方面也用礼仪规范来象征贵族阶级的身份地位、君子风范、高贵儒雅等。

既然先秦儒家们从孔子一直到荀子等人，都是如此地崇礼、遵礼，而我们又知道，各种礼仪的举行必须借助于具有某种象征意义的场地、礼器、音乐等来创造出一种神秘、隆重的仪式和气氛，以便取得更好的效果。因而，礼仪的象征性特别强，它不仅是一种动作、姿势，或是一个单纯的仪式而已，而是等级和秩序的象征。那么，先秦儒家们生活在这个由礼仪所构成的庞大的象征体系的氛围中，其行为方式和思维方式也就必然深受这种象征性的文化和文化精神的影响，从而表现出象征性的思维方式。这是一个必然。

---

① 王先谦：《荀子集解》，北京：中华书局，1988年版，第485—497页。

因此,在孔子及其弟子后学们的眼中,万事万物都具有象征性,是事理的象征,是道义的象征,是仁义道德的象征,他们所理解的世界简直就是一个象征的世界。《论语·子罕》载:

> 子曰:"岁寒,然后知松柏之后凋也。"①

松柏之类的针叶树木,在寒冬季节不改原有的绿色,是因为它们本性耐寒,这本是自然现象,但在孔子看来,"岁寒,然后知松柏之后凋也",却把松柏作为君子的象征,赞赏松柏不畏严寒的特性所象征的君子坚强不屈的高尚精神品格,后人也就在此基础上形成了"岁寒三友"(松、竹、梅)之喻,用来象征君子的高尚品格。同样在《论语·子罕》中亦载:

> 子在川上,曰:"逝者如斯夫!不舍昼夜。"②

江河中的流水日夜不停地流淌,本是大自然的自然现象,孔子却从中体悟出真理:宇宙万物、天地自然就像这流水自然运行,不舍昼夜,逝去的一旦逝去,就不再复返了。风、草也是自然界的万物之一,与社会、人事亦无关联,而孔子却把它们与人的德行联系起来。《论语·颜渊》曰:"子为政,焉用杀?子欲善而民善矣。君子之德风,小人之德草,草上之风必偃。"③在孔子眼中,风是君子德行的象征,而草是小人德行的象征,草遇上风必定倒伏,那么,君子治理国政,不能只依靠杀戮的手段,而要以君子的高尚德行去感化小人的恶劣行径,这样就会达到理想的治理国政的效果。器皿本是盛放东西的器具,具有专门的用途,而在孔子看来,它却是专门人才、特定人才的象征。《论语·为政》曰:"子曰:'君子不是器。'"④即是说君子不能只具有某一种才能或品德,而要兼备各种才能和完美的品德,其用不

---

① 阮元:《十三经注疏·论语注疏》,第2491页。
② 阮元:《十三经注疏·论语注疏》,第2491页。
③ 阮元:《十三经注疏·论语注疏》,第2504页。
④ 阮元:《十三经注疏·论语注疏》,第2462页。

拘一格。而孔子批评臧文仲不守礼仪,僭越礼仪,也是把"山节藻棁"看成是一种象征。臧文仲家的屋上装饰着山形的斗拱,绘有藻草的短柱,孔子认为作为大夫之家如此装饰是不可以的,原因倒不是这样的装饰不美或带来过重的经济负担,而是因为"山节藻棁"是天子和诸侯身份地位的象征,只有天子诸侯家才能这么做。由此可见,孔子把万事万物都看成是一种象征,这是因为他的思维方式深受礼乐文化的象征性文化精神的影响,在本质上就是一种象征性思维方式,自然看山不是山,看水不是水。而孔子之后的先秦儒家们也继承了象征性思维方式,在看待万事万物上表现出与孔子相类似的特征,比如,孟子就是如此。《孟子·尽心下》曰:

> 孟子谓高子曰:"山径之蹊间,介然用之而成路,为间不用,则茅塞之矣。今茅塞子之心矣。"①

山间的小径很窄,要经常走才能成为道路,隔些时候不走就会被茅草堵塞,而用心与求道也是如此。为什么孟子会如此认为,因为他的思维方式就是象征性思维方式,这使他从山间小径上体悟到用心与求道的规律。而先秦儒家的另一代表人物荀子也从蚕的吃叶、吐丝、结蛹到最后成蛾的生命全过程,联想到圣人君子的功德覆被天下。《荀子·赋》曰:

> 有物于此,㯱㯱兮其状,屡化如神,功被天下,为万世文。礼乐以成,贵贱以分。养老长幼,待之而后存。名号不美,与暴为邻。功立而身废,事成而家败,弃其耆老,收其后世。②

蚕,生命短暂,吐丝结茧后即"身废""家败",但它却"功被天下,为万世文",礼乐要靠它来完成,贵贱要靠它来区分,赡养老人,

---

① 阮元:《十三经注疏·孟子注疏》,第 2775 页。
② 王先谦:《荀子集解》,北京:中华书局,1988 年版,第 477—478 页。

抚养孩子都要靠它来进行。这里荀子分明用蚕只求奉给,不求名利,功被天下的高尚品格来象征那些圣人君子功被天下,德耀万物的光辉品德,对蚕的赞赏,也就是对圣人君子的赞赏,而荀子之所以有这样的认识,这正是他的象征性思维方式使然。

由此可见,先秦儒家把万事万物都看成是一种象征,赋予自然万物以人的属性和道德品德,而这种象征性思维方式在长期的运用过程中,就自然形成了一种比德思维或比德观。所谓"比德思维"或"比德观"是"以一种拟人化眼光去看待自然事物的某种属性和结构与人的道德属性之间的对应关系,再从对自然事物主观的臆猜和诗意的联想中引申出仁人君子所应有的人伦道德的价值取向"①。因而,在先秦儒家的眼里,山不是山,水不是水,自然山水、花草树木都成了有着高尚品德和崇高精神的君子志士的象征。孔子把寒冷季节中的松柏看作君子的象征,把流水、高山作为智者和仁者的象征,"知者乐水,仁者乐山"②。而孟子则把流水作为有着高尚人格美的君子仁人的象征,"原泉混混,不舍昼夜,盈科而后进,放乎四海。有本者如是,是之取尔"③。"原泉"即是"源泉"之意。有本有源之水,就可以源源不断地流出,它不舍昼夜地向前进取,在注满了低洼后又流向大海。孟子在此分明是把有本有源之水的前进作为那些有着努力进取精神的仁人君子的象征。而到了荀子时代,荀子更是自觉地用象征性思维或比德思维来看待万物,他经常借孔子之口来发挥和阐述他的思想,一方面可能是在标榜自己

---

① 顾祖钊:《华夏原始文化与三元文学观念》,北京:北京大学出版社,2005年版,第113页。
② 阮元:《十三经注疏·论语注疏》,第2479页。
③ 《孟子·离娄下》曰:"徐子曰:'仲尼亟称于水,曰,水哉,水哉,何取于水也?'孟子曰:'原泉混混,不舍昼夜,盈科而后进,放乎四海。有本者如是,是之取尔。苟为无本,七八月之间雨集,沟浍皆盈,其涸也可立而待也。故声闻过情,君子耻之。'"(阮元:《十三经注疏·孟子注疏》,第2727页。)

继承的是儒家传统；另一方面也是在发扬光大儒家传统。《荀子·宥坐》就借孔子的话尽情地发挥了以水比德的思想，可谓淋漓尽致：

> 孔子观于东流之水。子贡问于孔子曰："君子之所以见大水必观焉者，是何？"孔子曰："夫水，大遍与诸生而无为也，似德。其流也埤下，裾拘必循其理，似义。其洸洸乎不淈尽，似道。若有决行之，其应佚若声响，其赴百仞之谷不惧，似勇。主量必平，似法。盈不求概，似正。绰约微达，似察。以出以入，以就鲜洁，似善化。其万折也必东，似志。是故君子见大水必观焉。"①

这里，荀子借孔子之言认为，水，普育万物却不为自己的目的，这像君子的美德；水向下流淌，迂回曲折，这像君子的大义凛然；水汹涌澎湃，奔流不尽，这像君子坚持根本原则……水盛满了就自然平坦，不必用"概"（刮平斗斛的工具）去刮平，这像君子的公平正直；水纤弱细小无所不至，这像君子的明察；万物经过水的冲洗后，新鲜洁净，这像君子善于教化；水经过千回百转，必向东流，好像意志不可屈服一样。总之，水的某些自然属性在这里被荀子发挥成具有君子的某些品德，水的自然属性也就成了仁人君子高尚品德、完美人格的象征。这就是君子比德于水，而"比德"这一概念也出现在荀子的文章中。《荀子·法行》曰：

> 子贡问于孔子曰："君子之所以贵玉而贱珉者，何也？为夫玉少而珉之多邪？"孔子曰："恶！赐！是何言也？夫君子岂多而贱之，少而贵之哉！夫玉者，君子比德焉。温润而泽，仁也；栗而理，知也；坚刚而不屈，义也；廉而不刿，行也；折而不挠，勇也；瑕适并见，情也，扣之，其声清扬而远闻，其止辍然，辞也。故虽有珉之雕雕，不若玉之章章。

---

① 王先谦：《荀子集解》，北京：中华书局，1988年版，第524—526页。

《诗》曰:'言念君子,温其如玉。'此之谓也。"①

这里,荀子同样借口于孔子来说明玉的某些自然属性和物理属性具有的良好品质,恰似君子志士的良好品德,如玉的温润有光泽就像君子的仁慈;玉的坚实有纹理就像君子的智慧;玉的坚固不弯曲就像君子的道义;玉虽有棱角,却不伤人,就像君子的德行;玉能被折断,却不弯曲,就像君子的勇敢等等。可见,玉在这里被赋予了君子般的良好的品德,所以君子"贵玉","以玉比德",而先秦儒家的"比德"概念也由此提出。当然,儒家重视玉,以玉比德并不是儒家的新发明,而是继承了周代礼乐文化中崇玉、重玉的传统。在周代礼乐文化中,玉对于君子具有重要的意义,玉是君子美德的象征。《礼记·玉藻》曰:"君子无故,玉不去身。君子于玉,比德焉。"②《礼记·曲礼下》亦曰:"君无故玉不去身。"③《诗·大雅·卷阿》曰:"颙颙卬卬,如圭如璋。令闻令望。岂弟君子,四方为纲。"④就是用玉圭、玉璋作比喻,来赞美君子的美德。既然周代礼乐文化中玉具有如此重要的意义,那么对于极为崇礼、重礼、遵礼的先秦儒家来说,也就自然重视玉,以玉比德了。而这种以玉比德的观念和行为一直到汉代的儒家学者那里还很流行。不过,这种比德观或比德思维,从根本上来说,还是先秦儒家的象征性思维使然,是儒家象征性思维的进一步发展,而没有在性质上发生重大改变。

总之,以孔子为代表的先秦儒家(特别是孔子)深受两周礼乐文化和其体现的象征性文化精神的影响,在思维方式上也同样表现出象征性思维方式,这种象征性思维方式使他们把万事万物都看成是一种象征,一种比德,看山不是山,看水不是水。因此,象征性思维方式或比德式思维方式是先秦儒家的主要思

---

① 王先谦:《荀子集解》,北京:中华书局,1988年版,第535—536页。
② 阮元:《十三经注疏·礼记正义》,第1482页。
③ 阮元:《十三经注疏·礼记正义》,第1259页。
④ 阮元:《十三经注疏·毛诗正义》,第546页。

维方式。当然,先秦儒家形成这样的思维方式,原因是多方面的,但主要有以下三个方面:

第一,先秦儒家生活在春秋战国时代,而春秋战国时代常被很多人认为是周代礼乐文化完全衰退的时期,因而误认为那时周代礼乐文化已不复存在了。其实,我们从《左传》的记载中可以了解到,春秋时期,上到贵族,下到士大夫,还是比较重视礼乐的,不然的话,襄公二十九年,吴国公子季札聘问鲁国时,也就不会在鲁请求观赏周乐了,而从季札所观的周乐来看,属于周代雅乐系统的"六大舞""六小舞"、雅、颂等都有,这说明它们在当时还很流行。因此,春秋时期所谓的"礼崩乐坏",其实崩坏的是周代的礼乐制度,而不是说礼乐本身不存在了。孔子批评季孙氏家"八佾舞于庭",说他僭越了天子的礼乐,也正是还有许多人没有越礼,八佾之舞还是天子所用之乐,假如普天之下都"八佾舞于庭",孔子还会咬牙切齿般表示愤慨吗?因此,春秋时期,周代的礼乐文化还在不同程度上实行着。而到了战国时期,周代的礼乐文化作为礼乐制度已经彻底崩溃了,礼乐文化被破坏的程度大,但是周代的礼乐文化的精神还在延续着,并没有消失,并对当时的儒家学者影响颇大。这样看来,无论是生活于春秋时期的孔子,还是生活于战国时期的孟子、荀子都会受到周代礼乐文化的深深影响,这是无疑的。孔子一生都在问礼、学礼、复礼、传礼,以恢复周礼和改造周礼为己任,而孟子、荀子也极为重视礼、遵守礼,虽然他们所重之礼、所遵之礼已经不完全同于周礼了。对此我们在上文中都有讨论。因此,周代礼乐文化的象征性文化精神自然就会深深地影响他们,从而促使他们的象征性思维方式得以形成。

第二,先秦儒家的象征性思维方式的形成,还与儒家自身的形成有关。章太炎曾在《原儒》一文中说:"儒之名盖出于需。需者云上于天,而儒亦知天文、识旱涝……明灵星舞子,呼嗟以求雨者谓之儒,故曾皙之狂而志舞雩,原宪之狷而服华冠,皆以忿世为巫,辟易放志于鬼道。"①就认为"儒"字与"需"字有联系,而"需"字是指会用巫术求雨的巫觋。胡适也写有《说儒》一文,认为儒是"殷民族的教士",以"治丧相礼"为职业②。而郭沫若对胡适的观点予以驳斥,认为儒并非起源于殷族,但他也认为"走到末路的祝宗卜史之类的贵族们的大可怜相。这些便是'儒'的来源"③。这也是把"儒"和巫祝联系了起来。由此可见,"儒"之起源,应当源于那些在殷周时期处于社会生活的中心,拥有巨大的权力,掌握着巫术宗教祭祀礼仪的祝宗卜史之类的文化知识分子。马王堆汉墓帛书《易传》中曾有一《要》篇,其中记载了孔子说的话:"吾与史巫同涂而殊归也。"而据孔子解释,"同涂而殊归"是因为,他自己与巫祝史宗都是同出一途,不同的是自己从"祝""数"中进一步求"德","吾求其德而已"④。由此可见,"儒"起源于巫祝卜史,这是可以肯定的。不过到了孔子所处的时代,巫祝卜史也有了等级之分,那些有较高知识层次、掌握着重权的巫祝卜史成为了"君子儒",而那些文化程度低、只以卜筮祈禳为业的巫祝卜史则成了"小人儒"。孔子及其弟子们则是继承和掌握了较高的文化知识,成为了"君子儒"。《论语·雍也》曰:"子谓子夏曰:'女为君子儒,无为小人儒!'"⑤孔子就一再告诫弟子要成为君子儒,不要成为小人儒。

既然"儒"的起源与巫祝卜史有着十分紧密的关系,那么到春秋战国时代,以孔子为代表的先秦儒家们也就必然与巫祝卜史之类的儒业也脱不了干系,孔子不是经常参加宗庙祭祀活动吗?不是常常替人操办丧葬之类的活动吗?《礼记·曾子问》

---

① 章太炎:《国故论衡》,北京:商务印书馆,2010年版,第149—150页。
② 参见葛兆光:《中国思想史》(第一卷),上海:复旦大学出版社,2004年版,第88页。
③ 郭沫若:《青铜时代》,北京:中国人民大学出版社,2005年版,第113页。
④ 参见葛兆光:《中国思想史》(第一卷),上海:复旦大学出版社,2004年版,第88页。
⑤ 阮元:《十三经注疏·论语注疏》,第2478页。

就载有孔子学生曾子向孔子问丧、祭之类的礼如何操办的许多记载。《论语·述而》亦曰:"子食于有丧者之侧,未尝饱也。""子于是日哭,则不歌"①。孔子在服丧者的身边进食,未曾吃饱过;孔子在那一天哭泣过,就不歌咏了。大概孔子就曾担任过替人办丧事以谋生的职业,也正因为如此,人们把他所创立的学派叫儒家。再从当时的巫术、祭祀的情况来看,当时南方的一些国家的巫风还特别盛行,宗教祭祀气息还特别浓厚,如楚国就是如此。楚地山重水复,风云变幻,物产富饶,巫风成俗,祭祀成风。《太平御览》卷五二六引桓谭《新论》曰:"(楚灵王)简贤务鬼,信巫觋,祀群神,躬执羽帗舞坛下。"②《汉书·郊祀志》亦载:"楚怀王隆祭祀,事鬼神,欲以获福助。"③而楚国虽地处南方,但毕竟是周之诸侯国,其巫风祀气必然也传至中原。因此,从这两方面来看,巫术、祭祀活动也必然会深深地影响先秦儒家们,而我们知道,巫术、宗教祭祀的思维方式就是一种象征性思维方式,因而,这种象征性思维方式必然也会影响着儒家的思维方式,就会促使先秦儒家象征性思维方式的形成。

第三,先秦儒家的信而好古的思想也会促使先秦儒家象征性思维方式的形成。先秦儒家们虽然生活在春秋战国时代,那时新的思想解放潮流蓬勃兴起,人的意识也逐渐觉醒,整个社会处于转型时期,但是先秦儒家们却普遍地信而好古,崇尚前代的制度、古人的文化。《论语·述而》:"子曰:'述而不作,信而好古,窃比于我老彭。'"④又曰:"我非生而知之者,好古,敏以求之者也。"⑤从孔子的这些言论中,我们可以明确地得知他信奉、喜好上古时代的典章制度、文化典籍。怪不得他一再地赞

---

① 阮元:《十三经注疏·论语注疏》,第2482页。
② 李昉:《太平御览》卷五二六,北京:中华书局,1960年版。
③ 班固:《汉书》,北京:中华书局,1962年版,第1260页。
④ 阮元:《十三经注疏·论语注疏》,第2481页。
⑤ 阮元:《十三经注疏·论语注疏》,第2483页。

美尧舜、汤武周公。《论语·泰伯》曰:"大哉尧之为君也! 巍巍乎,唯天为大,唯尧则之。荡荡乎,民无能名焉。巍巍乎其有成功也,焕乎其有文章!"①意思是说:尧作为君主真伟大啊! 崇高啊! 唯有上天最高大,而只有尧能效法它。他的功业崇高啊! 他的礼仪制度灿烂无比! 而对于舜禹,孔子同样赞美他:"巍巍乎! 舜禹之有天下也而不与焉。"②所以,当孔子弟子颜渊询问如何治国时,孔子告诉他要复古:"行夏之时,乘殷之辂,服周之冕,乐则《韶》舞。"③即是说,要实行夏代的节令,乘坐殷代的车辆,穿戴周代的礼服,乐则用《韶》等。正因为孔子信而好古,他才对古代典章制度倍感推崇,也才乐于学习,尤其是尧舜、汤武以来的礼乐制度和礼乐文化,他更是推崇备至,也曾去整理过它们。《论语·八佾》曰:"夏礼吾能言之,杞不足征也;殷礼吾能言之,宋不足征也。文献不足故也,足则吾能征之矣。"④对于夏礼、殷礼,孔子都能述说,他自己说要不是典籍不足和熟悉掌故的人不足,他是可以证明它们的。可见,孔子对古代圣人推崇有加,对古代礼乐制度向往备至。而孟子和荀子也是如此,在《孟子》的许多篇章中,孟子引用了许多尧舜、汤武的事迹来说明道理。《孟子·尽心下》曰:"尧舜,性者也;汤武,反之也。动容周旋中礼者,盛德之至也。"⑤即是说,尧舜以天性行事,汤武也返回了天性,他们的举动仪容无不合乎礼的,是德行深厚到了极点。荀子则著有《礼论》《乐论》《王制》等许多文章来效法古代圣贤,讨论治国理想。既然以孔子为代表的先秦儒家们信而好古,推崇汤武、周公的礼乐之制,那么周代礼乐文化自然也就深深地影响他们,而周代礼乐文化中的象征性文化精神和

---

① 阮元:《十三经注疏·论语注疏》,第 2487 页。
② 阮元:《十三经注疏·论语注疏》,第 2487 页。
③ 阮元:《十三经注疏·论语注疏》,第 2517 页。
④ 阮元:《十三经注疏·论语注疏》,第 2466 页。
⑤ 阮元:《十三经注疏·孟子注疏》,第 2779 页。

象征性思维方式也就会影响他们的思维方式,促使他们形成象征性思维方式。

总之,以孔子为代表的先秦儒家们生活在春秋战国时代,是时虽然已经"礼崩乐坏",但是周代礼乐文化的鼎盛和辉煌相去并不遥远,礼乐文化也还以被僭越的形式存在,因此,周代礼乐文化的象征性文化精神和象征性思维方式自然会影响他们的思维方式,而就先秦儒家自身来说,他们又源自巫术卜史,而且又普遍地信而好古,自然,巫术宗教的象征性思维方式也会深深地影响着他们,这样多方面的原因就促使了他们的象征性思维方式的最终形成。

第二节 "舞意天道兼"
——先秦儒家象征艺术观

由上文可见,以孔子为代表的先秦儒家们的思维方式是一种象征性思维方式,形成这种象征性思维方式的原因,当然是多方面的,其中最主要的是他们继承了周代的礼乐文化传统,因而,周代礼乐文化的象征性文化精神就会深深地影响着他们,促使他们形成了象征性思维方式或比德式思维方式。而我们知道,某种思维方式会决定人们对万事万物、世态人生的某种看法,而由思维方式所决定的思维观又和某个人的人生观、价值观、艺术观是紧密相连的,有什么样的思维观在很大程度上会决定有什么样的艺术观。以孔子为代表的先秦儒家们的思维方式是一种象征性思维方式,那么这种象征性思维方式就会深深地影响着他们对文学艺术的看法,最终促使先秦儒家们形成了象征性艺术观。

先秦儒家以孔子为代表,那么儒家象征艺术观首先就在孔子身上体现出来。而从孔子对当时的诗歌、乐舞等艺术的观点态度来看,他的这种象征艺术观确实表现得特别明显。比如,乐舞艺术本来是表达个体的情感,它带给人的是一种愉悦感和审美享受,应该说审美性是它的主要功能和特点;但在孔子看来却并非如此,"乐"承载着巨大的社会功能和意义,是社会政治、伦理道德的象征,"乐"的艺术品性并不仅仅在于其外在的美妙的视、听形式,而要在其外在的视、听形式中蕴涵着丰富深刻的精神内涵,而这种精神内涵就是儒家所宣扬的仁义伦理道德等。正由于孔子以这样的艺术观和艺术标准去评价乐舞艺术,所以,他评价《韶》乐:"尽美矣,又尽善也";评价《武》乐:"尽美矣,未尽善也。"①《韶》乐是虞舜时代创制的以表现虞舜之美德的乐舞,它作为一种乐舞艺术,不但具有外在形式上的美感,给人以感官上、情感上的愉悦,而且它又作为一种"德音",给人以精神道德上的熏陶,是虞舜之美德的象征。所以,孔子说它"尽美矣,又尽善也",也难怪他"在齐闻《韶》,三月不知肉味,曰:'不图为乐之至于斯也。'"②而《武》乐是周初创制以表现武王征战之功绩的武舞,《武》乐尽管和《韶》乐一样有着外在的形式美,但它毕竟是表现征战的,而有征战就会有血腥和杀戮,因而缺乏仁爱的道德精神。所以,孔子评价它说"尽美矣,未尽善也"。

如果说孔子以象征艺术观和艺术标准对《韶》《武》之乐的评价,其感情还比较平和的话,下面一句他对"礼"和"乐"的感叹则是情感比较激越。《论语·阳货》曰:

礼云礼云,玉帛云乎哉?乐云乐云,钟鼓云乎哉?③

何谓礼乐?朱熹《四书章句集注》曰:"敬而将之以玉帛,则为礼;和而发之以钟鼓,则为乐。遗以本而专事其末,则岂礼乐之谓哉?"④礼乐原是一种巫术宗教性的礼仪形式,但在进入阶级

---

① 阮元:《十三经注疏·论语注疏》,第2469页。
② 阮元:《十三经注疏·论语注疏》,第2489页。
③ 阮元:《十三经注疏·论语注疏》,第2525页。
④ 朱熹:《四书章句集注》,北京:中华书局,1983年版,第178页。

社会后,被统治阶级改造成一种统治秩序,到孔子的时代,孔子又赋予礼乐以新的内涵,认为"礼"是人们的行为规范,蕴涵着仁义道德,人们的一切行为都是具有象征意义的;而"乐"是调和人们的情感,也和礼一样,蕴涵着仁义道德,具有象征意义。因此,礼乐都是具有象征性内涵的。这就难怪他会发出呼喊:礼呀!礼呀!难道仅仅是用玉帛、牺牲去举行祭祀的礼仪仪式吗?乐呀!乐呀!难道仅仅是用钟鼓等乐器去演奏吗?孔子的言下之意是,礼和乐都具有深刻的象征意义呀!正是由于礼乐具有巨大的社会意义和深刻的象征内涵,不同的乐舞具有不同的象征性,乐舞的表演就有着严格的规定性。"八佾之舞"是天子规格的乐舞,是天子身份的象征,而当时鲁国的执政着大权的季孙氏竟然在自家厅堂上表演此舞,这是严重的违背礼乐的行为。所以,孔子对季氏"八佾舞于庭"表示强烈的不满和愤怒,发出"是可忍也,孰不可忍也?"的呼号。而同样他也对鲁大夫孟孙、叔孙、季孙三家用天子举行祭礼临撤所唱的《雍》诗来助撤家祭,表示不满和谴责。而出现这样的情况都是孔子的象征艺术观在乐舞艺术上的一种表现。

孔子的象征艺术观不仅很明显地表现在对当时的乐舞艺术的象征性认识和理解上,而且还表现在对《诗》的象征性的解读和评论上。《论语·为政》曰:

子曰:"《诗》三百,一言以蔽之,曰'思无邪'。"①

《诗》三百是儒家的经典之一,实包括三百零五篇。对于儒家这部经典,孔子用"思无邪"来概括和评价它,认为《诗》三百篇皆思想纯正,没有邪念。这里,孔子就把"思无邪"理解成"思想纯正,没有邪念"之意。实际上,"思无邪"的本意并非如此,孔子在这里根据自己的需要,而"断章取义"了。"思无邪"本语出《诗·鲁颂·駉》中的诗句:

---

① 阮元:《十三经注疏·论语注疏》,第2461页。

> 駉駉牡马，在坰之野。
> 薄言駉者：有驈有皇，
> 有骊有黄，以车彭彭。
> 思无邪，思马斯徂。①

鲁僖公遵循伯禽的治国方针，大力发展养马事业，以加强国防边备（古代的国防力的强弱取决于兵车的多寡，驾一辆车要四匹马）。因而，人们崇敬他，以诗歌来颂扬他，"思无邪"也就是指鲁僖公思虑正道，心无旁骛，而不考虑其他。这里本没有任何的道德评价的意味，而孔子却只取"思无邪"的字面意思，赋予其道德内涵并以此来概括《诗》的内容，这是他的象征艺术观使然的。朱熹说："'思无邪'，《鲁颂·駉》之辞。凡诗之言，善者可以感发人之善心，恶者可以惩创人之逸志，其用归于使人得其情性之正而已。然其言微婉，且或各因一事而发，求其直指全体，则未有如此之名且尽者。故夫子言《诗》三百篇，而惟此一言足以尽盖其义，其示人之意亦深切矣。程子曰：'思无邪'者，诚也。"②这大概符合孔子的本意。而像这样类似的孔子对《诗》做象征性的解释，还有许多例子，如《论语·学而》中就有一例，且先看孔子师徒的一段对话：

> 子贡问曰："贫而无谄，富而无骄，何如？"子曰："可也，未若贫而乐，富而好礼者也。"
> 子贡曰："《诗》云：如切如磋，如琢如磨，其斯之谓与！"
> 子曰："赐也，始可与言《诗》已矣，告诸往而知来者。"③

子贡向孔子发问：一个人贫穷了却不谄媚，富裕了却不骄横，怎么样？孔子说，当然不错，但却不如贫穷了还能保有快乐的心态，富有了还能爱好礼义更好。子贡领悟说，《诗》所说的"如切

---

① 阮元：《十三经注疏·毛诗正义》，第610页。
② 朱熹：《四书章句集注》，北京：中华书局，1983年版，第53—54页。
③ 阮元：《十三经注疏·论语注疏》，第2458页。

如磋,如琢如磨",大概就是指这种境界吧!孔子很高兴,说子贡啊,可以和你言谈《诗》了,告诉你道理就能知道其他的东西了。这里,孔子师徒本来讨论的是君子的道德修养问题,子贡理解了老师的意思后,用"如切如磋,如琢如磨"来表示和象征君子的道德修养要经过不断的努力,自我修养,自我提升,才能达到理想的境界。孔子师徒这样来理解诗句"如切如磋,如琢如磨",实际上是他们全然不顾诗句原有的意义,有意断取诗句的字面意义来做象征使用。其实,诗句"如切如磋,如琢如磨"出自《诗·卫风·淇澳》:

> 瞻彼淇澳,绿竹猗猗。有匪君子,如切如磋,如琢如磨。瑟兮僩兮,赫兮咺兮,有匪君子,终不可谖兮。
> ……
> 瞻彼淇澳,绿竹如箦。有匪君子,如金如锡,如圭如璧。宽兮绰兮,猗重较兮,善戏谑兮,不为虐兮。①

《诗·卫风·淇澳》是一首赞美卫国的一位有才华的君子的诗,也有人说它是赞美卫国国君卫武公的诗歌,共有三章,这里选摘一、三两章。第一章的大意是说:在那绿竹葱郁的淇水湾头,有位文采焕然的美男子,他的体格如雕刻的塑像一般完美,他的肌肤如琢磨过的美玉一样白皙,你看他庄严而又威武,你看他磊落而又昂扬,啊!文采焕然的美男子,你让人永远难以相忘。这里,"如切如磋,如琢如磨"是指那位美男子的体格像雕塑般完美,肌肤像磨过的美玉一样白皙,本与君子的道德修养上的自我提升、自我锤炼无关,而且"如切如磋,如琢如磨"与下章的"如金如锡,如圭如璧"对应起来,是比喻性的描绘,"切""磋""琢""磨"原指加工玉器、石器、骨器的不同工艺②,这里却

---

① 阮元:《十三经注疏·毛诗正义》,第321页。
② 《尔雅·释器》曰:"金谓之镂,木谓之刻,骨谓之切,象谓之磋,玉谓之琢,石谓之磨。"(阮元:《十三经注疏·尔雅注疏》,第2600页。)

是作名词用,并非作动词用。而孔子师徒抽取诗句单独引用,任意"曲解"诗意,赋予其象征性内涵,当然这不是他们真的不理解诗句原意,据《史记》记载,孔子删过诗或整理过诗,怎么会不理解诗义呢?之所以出现这样的解诗方式,是他们的象征性艺术观使然的。顾祖钊先生说:"孔子师徒,全然不问'如切如磋,如琢如磨'这两句在上下语境中的意思,更不管它们在全诗中的意思,而是将它们从全诗中单独地抽出来,'断章取义',仅作字面上的理解,生硬地让它们去做仁人君子刻苦地进行自我修养的象征载体。"①这是很深刻的认识和见解。

由此可见,孔子师徒对《诗》的解释不同于一般情况,他们总是对《诗》做象征性的解读,而这种解诗方式正是他们的象征艺术观在解《诗》上的一种表现。大体上来说,这种解诗方式有以下两个方面的特点:

第一,解诗的随意性强。孔子师徒为了自己的理解需要和表达需要,往往随意地引用某一首诗或断取《诗》中某一首诗的某几章或某几句。大多情况下,他们是截取被用诗的字面意义来为自己所需,这使得这些诗歌的原有本义和他们现在被引用或解释下的意义可能完全不同,有很大的差异,因此,这种引诗或解诗方式的随意性很强。假如我们不理解孔子师徒的这种引诗或解诗方式的本质所在,或者我们不理解这是孔子师徒的象征艺术观使然的话,那么我们就很难理解他们所说话的真正含义了。像上文中所说的,"贫而乐,富而好礼"是说君子的高尚的品德修养,而"如切如磋,如琢如磨"是指美男子的体格像雕塑般完美,肌肤像磨过的美玉一样白皙,这二者又有什么关系呢?如果理解了孔子师徒的象征性解诗方式,也就不难理解了。

第二,解诗的哲理性强。从孔子师徒对《诗》的引用和解释

---

① 顾祖钊:《华夏原始文化与三元文学观念》,北京:北京大学出版社,2005年版,第123页。

来看,其引诗和解诗的哲理性很强。孔子师徒所引用之诗可能诗意明显,明白易晓,本来并没有蕴涵深刻的哲理或道德性精神内涵,而他们却赋予其象征性内涵,使其包蕴着哲理性和道德性。像上文中子贡就赋予"如切如磋,如琢如磨"以象征意义和道德内涵,用它来表示和象征仁人君子的道德修养要经过自我努力、自我修养、自我提升,才能达到理想的境界。①

孟子是孔子的再传弟子,孟子的艺术观自然也深受到孔子的象征艺术观的影响,实际上他完全继承了孔子的象征艺术观,甚至还有所发挥。《论语》中记载的孔子师徒引诗或解诗只有数处,而在《孟子》一书中,共有数十处引《诗》,其次数远远超过《论语》。孟子的艺术观也是象征性艺术观,因此,他对《诗》的解释也表现出同样的特征,大多数情况下其解诗方式也是"断章自取","曲解"其义。且看《孟子·万章下》中的一段引诗和解诗:

(万章)曰:"敢问招虞人何以?"

(孟子)曰:"以皮冠。庶人以旃,士以旂,大夫以旌。以大夫之招招虞人,虞人死不敢往,以士之招招庶人,庶人岂敢往哉?况乎以不贤人之招招贤人乎?欲见贤人而不以其道,犹欲其入而闭门也。夫义,路也,礼,门也,惟君子能由是路出入是门也。《诗》云:'周道如砥,其直如矢。君子所履,小人所视。'"②

万章问孟子用何种礼来传唤虞人,孟子说用皮冠,并说传唤庶人要用旃,传唤士人要用旂,传唤大夫要用旌,如果用传唤大夫的礼仪去传唤虞人,虞人是宁死也不敢去的,同样用传唤士人的礼去传唤庶人,庶人也是不敢去的。因此,不同的人要用不

---

① 参见顾祖钊:《华夏原始文化与三元文学观念》,北京:北京大学出版社,2005年版,第122页。
② 阮元:《十三经注疏·孟子注疏》,第2745页。

同的礼仪来传唤。那么如何对待贤者君子呢？孟子认为，一定不要"以不贤人之招招贤人"，必须要待之以礼，并引《诗》说："大道平如磨石，直如箭杆，君子在上面走，小人在旁边看。"孟子在这里引《诗》是意在说明君子贤人走大道，他的正直贤良的一言一行都对小人产生影响，是小人、不贤人学习效仿的榜样。那么此处所引之诗，真的和孟子所要表达的意思一样吗？其实不然。此处所引的诗句出自《诗·小雅·大东》：

　　　　有饛簋飧，有捄棘匕。周道如砥，其直如矢。君子所履，小人所视。眷言顾之，潸焉出涕！

　　　　小东大东，杼柚其空，纠纠葛屦，可以履霜？佻佻公子，行彼周行；既往既来，使我心疚。①

《诗·小雅·大东》是东方诸侯国的臣民为讽刺周王室贵族只知道搜刮民脂民膏，奴役劳动人民，而不知道体恤百姓而作的一首怨愤诗。全诗共有七章，这里引一二两章，其第一章的大意是说：那盒中装满了食物，那枣木勺柄儿弯又弯，那大道平坦如磨石，笔直如箭杆，贵人们在上面走，而小民们干瞪眼，回头再望时，伤心泪满眼。从这一章的大意来看，这首诗对周代的统治者不顾百姓的死活，只知搜刮财物，充满着愤恨和讽刺。而所引的诗句"周道如砥，其直如矢。君子所履，小人所视"，其原意所指是老百姓对贵人们的舒逸和逍遥自在予以抱怨和不满，而不是指正直贤良的人对小人产生影响，是小人学习效仿的榜样。可见，孟子引诗时所指意思已经和诗的原有意思大相径庭了，而这正是孟子的象征思维方式和象征艺术观在引诗和解诗上的表现。

　　《孟子》一书中引诗的地方很多，如果说上文中的引诗是孟子"曲解"诗歌原意的话，下文中的孟子的这种引诗则属于"断章自取"的一种。且看《孟子·滕文公上》中的一段话：

---

① 阮元：《十三经注疏·毛诗正义》，第460页。

滕文公问为国,孟子曰:"民事不可缓也。《诗》云:'昼尔于茅,宵尔索绹,亟其乘屋,其始播百谷。'民之为道也,有恒产者有恒心,无恒产者无恒心。苟无恒心,放辟邪侈,无不为已。及陷乎罪,然后从而刑之,是罔民也。焉有仁人在位罔民而可为也?是故贤者必恭俭礼下,取于民有制。"①

这段话的前半部分的大意是:滕文公向孟子询问如何治理国家,孟子(因具有民本主义思想)就说,一切与老百姓有关的事务都要抓紧,不能放松,就像诗中说的:白天取茅草,晚上搓绳索,赶紧修好房屋,准备着明年早点种庄稼。这里,滕文公询向孟子问治国之道,孟子说要抓好老百姓的一切事务,并引诗来举例说明老百姓家的事很多,如要取草、搓绳、修房、种地等等,这些事(用现代的话来说就是民生工程)都要抓好,言下之意,这些事也都是百姓自家的事。实际上,孟子在这里为了说明百姓的事务,完全"断章自取"了《诗·豳风·七月》里的诗句,而事实上,"昼尔于茅,宵尔索绹,亟其乘屋,其始播百谷",并不是老百姓自家的事务。请看《豳风·七月》中的原句:

　　九月筑场圃,十月纳禾稼,黍稷重穋,禾麻菽麦。
　　嗟我农夫!我稼既同,上入执宫功:
　　昼尔于茅,宵尔索绹,亟其乘屋,其始播百谷。②

这里,我们联系孟子所引诗的上文来看,"昼尔于茅,宵尔索绹,亟其乘屋,其始播百谷",并不是老百姓为自家取草、搓绳、修房子、种地,而是"上入执宫功",这一切辛勤劳作都是为王室贵族所为,难怪百姓们"嗟我农夫!"实际上,《豳风·七月》是西周初年豳地的奴隶或熟悉奴隶生活的人所作的诗歌,它悲叹奴隶的一年四季无休止的劳作和无衣无食的悲惨生活,反映了当时的

---

① 阮元:《十三经注疏·孟子注疏》,第2702页。
② 阮元:《十三经注疏·毛诗正义》,第391页。

阶级对立。可见，这里孟子只为自己的表达需要，完全不顾原诗的上下文语境，任意截取诗歌的一部分。由此我们也可以发现，先秦儒家引诗和解诗，是言在此而意在彼，其引诗和解诗的重心并不在《诗》本身，而是为了政治、外交、礼仪上的某一种需要，诚如庄子所说，"得鱼而忘筌"，而这里的《诗》只是"筌"而已，满足了引诗所要达到的"鱼"（目的）后，《诗》这个"筌"也就被抛弃了①。这在孔子、孟子的引诗中表现得很明显。

荀子时代，儒家象征思维方式和象征艺术观一如既往地得到了发展，荀子的文章中的引诗和解诗之处非常多，《荀子》共有三十二篇，几乎每篇里都有一处或数处引诗或解诗的例子。荀子的引诗和解诗方式与孔孟如出一辙，在性质上还是一样的。我们且看《荀子·修身》里的一处引诗：

> 扁（通遍）善之度：以治气养生，则身后彭祖；以修身自强，则名配尧、禹。宜于时通，利以处穷，礼信是也。凡用血气、志意、知虑，由礼则治通，不由礼则勃（通悖）乱提僈；食饮、衣服、居处、动静，由礼则和节，不由礼则触陷生疾；容貌、态度、进退、趋行，由礼则雅，不由礼则夷固僻违，庸众而野。故人无礼则不生，事无礼则不成，国家无礼则不宁。《诗》曰："礼仪卒度，笑语卒获。"此之谓也。②

荀子认为：无论是道德品质的培养，还是用血气、志意、思虑去处理问题，抑或是饮食、衣服、居处、一举一动都得遵循礼法，如不遵循礼法，就会问题百出；再如，容貌、态度、进退、走路，遵循礼法就文雅，不遵循礼法就傲慢孤僻，庸俗粗野。因此，做人若没有礼法就不能生存，做事若没有礼法，事情就无法办成，治国若没有礼法，就会国无安宁之日。《诗·小雅·楚茨》上说"礼仪恰如其分，言笑正到好处"，说的就是如此吧。可见这里，荀

---

① 陈桐生：《〈孔子诗论〉研究》，北京：中华书局，2004年版，第165页。
② 王先谦：《荀子集解》，北京：中华书局，1988年版，第21—23页。

子引诗是用来说明礼法的重要意义和在修身中的重要作用,把《小雅·楚茨》中的诗句"礼仪卒度,笑语卒获"解释成:礼仪恰如其分,言笑举止符合礼仪,并说这句诗说的就是这个意思。其实,诗句"礼仪卒度,笑语卒获"的本义并非如荀子所引时赋予的含义,其义也不是在说明礼仪、礼法的重要作用。请看《诗·小雅·楚茨》中的诗歌原句:

> 执爨踖踖,为俎孔硕,或燔或炙。
> 君妇莫莫,为豆孔庶,为宾为客。
> 献酬交错,礼仪卒度,笑语卒获。
> 神保是格,"报以介福,万寿攸酢!"①

《诗·小雅·楚茨》是一首周王祭祀祖先的乐歌。所引诗句的大意是:厨师敏捷做菜肴,案上鱼肉真不少,有的红烧有的烤。主妇恭敬又小心,端上佳肴一道道,招待宾客真周到。主劝客饮杯盏交,遵守礼节不喧闹,合乎规矩轻谈笑。祖先神灵已来到,"神用大福来酬报,赐您长寿永不老!"②可见,这里诗句"礼仪卒度,笑语卒获"指的是祭祀礼仪上主客都能各尽其礼,谈笑举止符合规定的意思,这与荀子引用此诗句时所指意思大不相同。而荀子这样引诗,也正是先秦儒家惯有的象征性思维方式和象征艺术观在荀子身上的自觉表现,不但如此,荀子甚至还对儒家象征艺术观做了最清楚明确的表达。《荀子·乐论》说:

> 声乐之象:鼓大丽,钟统实,磬廉制,竽笙肃和,筦籥发猛,埙篪翁博,瑟易良,琴妇好,歌清尽,舞意天道兼。鼓,其乐之君邪! 故鼓似天,钟似地,磬似水,竽笙、箫和、筦籥似星辰日月,鞉、柷、拊、鞷、椌、楬似万物。曷以知舞之意? 曰:目不自见,耳不自闻也,然而治俯仰、诎信、进退、迟速

---

① 阮元:《十三经注疏·毛诗正义》,第468页。
② 译文参见程俊英:《诗经译注》,上海:上海古籍出版社,2004年版,第357页。

莫不廉制,尽筋骨之力以要钟鼓俯会之节,而靡有悖逆者,众积意谆谆乎!①

荀子认为,音乐是一种象征。就乐器来说,每一种乐器都有它的象征意义,鼓象征天,钟象征地,磬象征流水,竽、笙、箫、籥象征日月星辰,鞉、柷、拊、鞷、椌、楬象征自然万物。就乐舞来说,乐舞艺术也是一种象征,即所谓"舞意天道兼"。"天道"即指天意,天的旨意。"兼"是"兼含""兼备"的意思。乐舞艺术兼含着"天道(天意)",它要表达的是"天道",乐舞艺术也就是"天道"的象征。因而,"舞意天道兼"这个象征性命题,也就明确地说明了荀子的艺术观是象征艺术观,至此,儒家象征艺术观也就得到了最清楚明确的表达。荀子对先秦儒家的象征艺术观进行了系统的总结和发挥,使象征艺术观成为那个时代自觉的艺术观②。

总之,春秋战国时期,以孔子为代表的先秦儒家们深受两周礼乐文化和其体现的象征性文化精神的影响,在思维方式上也表现出一种象征性思维方式,这种象征性思维方式使他们把万事万物都看成是一种象征,一种比德,而在对艺术的看法上,他们也同样把艺术看成是一种象征,因而形成了先秦儒家的象征艺术观。而这种象征艺术观特别明显地表现在先秦儒家对《诗》的引用和解释上,《诗》成为他们随意引用和解释,用来表达志意的工具,当然这也是对春秋时期的断章取义的赋诗、用诗之风的继承和延续。先秦之后,儒家的象征艺术观并没有消退,而是靠着它的惯性在后世与其他艺术观一道彼此消长。先秦儒家的象征艺术观实际上是对象征性艺术精神的承传。汉代统治者罢黜百家,独尊儒术,儒学复兴,象征性艺术观和象征性艺术精神也得到了复兴和发展,在随后的时代中,象征性艺

---

① 王先谦:《荀子集解》,北京:中华书局,1988年版,第383—384页。
② 参见顾祖钊:《华夏原始文化与三元文学观念》,北京:北京大学出版社,2005年版,第140页。

术精神和象征艺术观一直长存。而后世文艺理论史上的象征艺术观或哲理艺术观,其根源可以追溯到先秦儒家的象征艺术观和周代礼乐文化的象征性文化精神与艺术精神。

第五章　两周礼乐文化中的象征性艺术精神对后世的影响

第一节　劝谕诗、玄理赋
——汉代诗赋艺术的象征

上文我们重点讨论了两周礼乐文化中的象征性艺术精神及象征性艺术精神对以孔子为代表的先秦儒家的象征艺术观之形成的影响。其实,这种象征性艺术精神对后世的影响是深远的、广泛的,它不仅对先秦儒家的艺术观直接产生影响,就是对相去较远的汉魏、六朝时代的艺术精神也产生了深远影响,甚至可以说象征性艺术精神一直贯穿着中国文学史和艺术史。当然,我们这样说,并不是否定先秦汉魏时期以及后世的抒情艺术观、写实艺术观的兴起和盛行,实际上,在中国文学史和艺术史上,象征性艺术观、抒情性艺术观、写实性艺术观等时常是并存共进的,只不过有可能在某个时期某种艺术观、某种艺术精神占据着主导地位而已。对此,我们需要认识清楚。就汉代的艺术精神而言,汉代的文学艺术受到两周礼乐文化的象征性艺术精神及先秦儒家的象征艺术观的影响颇深。汉代的劝谕诗、玄理赋中充满着象征意味,体现出很明显的象征性艺术精神。本节内容,我们就来讨论汉代的文学艺术尤其是诗赋艺术中体现的象征性艺术精神。

而我们知道,任何时代的文学艺术思想必然与其时代的思想文化、时代背景密切相关,汉代的文学艺术体现出象征性艺术精神自然也是如此。实际上,汉代的文学艺术中体现出象征性艺术精神,与汉代对礼乐文化的重视、巫术文化的继存、儒家思想的复兴等有着重要的关系。因此,我们要讨论汉代的文学艺术中体现出象征性艺术精神,必须首先要弄清楚这三个方面对其产生的重要影响。

第一,汉代重视礼乐文化,礼乐文化再度出现"兴盛"。我们知道,先秦礼乐文化在经过西周的兴起和鼎盛后,在春秋战国时期逐渐走向衰亡,至战国末叶,周代的礼乐文化在制度上已经丧失殆尽。在秦代,秦王朝实行法家思想,礼乐之治被贬斥和摧毁,礼乐之书几乎被焚烧殆尽,礼乐文化遭到毁灭。而到了汉代,汉王朝从秦王朝的灭亡中吸取了教训,认识到仅靠严刑酷法是无法维持王朝的统治的,因此,又重新认识到礼乐文化在治国中的重要意义。《汉书·礼乐志》曰:"文帝时,贾谊以为,'汉承秦之败俗,废礼仪,捐廉耻,今其甚者杀父兄,盗者取庙器,而大臣特以簿书不报期会为故,至于风俗流溢,恬而不怪,以为是适然耳。……汉兴至今二十余年,宜定制度,兴礼乐,然后诸侯轨道,百姓素朴,狱讼衰息'。乃草具其仪,天子说焉。"①汉文帝时太中大夫贾谊就认为,秦代的礼仪尽废,风俗败坏,而汉代应"定制度,兴礼乐",这样就会使"诸侯轨道,百姓素朴,狱讼衰息",于是拟定礼仪制度,而文帝对此欣悦。武帝时期,河间献王刘德也充分认识到礼乐之治的重要作用。《汉书·礼乐志》曰:"是时,河间献王有雅材,亦以为治道非礼乐不成,因献所集雅乐。"②为此他收集了大量的古乐,希望重新使"乐正,雅颂各得其所",《汉书·艺文志》记载他"好儒,与毛生

---

① 班固:《汉书》,北京:中华书局,1962年版,第1030页。
② 班固:《汉书》,北京:中华书局,1962年版,第1070页。

等共采《周官》及诸子言乐事者以作《乐记》,献八佾之舞"①。《乐记》是否为河间献王所作,我们暂且不论,但河间献王重视礼乐,力图振兴和恢复礼乐之治的历史事实,却是可以肯定的。汉代的儒生还根据前人对先秦礼仪制度的有关论述,整理和编辑了礼书——《礼记》,包括戴德所辑《大戴礼记》和戴圣所辑《小戴礼记》(《小戴礼记》即一般所说的《礼记》)。如果不是汉代的礼乐文化重新"兴盛"和官方的支持,《礼记》大概很难在儒生手中成书。《晋书·乐志》亦曰:"宫悬在庭,琴瑟在堂。八音迭奏,雅乐并作,登歌下管,各有常咏,周人之旧也。自汉氏以来,依仿此礼,自造新诗而已。"②由此而见,礼乐文化和礼乐仪式在经历战国和秦代的一度衰退后,在汉代又重新"兴盛"起来。而文化艺术往往就是这样,很可能在某一时期衰落之后又会在另一时期重新"复兴",欧洲十四至十六世纪的文艺复兴就是对古希腊文艺的"复兴",汉代的"礼乐文化"重新"兴盛",亦是对先秦礼乐文化的"复兴"。当然,汉代的"礼乐文化"和周代的礼乐文化是有巨大区别的,它不是直接继承周代的礼乐文化,而是对前代的礼乐文化进行了全面改造,但不管有怎样的变化,汉代的"礼乐文化"和周代的礼乐文化在精神实质上是有许多相通之处的。

既然礼乐文化在汉代又重新"兴盛",而礼乐文化实际上从某种意义上说,是一种仪式性文化或象征性文化,充斥于其中的是一种象征性文化精神和艺术精神,因此,汉代的"礼乐文化"中也充满着象征意味,具有强烈的象征性。我们且看《汉书·礼乐志》中的一段记载:

> 汉兴,乐家有制氏,以雅乐声律世世在大乐官,但能纪其铿锵鼓舞,而不能言其义。高祖时,叔孙通因秦乐人制

---

① 班固:《汉书》,北京:中华书局,1962年版,第1712页。
② 房玄龄:《晋书》(第三册),北京:中华书局,1974年版,第697页。

宗庙乐。大祝迎神于庙门,奏《嘉至》,犹古降神之乐也。皇帝入庙门,奏《永至》,以为行步之节,犹古《采荠》《肆夏》也。乾豆上,奏《登歌》,独上歌,不以管弦乱人声,欲在位者遍闻之,犹古《清庙》之歌也。《登歌》再终,下奏《休成》之乐,美神明既飨也。皇帝就酒东厢,坐定,奏《永安》之乐,美礼已成也。①

从《汉书·礼乐志》的这段话中,我们可以得知两点:第一,汉代重视礼乐,"礼乐文化"颇为"兴盛",有专人"制礼作乐",虽"不能言其义",却能"纪其铿锵鼓舞";第二,汉代的礼乐仪式尤其是用乐具有较强的象征性。高祖时的祭祀礼仪中,太祝迎神于庙门,奏《嘉至》;皇帝入庙门,奏《永至》;摆上祭品时,奏《登歌》;《登歌》奏完后,再下奏《休成》之乐……这里的每一首乐曲都具有特定的象征意义,在什么时间什么场合使用什么乐曲,都有规定,而不是随便使用的,而像《永至》《永安》之乐亦是为汉天子所用,是汉天子身份地位的象征,更是不能为他人所用。由此可见,汉代的"礼乐文化"中充满着象征性文化精神,而汉代的艺术精神受这种象征性文化精神的影响,自然也表现出一种象征性艺术精神,这也就不足为怪了。

第二,汉代的巫术祭祀气息浓厚,巫术祭祀文化依然存在。我们知道,夏商、西周时期以及更早的时期是巫术宗教活动极为发达的时期,但在春秋战国时期,随着"人"的觉醒,无神论思潮的兴起和民本思想的抬头,人们逐渐动摇了对天命遵从和对至高无上鬼神崇拜的信念,人的自我意识觉醒了,人的理性精神凸现了,因而巫术祭祀活动逐渐在人们的生活中降至次要地位。这是中国思想史上第一次由神灵至上向人世间的转移。但是在西汉时期,这种转移似乎又再次倒转过来,西汉时期人们的鬼神观念似乎又退回到夏商时期崇拜天命、敬重鬼神的原

---

① 班固:《汉书》,北京:中华书局,1962年版,第1043页。

始巫术宗教世界中。《汉书·郊祀志上》载汉代初立时,汉高祖就十分重视宗教祭祀活动,他立五帝祠,设太宰、太祝,曾经下诏曰:

> 吾甚重祠而敬祭。今上帝之祭及山川诸神当祠者,各以其时礼祠之如故。①

从高祖下的诏书中可知,高祖自己就宣称"重祠而敬祭",上帝、山川诸神都要按时祭祀,一如过去时代。那么仅仅是高祖重视宗教祭祀吗?不。从《汉书》记载来看,文帝、武帝以及汉代的其他帝王也都是如此。《汉书·郊祀志上》曰:"武帝初即位,尤敬鬼神之祀";又曰:"(武帝)作甘泉宫,中为台室,画天地泰一诸鬼神,而置祭具以致天神。"②《汉书·郊祀志下》亦曰:"元帝即位,遵旧仪,间岁正月,一幸甘泉郊泰畤,又东至河东祠后土,西至雍祠五畤。凡五奉泰畤、后土之祠。"③由此可见,汉代帝王多十分重视宗教祭祀活动,极为尊重鬼神,而与宗教祭祀活动密切相关,汉代人还梦想长生不老,求仙升仙活动非常盛行和频繁,汉武帝修建多座降仙台,还多次派人东向入海去寻仙和不死之药。当然,汉代人的敬事鬼神与夏商时代的敬事鬼神,在本质上并不完全相同。夏商时代的人们,相信鬼神是真实存在的,鬼神高高在上,时刻监视着生人的一举一动,也随时会降临灾祸于生人,因而,那时的先民们对鬼神充满着恐惧感、神秘感,极为敬重鬼神;而西汉时期,人们对鬼神有清晰的认识,鬼神并不以神秘、可怖的形象存在于人们的心目中。人们怀着虔诚的心情敬事鬼神,也不是出于恐惧和害怕,而是出于一种超越世俗的幻想,希求借助于神灵、神仙的牵引,以进入到更高的极乐境界④。这点我们是需要认识清楚的。

---

① 班固:《汉书》,北京:中华书局,1962年版,第1215页。
② 班固:《汉书》,北京:中华书局,1962年版,第1219页。
③ 班固:《汉书》,北京:中华书局,1962年版,第1253页。
④ 徐华:《两汉艺术精神嬗变论》,上海:学林出版社,2003年版,第59页。

那么,为什么到了汉代还会有浓厚的巫术宗教祭祀气息,存在着巫术祭祀文化,人们的神灵观念怎么又倒转过来了呢?其实,这个问题并不难回答。我们且看李泽厚《美的历程》中的一段论述,就可以理解它:

> 其实,汉文化就是楚文化,楚汉不可分。尽管在政治、经济、法律等制度方面,"汉承秦制",刘汉王朝基本上是承袭了秦代体制。但是,在意识形态的某些方面,又特别是在文学艺术领域,汉却依然保持了南楚故地的乡土本色。汉起于楚,刘邦、项羽的基本队伍和核心成员大都来自楚国地区。项羽被围,"四面皆楚歌";刘邦衣锦还乡唱《大风》;西汉宫廷中始终是楚声作主导,都说明这一点。楚汉文化(至少在文艺方面)一脉相承,在内容和形式上都有其明显的继承性和连续性,而不同于先秦北国。楚汉浪漫主义是继先秦理性精神之后,并与它相辅相成的中国古代又一伟大艺术传统,它是主宰两汉艺术的美学思潮。①

从李泽厚的这段论述中,我们知道汉代的文化承续了楚文化,汉高祖本人及其核心成员都是楚地人,高祖衣锦还乡时所唱《大风歌》亦是楚歌。《汉书·礼乐志》曰:"高祖乐楚声,故《房中乐》楚声也。"②而《房中乐》(又名《安世房中歌》)是西汉宗庙中祭祀祖先的庙乐,西汉宫廷内外始终是楚声占据着主导地位。因此,汉文化与楚文化血脉相连,一脉相承。既然汉文化与楚文化如此紧密相连,那么汉文化必然承续了楚文化的许多特征,这是不言而喻的。而我们又知道,由于楚地的巫风盛行,祭祀成俗,楚文化的最大的一个特征就是巫术文化特征很明显,浪漫气息浓厚,象征意味浓烈。比如,楚辞中就巫音缭绕、

---

① 李泽厚:《美学三书·美的历程》,合肥:安徽文艺出版社,1999年版,第74—75页。
② 班固:《汉书》,北京:中华书局,1962年版,第1043页。

长袖飞舞、舞影婆娑、神影飘忽,构成一个个五彩缤纷的象征意象,充满着浪漫气息。屈原所作"楚辞"中,就是形成了一个巨大的、整体的,具有象征意味的"比兴"系统,所谓"《离骚》之文,依诗取兴,引类譬喻。故善鸟香草,以配忠贞;恶禽臭物,以比谗佞;灵修美人,以媲于君;宓妃佚女,以譬贤臣;虬龙鸾凤,以托君子;飘风云霓,以为小人"①。因而,汉楚文化一脉相连,自然汉文化深受楚文化的影响,也充满着浪漫气息和象征意味。如汉人用来祭祀天地四方神祇的郊乐——《郊祀歌》十九章歌就具有楚地巫风的那种瑰丽浪漫的气息。此歌开篇歌词曰:

> 九重开,灵之斿,垂惠恩,鸿祐休。灵之车,结玄云,驾飞龙,羽旄纷。灵之下,若风马,左仓龙,右白虎。灵之来,神哉沛,先以雨,般裔裔。灵之至,庆阴阴,相放佛,震澹心。灵已坐,五音饬,虞至旦,承灵亿。②

此段歌词描写了神灵自九重之天降临人间的过程,神灵飞动,熠熠生辉,弥漫着楚歌中的那种神幻色彩和浪漫气息。总之,汉文化与楚文化一脉相承,而楚文化是典型的巫术文化、象征文化,充满着象征意味,因而,汉代的文化自然也带有浓厚的象征意味,具有象征性文化精神,而这一象征性文化精神深深地影响着汉代的艺术精神,使汉代的文学艺术上体现出一种象征性艺术精神。

第三,儒家思想在秦代沉寂后又在汉代重新复兴。秦始皇统一中国后,为了确保大一统帝国的长久统治,采取了一系列

---

① 王逸:《楚辞章句·离骚经序》,见张少康等:《先秦两汉文论选》,北京:人民文学出版社,1996年版,第614页。魏源《诗比兴笺序》亦曰:"《离骚》之文,依诗取兴,引类譬喻;词不可径也,故有曲而达,情不可激也,故有譬而喻焉;善鸟香草,以配忠贞;恶禽臭物,以比谗佞;灵修美人,以媲君王;宓妃佚女,以譬贤臣;虬龙鸾凤,以托君子;飘风雷电,以喻小人。"(舒芜等:《近代文论选》〈上〉,北京:人民文学出版社,1959年版,第3—4页。)

② 班固:《汉书》,北京:中华书局,1962年版,第1052页。

的措施,其中之一就是实行思想上的统一,当时始皇帝采纳了法家的思想,焚书坑儒,以法为教,以吏为师,以确保一个天下、一个政权、一种思想,而秦王朝越是严酷统治,却越是迅速地走向灭亡。汉代兴起以后,汉皇帝也同样想实行全国的思想统一,但秦朝的严酷极端的思想禁锢导致迅速灭国的前车之鉴,却给汉皇帝敲响了警钟,那就是要改变秦王朝的做法,另寻出路。而当时以治《春秋》而著名的大儒董仲舒即向武帝上书:"诸不在六艺之科,孔子之术者,皆绝其道,勿使并进。"治国和统一思想都要依据儒家思想。汉武帝最终采纳了董仲舒的建议,并颁令以儒学为国家正统之学,儒学取得了"独尊"的地位;汉代还废除了以贵族门第出身或家族富足来选拔任用官吏的唯一做法,通过由政府主持,以儒术、"六经"为应试内容的全国性考试,以选拔任用读书人做官,从而在制度上也保证了儒家思想的统治地位(不过正式的科举考试制度在隋朝才建立)。如此一来,儒家思想在汉代重新复兴了①。

  汉代,儒家思想获得了统治地位,儒学重新复兴,而先秦儒家的思维方式是象征性思维方式,那么汉代的儒家思维方式也是象征性思维方式,尽管汉代的儒学与先秦的儒学有许多不同,但在思维方式上,还是一脉相承的。而这种象征性思维方式突出地在表现汉代的儒家代表人物董仲舒的身上。董氏的象征性思维方式体现在两个方面:其一,董仲舒所构建的儒术是一个"君权神授"的神学体系。他宣称"天"是有人格意志、至高无上的神,主宰着宇宙自然的运行,统治着人世间的一切。而所谓"君权神授"就是"王者授命于天","王者承天意以从事",一个国君(皇帝)的君临天下是由于天命或天意。这就为国君行使君权,发号君威,提供了合法的依据;同时也对国君的权威加以限制,即要求君王时刻检省自己,关注上天的喜怒,按

---

① 参见冯友兰:《中国哲学简史》,北京:新世界出版社,2004年版,第167—178页。

照天意去行事。这样,人间君王(皇帝)就是上天的象征,是代上天在人间行事,君王的权威也就是上天权威的象征,君权也是无比神圣和至高无上的,违背君王的旨意也就是违背天命或天意。其实,董仲舒提出的这套充满着浓烈的象征意味的"君权神授"的神学体系,其目的是要为汉代皇帝君临天下、立国安邦提供一种理论支持的。因为,"在封建时代,所有的君王都是从祖先承受君位,甚至秦始皇帝也不例外。只是到了汉朝,情况不同了。汉高祖刘邦,出身布衣,而君临天下。这就需要某种理论的支撑,董仲舒正是提供了这种理论的支撑"①。

其二,董仲舒提出了"天人一体"和"天人感应"理论。董仲舒认为:"天亦有喜怒之气,哀乐之心,与人相副。以类合之,天人一也。"②他还根据"天人一体"论进一步认为,人在身心两方面都是天的"缩影"和"复制品",人与天必然是一种同构对应的关系:"人有三百六十节,偶天之数也;形体骨肉,偶地之厚也;上有耳目聪明,日月之象也;体有空窍理脉,川谷之象也;心有哀乐喜怒,神气之类也;观人之体,一何高物之甚,而类于天也。……是故人之身,首姴而员,象天容也;发,象星辰也;耳目戾戾,象日月也;鼻口呼吸,象风气也;胸中达知,象神明也,腹胞实虚,象百物也。……天以终岁之数,成人之身,故小节三百六十六,副日数也;大节十二分,副月数也;内有五藏,副五行数也;外有四肢,副四时数也;乍视乍瞑,副昼夜也;乍刚乍柔,副冬夏也;乍哀乍乐,副阴阳也;心有计虑,副度数也;行有伦理,副天地也。"③既然人在形体、精神、情感上都是天的复制品,与天相符,那么人与天的关系也就会具有同类相动、同类相召、相

---

① 冯友兰:《中国哲学简史》,北京:新世界出版社,2004年版,第172页。
② 董仲舒:《春秋繁露·阴阳义》,凌曙注,北京:中华书局,1975年版,第418页。
③ 董仲舒:《春秋繁露·人副天数》,凌曙注,北京:中华书局,1975年版,第439—443页。

互感应的关系①,此即"天人感应"理论。而"天人感应"理论,实际上是把天、地、人作为一个相互感应的象征系统,自然现象成了人伦社会的象征,而社会人伦现象反过来也成为自然(天意)的象征,因而,整个世界就是一个"象征的森林"。这样,董仲舒就把先秦儒家的象征思维方式进一步理论化、系统化了,使儒家的象征思维观成了一个自觉的、成熟的理论体系②。总之,在汉代,以董仲舒为代表的汉儒继承了先秦儒家的象征性思维方式,并进一步予以发展,因而,在汉儒的身上,汉儒的思维方式表现为象征性思维方式也就显得特别明显。

总之,由上文可见,汉代统治阶级重视礼乐文化和礼乐生活,宗教祭祀活动依然是社会生活中的重要事件,而儒家思想又获得了统治地位,儒学重新复兴,而这一切使得先秦的象征性文化精神得以在汉代继续盛行。汉代文化很明显地体现出象征性文化精神。而受这种象征性文化精神的影响,汉代的文学艺术自然也就体现出一种象征性艺术观和象征性艺术精神。而这种象征性艺术观其实在东汉王充那儿就已很清晰地显露。王充的思想来源主要是儒家思想,他信奉儒学,但又超越一般的俗儒之学,尤其是批判西汉大儒董仲舒所建构的"天人感应""五德终始"之类的神学思想体系;王充作为无神论者还认为天道自然并不能主宰人间万事,人死而精气灭,灵魂不能离开肉身而长存。但是,王充在思维方式上却和儒家的思维方式一样,属于象征性思维方式。他还对象征意象观做了理论上的论

---

① 《春秋繁露·同类相动》曰:"今平地注水,去燥就湿,均薪施火,去湿就燥。百物去其所与异,而从其所与同,故气同则会,声比则应,其验皦然也。试调琴瑟而错之,鼓其宫则他宫应之,鼓其商而他商应之,五音比而自鸣,非有神,其数然也。美事召美类,恶事召恶类,类自相应而起也。如马鸣则马应之,牛鸣则牛应之。帝王之将兴也,其美祥亦先见;其将亡也,妖孽亦先见。物故以类相召也。"(董仲舒:《春秋繁露》,凌曙注,北京:中华书局,1975年版,第444—445页。)

② 参见顾祖钊:《华夏原始文化与三元文学观念》,北京:北京大学出版社,2005年版,第162—163页。

述。请看《论衡·乱龙》中的一段话：

> 天子射熊,诸侯射麋,卿大夫射虎豹,士射鹿豕,示服猛也。名布为侯,示射无道诸侯也。夫画布为熊麋之象,名布为侯,礼贵意象,示义取名也。①

把各种不同的野兽,如熊、麋、虎豹、鹿豕等画在布靶上,让天子、诸侯、卿大夫、士等不同地位的人分别去射它们,因而,这些动物形象并不是作为欣赏的对象,它们是不同地位、不同身份的象征。而画布上的"熊麋之象"也就成了具有象征意义的象征意象。因而,意象便是指具有象征意义的形象,"意象"一词也由此而出。而王充能对此做出这样深刻的认识,也说明他深深地懂得象征原理。不仅如此,他还举了一个更明了的例子：

> 礼,宗庙之主,以木为之,长尺二寸,以象先祖。孝子入庙,主心事之,虽知木主非亲,亦当尽敬,有所主事。土龙与木主同,虽知非真,示当感动,立意于象。②

宗庙之中,用一块长一尺二寸的木块作为木主来象征先祖,孝子入庙,明知这不是真的祖先,但也很敬重和感动,这是因为"立意于象"之故,木主之象已经是祖先之象征,而谁又能面对祖先而无动于衷呢？可见,王充对意象观的理解,已经从象征原理到意象概念的认识都十分深刻,就差他没有使用"象征"这一概念了,由此可以说,他是一个自觉的象征理论和象征艺术观的阐释者和建构者③。而王充的这一思想实际上是对《周易·系辞上》中"圣人立象以尽意"这个命题思想的继承和发展。

---

① 北京大学历史系《论衡》注释小组：《论衡注释》,北京：中华书局,1979年版,第923页。
② 北京大学历史系《论衡》注释小组：《论衡注释》,北京：中华书局,1979年版,第922页。
③ 参见顾祖钊：《艺术至境论》,天津：百花文艺出版社,1992年版,第54页。

汉代的象征性艺术观首先体现在汉儒对文艺的认识上,在汉儒的眼中,文学艺术要为封建统治服务,诗歌能"正得失,动天地,感鬼神",起到"经夫妇、成孝敬、厚人伦、美教化、移风俗"的作用,这就将诗歌艺术与政治人伦紧密地联系在一起。《毛诗大序》亦曰:"治世之音安以乐,其政和;乱世之音怨以怒,其政乖;亡国之音哀以思,其民困。"①音乐也同政治人伦紧密联系,"礼乐刑政,其极一也",不同世道有不同的音乐,不同音乐又能反应不同世道,音乐简直是世道的"晴雨表",不同音乐也就成了政治和乐或政治怨乖的象征。正是由于汉儒对文学艺术有着这样的认识,他们在对《诗经》的解释上,也就具有强烈的象征性。《诗经》中的许多诗篇,或是描写青年男女自由热烈的爱情;或是表达征夫久戍在外的思乡之情;或是描写劳动人民的生活艰辛;或是抒发对不恤百姓的统治者的怨愤。但是在汉儒看来,这些原本无关政治伦理道德的诗歌却带上浓重的伦理道德的色彩,具有浓厚的象征意味。他们总是对其做象征性的解释,比如,《诗·郑风·子衿》其歌曰:

青青子衿,悠悠我心。纵我不往,子宁不嗣音?
青青子佩,悠悠我思。纵我不往,子宁不来?
挑兮达兮,在城阙兮。一日不见,如三月兮!②

其歌大意是:你的青色的衣领真是好看,我对你的惦记一刻也没有停歇,即使我没能去找你,你怎么不给我音讯?你的青色的佩带真是漂亮,我对你的思念一直不断,纵然我没能去找你,你怎么不来找我呢?我一个人独自徘徊,在城门楼上久久地等待。哎呀!只是一日没见,怎么好像隔了三个月呀!很显然,这是一首女子思念和等待情人的情诗。可是像这样的情诗,

---

① 张少康等:《先秦两汉文论选》,北京:人民文学出版社,1996年版,第343页。
② 阮元:《十三经注疏·毛诗正义》,第345页。

《毛诗序》却把它解释为:"子衿,刺学校废也。乱世则学校不修也。"①可诗中根本看不出什么"学校废"的迹象,而诗句"一日不见,如三月兮"也被解释成"言礼乐不可一日而废"。这就把一首充满柔情的纯粹的情诗解释成了一首规劝学子不可荒废礼乐学习的政治教化诗。同样,《诗·召南·小星》也被汉儒做了象征性解释,其歌曰:

> 嘒彼小星,三五在东。肃肃宵征,夙夜在公。寔命不同!
>
> 嘒彼小星,维参与昴。肃肃宵征,抱衾与裯。寔命不犹!②

这是一首描写一个小臣为公事出差在外,在星光下急匆匆赶夜路,从而抱怨自己命运不幸的诗歌。诗中的"夙夜在公,寔命不同",已经点明了诗歌的主题,可是《毛诗序》却把它解释为:"小星,惠及下也。夫人无妒忌之行,惠及贱妾,进御于君,知其命有贵贱,能尽其心矣。"③硬是把一首怨愤诗解释成了一首赞颂妇人之美德的教化诗。而汉儒像这样对《诗经》做解释,还有很多例。《周南·卷耳》是一首描写一位妇人思念她远行的丈夫的诗歌。《毛诗序》解释为:"《卷耳》,后妃之志也。又当辅佐君子,求贤审官,知臣下之勤劳,内有进贤之志,而无险诐私谒之心,朝夕思念,至于忧勤也。"④《周南·关雎》是一首描写一个贵族青年热恋一位采荇菜的女子的情诗。闻一多说:"《关雎》,女子采荇于河滨,君子见而悦之。"(《风诗类抄》)诗歌本义确是如此。而《毛诗序》却把它解释为:"《关雎》,后妃之德也,风之始也,所以风天下而正夫妇也。"⑤由此可见,汉儒对《诗》的解释总

---

① 阮元:《十三经注疏·毛诗正义》,第345页。
② 阮元:《十三经注疏·毛诗正义》,第291—292页。
③ 阮元:《十三经注疏·毛诗正义》,第291页。
④ 阮元:《十三经注疏·毛诗正义》,第277页。
⑤ 阮元:《十三经注疏·毛诗正义》,第269页。

是把诗同政治人伦联系起来，本是诗意单纯明了的诗作往往被解释成具有道德象征意味浓厚的象征之作，而汉儒之所以这样解诗，当与他们的象征性思维方式和象征艺术观密切相关。或者说，这样的解诗方式正是他们的象征艺术观的一种突出的显露和体现。

其实，汉代文学艺术上的象征艺术观和象征性艺术精神不仅体现在汉儒对诗歌的象征性解释上，而且在汉代的诗歌创作中，许多具有象征意味和哲理意味的劝谕诗的产生，也表征着汉代的文学艺术体现出一种象征性艺术精神。比如，汉代的五言诗《古诗十九首》中的许多诗篇就是如此。《古诗十九首》的称谓最早出现在南朝梁太子萧统（昭明太子）所编选的《昭明文选》中，这些诗歌的作者不详，向来推测较多，或曰枚乘所作，或曰傅毅之诗；其写作年代也难以准确断定①，但这些诗歌并非一人所作，而是经过两汉文人之手共同创作加工而成，最终成形于东汉末年时期，这却是可以肯定的。

《古诗十九首》顾名思义，共有十九首，大多属于劝喻诗，尽管数量不少，但其表现的内容大致可分为三个方面：一是表现离别相思的伤感与痛楚，《行行重行行》《青青河畔草》等即是如此；二是表现对生命短暂无常的焦虑与喟叹，《青青陵上柏》《回车驾言迈》等即是如此；三是表现人生失意的悲凉与痛苦，《西北有高楼》《明月何皎皎》等即是如此。这些诗歌表现的是对人类自身生存的关注和对生命体验的切身感受，因而感情强烈，情溢词表，有着浓郁的抒情意味，但是诗歌中却充满浓烈的象

---

① 清代沈德潜说："古诗十九首，不必一人之辞，一时之作。大率逐臣弃妻，朋友阔绝，游子他乡，死生新故之感。或寓言，或显言，或反复言。初无奇辟之思，惊险之句，而西京古诗，皆在其下。"（《说诗晬语》）梁启超说："《古诗十九首》虽不是一个人所作，却是一个时代——先后不过数十年间所作，断不会西汉初人有几首，东汉初人有几首，东汉末人又有几首。因为这十几首诗体格韵味都大略相同，确是一时代诗风之表现。"（梁启超：《中国之美文及其历史》，北京：东方出版社，1996年版，第128页。）

征意味、哲理意味。刘勰《文心雕龙·明诗》曰:"古诗佳丽……观其结体散文,直而不野,婉转附物,怊怅切情,实五言之冠冕也。"①明代学者胡应麟《诗薮·内编》卷二曰:"十九首及诸杂诗……兴象玲珑,意致深婉,真可以泣鬼神,动天地。"②这里,刘勰所说的《古诗十九首》"婉转附物,怊怅切情",胡应麟所说的"兴象玲珑,意致深婉",一方面在说《古诗十九首》哀感动人地表达深切的情感;另一方面也认识到《古诗十九首》在表达上曲折深婉,兴象玲珑,象征意味浓厚,充满哲理性。请看《古诗十九首·青青陵上柏》一诗,其歌曰:

> 青青陵上柏,磊磊涧中石。
> 人生天地间,忽如远行客。
> 斗酒相娱乐,聊厚不为薄。
> 驱车策驽马,游戏宛与洛。
> 洛中何郁郁,冠带自相索。
> 长衢罗夹巷,王侯多第宅。
> 两宫遥相望,双阙百余尺。
> 极宴娱心意,戚戚何所迫!③

诗人看到那山冈上的松柏,四季常青,经岁不凋;溪涧中的坚石,四季长存,经岁不朽,而想到人来到世上,寿不如松柏,坚不如众石,好像远行之客,匆匆而来,又匆匆而去,因而思考着生命存在的意义:"人生天地间,忽如远行客",既然生如匆匆过客,那么聊且"斗酒娱乐","驱车策马,游戏宛洛"吧!为什么诗人对生命有着如此的看法,大概与诗人生活的时代和环境有关。东汉末年,社会动荡不已,战争不断,原本靠读书取士,实现仕途理想的文人也游宦无门,四处漂泊,因此,这首诗实际上

---

① 刘勰著,詹锳义证:《文心雕龙义证》(上),上海:上海古籍出版社,1989年版,第193页。
② 胡应麟:《诗薮》,上海:上海古籍出版社,1979年版。
③ 萧统编,李善注:《文选》(下册),长沙:岳麓书社,2002年版,第912页。

是东汉末年大动乱时期诗人对现实处境的绝望的抒写和对人生价值意义的思考,诗人在看似漫不经心的议论中表达情感,也在议论中将深刻的哲理、生命的感悟娓娓道出。因而,这首诗具有丰富的象征性和哲理性,是一首哲理诗。同样,《生年不满百》亦是一首典型的哲理诗:

> 生年不满百,常怀千岁忧。
> 昼短苦夜长,何不秉烛游!
> 为乐当及时,何能待来兹?
> 愚者爱惜费,但为后世嗤。
> 仙人王子乔,难可与等期。①

诗人从生命的短促、人生的无常中,感悟到个体的生命在滚滚的时间长河面前,显得异常短暂;在博大的宇宙之中,又显得异常渺小。因而,在无法超越的时空面前,诗人急切地需求及时行乐,来为这短暂而痛苦的人生寻求一点肉体慰藉和心灵安慰。全诗在议论中表达自己的人生体验和感悟,充满着哲理性。而《驱车上东门》曰:"浩浩阴阳移,年命如朝露。人生忽如寄,寿无金石固。万岁更相送,贤圣莫能度",亦是对人生短暂的感叹;《东城高且长》曰:"回风动地起,秋草萋已绿。四时更变化,岁暮一何速",亦是感叹生命的老去。总之,《古诗十九首》中有许多诗篇在抒情的同时,也在表达着深刻的人生哲理,充满着浓厚的象征意味和哲理意味。实际上,在汉代的诗歌艺术中,不仅《古诗十九首》中有许多哲理诗,而且在汉乐府中,甚至在汉代的文人(如李陵、苏武)的个体诗歌创作中也有许多哲理诗。当然,究其原因,这与汉代的象征性艺术观有着密切的关系。汉代的这些哲理性的劝谕诗对魏晋时代的玄言诗的产生有着深刻的影响。这点我们将在后文中讨论。

汉代的文学艺术除了诗歌艺术取得巨大的成就外,另一个

---

① 萧统编,李善注:《文选》(下册),长沙:岳麓书社,2002年版,第916页。

取得巨大成就的就是"赋"艺术了。与汉代的诗歌一样,汉代的赋作中,也有许多作品是象征之作,充满着哲理意味和象征意味。首先,就汉代的大赋来说,一方面,许多大赋是在汉代回光返照式的浓郁的宗教祭祀的文化氛围中产生的,赋作者自身就是儒家学者,其思维方式亦是象征性思维方式,自然作品中充满着丰富的想象、极度的夸张、瑰丽的意象,难怪汉武帝在览阅司马相如的《大人赋》后,"飘飘有陵云气游天地之间意"。另一方面,许多汉大赋的创作旨在扬善惩恶,道德说教意味浓厚,自然充满着浓厚的象征意味。因此,汉代的许多大赋实际上是象征之作。

其次,就汉代的许多抒情小赋来说,这些小赋大多是赋者或表达对宇宙人生的感悟,或托物以言志抒怀,因而充满着深刻的哲理性,可以称之为玄理赋。这些玄理实际上也都是象征性作品。贾谊的《鹏鸟赋》是作者被贬为长沙王太傅,身处逆境时,有不祥之鸟——鹏鸟入室,贾谊为此伤悼而作,全篇赋中充满着哲理性的议论,阐发对宇宙人生的感悟。张衡的《鸿赋》则以飞鸿自喻,飞鸿落魄之时,只能在墙阴下,扑棱着翅膀,形单影孤,与鸡鹜为邻,捡食着地上的秕糠,这原本哪是飞鸿所为呀!诗人这样来写,正是以飞鸿的不幸遭遇来暗示、象征自己的孤独失志,理想无法实现。毫无疑问,这里的飞鸿形象实际上就是诗人形象的象征,飞鸿的遭遇就是诗人遭遇的象征①。班固的《竹扇赋》、赵壹《穷鸟赋》、祢衡的《鹦鹉赋》等等,也都是充满着哲理性、象征性,是典型的象征之作。而王延寿的《梦赋》则与上述"托物言志"之类的赋不同,它描写了一个与众鬼怪搏斗的噩梦,其创作的缘由,据《古文苑》正文前序曰:"臣弱冠尝夜寝,见鬼物与臣战。遂得东方朔与臣作罥鬼之书,臣遂作赋一篇叙梦,后梦者读后以却鬼,数数有验,臣不敢蔽。"此序

---

① 参见徐华:《两汉艺术精神嬗变论》,上海:学林出版社,2003年版,第134页。

文称《梦赋》是一篇"献赋"之作,但从此赋的内容来看,倒是一篇"自厉"(自我勉励)之作。在这篇赋中,作者描写了一场惊心动魄的与众鬼怪鏖战的梦境。当数不清的鬼怪"群行而辈遥,忽来到吾前,伸臂而舞手,意欲相引牵",而他却面对这些张牙舞爪、心怀邪恶的众鬼怪,毫不退却,勇敢无畏,怒而斥责:"吾含天地之纯和,何妖孽之敢臻。"于是"挥手振拳",同众鬼怪进行惨烈的鏖战,最后"鬼惊魅怖,或蹒跚而欲走,或拘挛而不能步。或中创而婉转,或捧痛而号呼",以鬼怪的失败逃走而告捷①。作者这样来写一场梦境,绝不仅仅是为了写梦境而写梦境,而是有着深刻的用意。王延寿是王逸之子,少有才华,而其生活的东汉安帝、顺帝之时,东汉统治已经处于动荡而腐朽时期,奸臣当道,小人得势,而正直之士却受挤压打击,无法实现自己的理想,自然内心无比痛苦。王延寿描写这场梦境中自己与各路魑魅魍魉的搏斗,酣畅淋漓地宣泄了自己内心中的生命豪情和斗志,也借此伸张正义。因此,《梦赋》中鬼怪意象、与众鬼怪作搏斗的景象都是有深刻的寓意和象征之意,《梦赋》实际上是一篇典型的象征之作。汉代的其他一些玄理赋也是象征之作,在此不再赘述。

　　汉代是个中央集权的大一统的国家,汉王朝要保全这个大一统不像秦王朝那样很快地破灭,不仅需要强有力的军政统治,同时也需要强大的意识形态上的思想统治。汉代相去周代不远,礼宜乐和的赫赫宗周的盛世并不陌生,汉代人希望着礼乐文明再度重现,因而重视礼乐文化,礼乐文化再一次地在汉代"兴盛",而儒家思想也在汉代统治者的大力提倡和支持下,重新复兴,并取得了统治地位。汉代兴起于楚,而楚地巫术成风,祭祀成俗,进入汉代后,自然巫术祭祀活动继存了下来,古老的巫术文化最后一次在汉代掀起了高潮。正因为如此,汉代

---

① 参见徐华:《两汉艺术精神嬗变论》,上海:学林出版社,2003年版,第135—136页。

的文化在性质上与周代的文化很相似,汉代的文化中也充满着象征性文化精神。而受这种象征性文化精神的深刻影响,在汉代也就会产生一种象征艺术观和象征性艺术精神。这种象征艺术观和艺术精神首先在汉儒的身上体现得特别明显。汉儒对《诗》的解释总是寻求其所象征的道德内涵和意义,哪怕是一首纯粹的爱情诗,在他们眼中,也是一首象征之作。不仅如此,汉代的劝谕诗和玄理赋等也都充满着哲理性、象征性,体现出很明显的象征性艺术精神。当然,汉代的艺术精神体现出一种象征性艺术精神,从根源上来说,还是受到两周礼乐文化的象征性艺术精神及先秦儒家的象征艺术观的影响所致。

第二节 玄言诗、哲理诗
——魏晋文学艺术的象征

历史进入东汉末年,一场轰轰烈烈的农民大起义——黄巾起义在中原大地上爆发了。这场大起义虽然以失败而告终,但却严重地摧毁了东汉王朝统治的一统江山,以此为开端,中华民族进入了另一历史进程。经过连年的地方封建地主阶级的武装割据和军阀混战,最终形成了"三分天下"的暂时和平局面——魏、蜀、吴三国鼎立。但这样的和平却蕴藏着更大的危机,不久以后,曹魏政权便吞并了蜀汉,但最终却被掌权的司马氏所篡夺。司马氏建立了晋王朝(史称西晋),随后不久就吞灭了偏安江南的东吴,结束了三国鼎立的格局,中原版图又暂时趋于统一。不过西晋王朝的内部矛盾重重,政权的争夺进入白热化程度,而外部的民族矛盾又日益凸现和激化,这种内外交困的境况很快使西晋王朝走向灭亡。而一部分门阀士族和王室成员偏安江南,在建康(今南京)建立了东晋王朝。不久,随着东晋王朝的灭亡,南方大地上先后更替了宋、齐、梁、陈四个朝代(史称南朝),直到隋朝统一了天下。而与东晋、南朝差不多同时代的时间里,在北方的大地上,也经过了长期的军阀混战,最终由鲜卑族拓跋氏建立了北魏王朝。而北魏灭亡后,又分裂为东魏、西魏,随后东魏又演变为北齐,而西魏又演变为北周,直到隋朝统一了天下①。这一历史时期,从曹魏政权的建立到隋朝统一了大江南北,结束了分裂的格局,将近四百年时间,历史上称其为魏晋南北朝时期。而这一历史时期,是中国中古史上的一个很特殊的时期,也是一个很重要的时期,具体来说,有以下几点特征:

第一,从汉末的农民大起义到隋朝统一天下,将近四百年的历史一直处于分裂和不稳定状态。朝代更替频繁,长的朝代历史有一百余年,而大多数只有十几年或数十年。战争不断,社会动荡不安,豪强地主和门阀士族把持着朝政,朝政黑暗,内忧外患,人民生活在战乱和困苦之中。而对于士人来说,正常的仕途之路被阻隔,更多的士人对社会的黑暗充满着不满。第二,魏晋之际的社会黑暗动荡与政治的不清明,让士人们认识到前途的渺茫与黑暗,而各种灾祸的随时降临,又迫使他们逃避现实,避谈政治与朝政,从而躲进自己的理想世界,谈玄论理,清议清谈,追求自由适性的生活和快意的精神自由。第三,某个社会的动荡与不安,对平民百姓来说,是灾难和困苦的根源,但是对于社会的前进和思想的解放来说,却可能是"催化剂"。社会的动荡和不安有时反而会促进思想解放潮流的蓬勃兴起和发展。比如,战国时期,诸侯争霸不断,战争频仍,社会处于激烈的动荡之中,而恰恰是这样的社会环境却催生了思想大解放学术大发展的胚芽。这一时期,各种思想兴起,各种学术兴盛,百花齐放,百家争鸣。而就魏晋之际的思想解放和新思想的兴起来说,是与战国之际的情形很相类似。两汉儒家思想的统治被打破,两汉经学思想的束缚被破除,魏晋之际的思

---

① 参见任继愈:《中国哲学史》(第二册),北京:人民出版社,1963年版,第163—164页。

想学术便进入到一个新的发展时期,新的思想兴起,新的学术盛行。由此可见,魏晋时代是一个很特殊的时代。

正是由于魏晋时代具有上述一些特征,使得它很不同于其他时代,而这样的时代必然使"魏晋人生观之新型,其期望在超世之理想,其向往为精神之境界,其追求者为玄远之绝对,而遗资生之相对。从哲理上说,所在意欲探求玄远之世界,脱离尘世之苦海,探得生存之奥秘"①。那么,一种新的思想——玄学就产生了。"玄"字语出《道德经》第一章"玄之又玄,众妙之门",原是形容"道",是"玄妙深远、变幻莫测"的意思。从其名称来看,玄学实际上是老庄思想的延续,但又不同于老庄思想。比如,它讨论"有"和"无"、"言"和"意"之关系等,但已不同于道家的"有无""言意"的思想了。玄学成其为玄学,乃是有其新的思想成分,即是关于本末有无的本体论、形而上学及其相关的一系列重要问题②。而玄风的鼓荡,深刻地影响着士人的生活和心态,许多士人手持麈尾,口说三玄,竞说玄理,辩论有无。对此《世说新语》《人物志》都有很多记载③。而与"谈玄"密切相关的是魏晋时代盛行"清谈"之风,"清谈"是清新、精妙谈话的意思。它是当时的士人们用精妙、风趣的语言来表达和交流精微的思想、深刻的哲理,是文人名士间流行的一种情趣高雅的活动。人们热衷于"谈玄""清议",以至于"在那个时代,'玄'、'清'不仅已经成了士人言谈追求的境界,也成了士人生活追求的境界"④。而"玄""清"之风的盛行,必然会深刻地影响着魏晋名士们的言谈举止和思维方式,而在思维方式上,他们形成了一种哲理性思维或象征性思维。魏晋时人的语言中充满着机智性、哲理性,就是这种象征性思维的一种体现。《世说新语·

---

① 汤用彤:《魏晋玄学论稿》,上海:上海古籍出版社,2005年版,第180页。
② 汤用彤:《魏晋玄学论稿》,上海:上海古籍出版社,2005年版,第7页。
③ 葛兆光:《中国思想史》(第一卷),上海:复旦大学出版社,第334页。
④ 葛兆光:《中国思想史》(第一卷),上海:复旦大学出版社,第339页。

言语》:"孔融被收,中外惶怖。时融儿大者九岁,小者八岁,二儿故琢钉戏,了无遽容。融谓使者曰:'冀罪止于身,二儿可得全不?'儿徐进曰:'大人岂见覆巢之下,复有完卵乎?'寻亦收至。"①孔融之子,小小年纪,在孔融被收后与其父的对话中,显得思维敏捷,应对机智,话语中充满着哲理性。而在《世说新语·简傲》中记载的魏晋名士嵇康与钟会的对话,同样充满着妙趣和哲理:"钟士季精有才理,先不识嵇康,钟要于时贤俊之士,俱往寻康。康方大树下锻,向子期为佐鼓排。康扬槌不辍,旁若无人,移时不交一言。钟起去,康曰:'何所闻而来?何所见而去?'钟曰:'闻所闻而来,见所见而去。'"②玄风大畅下的这些对话语言微言大义,蕴涵着精微的哲理,意味深长而内涵丰富,当是魏晋时人的一种哲理性思维或象征性思维的典型体现。

既然魏晋时代,"玄""清"之风大畅,玄学思想取得了主导地位并影响着时人的思维和思想,那么必然也会向与哲学思想密切相关的美学思想和文艺思想领域渗透,其中最主要的一个方面就是助使先秦两汉以来的哲理性艺术观和象征性艺术观继续在魏晋时代延留。而这种哲理艺术观在王弼身上体现得最为明显并影响巨大。王弼(226—249)是曹魏时代的玄学大师,正始(魏齐王年号)时期大畅的玄学之风就是在他的倡导下而形成的。王弼不是艺术家美学家,他当然不是直接阐发他的哲理艺术观,这种哲理艺术观是体现在他对意象原理及言象意之关系的阐发之中的。关于"言象意"之关系是一个古老的命题。《周易·系辞上》曰:

子曰:"书不尽言,言不尽意。"然则圣人之意其不可见

---

① 张万起、刘尚慈:《世说新语译注》,北京:中华书局,1998年版,第49页。
② 张万起、刘尚慈:《世说新语译注》,北京:中华书局,1998年版,第762—763页。

乎？子曰："圣人立象以尽意，设卦以尽情伪。"①

在《周易》时代，人们已经发现文字与语言、语言与思想之间的距离和不一致性，那么，圣人的思想难道就不能体现了吗？为此人们想出了解决这一"矛盾"的办法，那就是"圣人立象以尽意"，即运用创造象征意象来表达思想。这是中华民族古老的诗性思维的一种体现，是巫术文化时代人们解决这一问题的方式方法。而在庄子时代，"言象意"之关系成了"言意之辩"，舍弃了"立象"的一环，这就变成了一个纯哲学上的命题。在庄子看来，语言是可以达意的（不过表达的只是浅层的、粗略的大意），但是不能尽意（深层的、精微的思想是语言所无法表达的）。而语言和思想的关系是工具和目的的关系，《庄子·外物》曰：

> 筌者，所以在鱼，得鱼而忘筌；蹄者，所以在兔，得兔而忘蹄；言者所以在意，得意而忘言。吾安得夫忘言之人而与之言哉？②

庄子认为，语言和思想的关系犹如"筌"和"鱼""蹄"和"兔"之关系，"筌"和"蹄"分别是捕猎鱼兔的工具，语言和思想也是如此，语言是思想的工具。"得鱼""得兔"之后，捕猎鱼兔的"筌""蹄"之工具就可以置于一边了，表达了思想后，也可以将语言丢置于一边，"得意而忘言"，千万不可执着于语言，局限于语言，因为"言不尽意"。庄子认识到"言意"之间的距离，提出了"得意忘言"的解决问题的方法，不过他舍弃了"立象"的一环，反而没有解决问题。这一命题也就变成了一个思辨性哲学命题。而到了王弼那儿，王弼用《庄》注《易》，引用庄子"得鱼而忘筌"的思想，重新解释"言象意"之关系，意象原理也在这儿重新得到新解。王弼《周易略例·明象》曰：

---

① 阮元：《十三经注疏·周易正义》，第82页。
② 陈鼓应：《庄子今注今译》（下），北京：中华书局，1983年版，第725页。

> 夫象者,出意者也;言者,明象者也。尽意莫若象,尽象莫若言。言生于象,故可寻言以观象;象生于意,故可寻象以观意。意以象尽,象以言著。
>
> 故言者,所以明象,得象而忘言;象者,所以存意,得意而忘象。犹蹄者所以在兔,得兔而忘蹄;筌者所以在鱼,得鱼而忘筌也。
>
> 然则,言者,象之蹄也;象者,意之筌也。是故存言者,非得象者也;存象者,非得意者也。①

王弼认为,"象"出于"意",而"言"是明"象"的,"象"可以尽"意","言"可以尽"象"。那么,"言"和"意"之间的"矛盾",就可以用"象"来沟通,达到"意以象尽,象以言著",这样问题就解决了。而王弼这样来解释古老的"易"象原理,实际上是与文学艺术上的象征意象相通的。他的这一思想也可以看成是文艺和美学思想。这可以从两个方面来理解:第一,从文艺创作上看,有了"意"(思想),通过艺术构思创造"象"(象征意象),再经过"言"(文学语言)表达出来。这不是一个完整的艺术创造过程吗?而从文艺欣赏角度来看,有了"言"(文学语言),可以"寻言以观象",通过文学语言来再现象征意象,再"寻象以观意",通过象征意象来把握作品的思想。第二,王弼所说的"得象而忘言""得意而忘象",说明不可执着于"言""象",可以像得到鱼兔后抛置"筌""蹄"一样,在得到思想后也可以抛置语言和意象本身。这种对象征原理的解释和西方美学史上的象征原理有许多暗合之处。黑格尔认为:"象征一般是直接呈现于感性观照的一种现成的外在事物,对这种外在事物并不直接就它本身来看,而是就它所暗示的一种较广泛较普遍的意义来看。"②其也

---

① 王弼著,楼宇烈校释:《王弼集校释》(下册),北京:中华书局,1980年版,第609页。
② [德]黑格尔:《美学》第二卷,朱光潜译,北京:商务印书馆,1979年版,第10页。

强调象征并不能局限于象征意象本身,而要就它所暗示和象征的意义来看,这类似于王弼所说的"得意而忘象",可见二者在对象征原理的阐释上有着相当多的相似之处。当然,实际上在象征中,象征意象也很重要,并不是完全可以"忘"的,如果"得意而忘象"绝对化了,那也就不是象征了。由于王弼对象征意象和象征原理有着如此深刻的认识,他在《周易略例·明象》中说:"触类可为其象,合义可为其征。"①"象征"概念几乎在他那儿呼之欲出了。如果把王弼几乎提出的"象征"概念和西方文论范畴的"象征"概念的提出相比较,显然,中国古人的提出时间要早得多,且认识也更深刻。总之,王弼作为玄学大师,对意象原理及言象意之关系做了精辟的阐释,而就在这种阐释中,他的哲理艺术观也充分体现出来了。当然,王弼对象征原理和象征意象有着深刻的认识,与他的思想渊源有着密切的关系。一方面,王弼是曹魏时人,他的祖父是"建安七子"王粲,父祖两辈都与荆州之学有关。汤用彤说:"王弼之家学,上溯荆州,出于宋氏。夫宋氏重性与天道,辅嗣好玄理,其中演变应有相当之连系也。"②这就是说,王弼的家学渊源就受到玄理之学的影响。另一方面,魏晋时期的玄学家所受教育来于家庭,而家庭之礼教还未堕落,名士们依然学习儒学,推崇孔子为圣人。王弼自然也是如此,而且他还注《周易》《论语》,当然,王弼治儒经不同于汉儒,但是并没有非议儒经,甚至还为儒家人物辩护③。而我们知道,《周易》的思维方式和儒家的思维方式都是象征性思维方式,王弼在注《周易》《论语》的过程中,自然会深受这种象征性思维方式的影响,在对象征原理的认识上也就较他人更深刻。

其实,魏晋六朝时代,象征艺术观一直存在着并继续发展,

---

① 王弼著,楼宇烈校释:《王弼集校释》(下册),北京:中华书局,1980年版,第609页。
② 汤用彤:《魏晋玄学论稿》,上海:上海古籍出版社,2005年版,第71页。
③ 汤用彤:《魏晋玄学论稿》,上海:上海古籍出版社,2005年版,第25页。

象征艺术观的理论也得到进一步的发展。刘勰在《文心雕龙·隐秀篇》中说：

> 夫隐之为体，义生文外，秘响傍通，伏采潜发，譬爻象之变互体，川渎之韫珠玉也。故互体变爻，而化成四象；珠玉潜水，而澜表方圆。始正而末奇，内明而外润，使玩之者无穷，味之者不厌矣。①

所谓"隐之为体"的"隐"，暗含着象征原理，它强调通过含蓄、暗示、象征的方法来表达弦外之意，这和《周易》运用象征原理来以爻象及其变化来表达道理是一样的。运用"隐"体，会使含意深刻，耐人寻味，"使玩之者无穷，味之者不厌"，而这正是象征所具有的效果。不仅如此，刘勰还在《比兴篇》中大加称赞"兴"，而"兴"是一种托喻，是用小事物去象征大道理，实际上就是一种象征。魏晋时期的创作中，"比"日渐增多，而"兴"却减少，刘勰说："日用乎'比'，月忘乎'兴'，习小而弃大，所以文谢于周人也。"对先秦时代的象征文艺传统的丢失，刘勰感到遗憾。由此可见，魏晋时代的象征艺术观或文艺观还是继续存在并得到一定的发展。

魏晋六朝时期，不但在理论建设上，象征艺术观或哲理艺术观继续存在并得到发展，而且在文艺创作上，深受玄学之风和象征艺术观的影响，在诗赋中体现出象征性艺术精神。沈约《宋书·谢灵运传》曰："有晋中兴，玄风独扇，为学穷于柱下，博物止乎七篇，驰骋文辞，义单乎此。"②刘勰《文心雕龙·时序》曰："自中朝贵玄，江左称盛，因谈余气，流成文体。是以世极迍邅，而辞意夷泰，诗必柱下之旨归，赋乃漆园之义疏。"③而在这

---

① 刘勰著，詹锳义证：《文心雕龙义证》（下），上海：上海古籍出版社，1989年版，第1487—1492页。
② 沈约：《宋书》（第六册），北京：中华书局，1974年版，第1778页。
③ 刘勰著，詹锳义证：《文心雕龙义证》（下），上海：上海古籍出版社，1989年版，第1710页。

样的玄风鼓荡下,一切以玄理为旨归,自然会产生许多哲理诗和玄言诗,特别是玄言诗在魏晋时期兴盛一百余年而不衰,而这些玄言诗也大多是哲理性诗歌,具有深刻的哲理性和象征性,体现出象征性艺术精神。阮籍《咏怀》其一:

> 夜中不能寐,起坐弹鸣琴。
> 薄帷鉴明月,清风吹我衿。
> 孤鸿号外野,翔鸟鸣北林。
> 徘徊将何见?忧思独伤心!①

这是阮籍《咏怀》组诗的第一首,诗中表现出一种莫名的忧愁和焦虑,反映出魏晋时代普通士人在"常虑祸患"的境遇中所承受的沉重压力和孤寂感。"孤鸿号外野,翔鸟鸣北林"句,就是用象征来表现这种情绪的。此句诗充满着强烈的象征意味,我们仿佛看到那哀号的孤鸿、哀鸣的飞鸟就是诗人的象征,孤独、寂寞。正因为此诗中象征意味浓厚,诗歌显得含蓄而耐人寻味,所以唐代李善注此曰:"虽志在刺讥,而文多隐避。百代之下,难以情测。"②如果说这首诗是一首象征之作,那么阮籍的下一首《咏怀》则是一首哲理诗:

> 天马出西北,由来从东道。
> 春秋非有托,富贵焉常保?
> 清露被皋兰,凝霜沾野草。
> 朝为媚少年,夕暮成丑老!
> 自非王子晋,谁能常美好?③

这首诗是诗人在那朝夕变幻,无法把握自己命运的时代境遇中的一种沉重的感叹。天马本从西来,却出自东道;春秋代序,贫富相移;早上还是妩媚少年,夕暮即成丑陋的老头。这一切都

---

① 萧统编,李善注:《文选》(上册),长沙:岳麓书社,2002年版,第717页。
② 萧统编,李善注:《文选》(上册),长沙:岳麓书社,2002年版,第717页。
③ 萧统编,李善注:《文选》(上册),长沙:岳麓书社,2002年版,第719页。

是在变幻之中，没有永恒，没有常态。而这正是诗人对宇宙、生命的真切体验和感悟。可见，诗中充满着强烈的哲理性和象征性，而这正是魏晋时代的象征艺术观和象征性艺术精神所使然。不仅阮籍的许多诗属于哲理诗，而像左思、陆机、陶渊明等人的许多诗作也都是如此。

魏晋的玄言诗则把玄学思想和玄理融入诗中，使诗歌中充满着强烈的哲理性和玄理性，是典型的哲理之作和象征之作。如嵇康就深受玄学思想的影响，他的诗作中就很明显地体现出这一特征，其《赠秀才入军五首》其四：

> 息徒兰圃，秣马华山。
> 流磻平皋，垂纶长川。
> 目送归鸿，手挥五弦。
> 俯仰自得，游心太玄。
> 嘉彼钓叟，得鱼忘筌。
> 郢人逝矣，谁与尽言？①

这首诗几乎化玄理议论直接入诗句，将玄理与艺术融为一体。"目送归鸿，手挥五弦。俯仰自得，游心太玄"，对诗人来说，诗歌、琴乐已经是他体道游心的生存方式了，抚琴、吟诗只是他借以表达心志的手段。可见，全诗中充满着玄理意味，是典型的哲理之作。王羲之的《兰亭诗六首》（其三）曰：

> 三春启群品，寄畅在所因。
> 仰望碧天际，俯磐绿水滨。
> 寥朗无厓观，寓目理自陈。
> 大矣造化功，万殊莫不均。
> 群籁虽参差，适我无非新。②

---

① 萧统编，李善注：《文选》（上册），长沙：岳麓书社，2002年版，第762页。
② 吴小如、王运熙等：《汉魏六朝诗鉴赏辞典》，上海：上海辞书出版社，1992年版，第452页。

《兰亭诗》是玄言诗的代表。此首诗中诗人面着寥廓朗畅、无垠无际的自然美景,不仅是陶醉和享受,而是激起了对宇宙和生命的思索,从大自然中悟出了自然与人生的真谛,诗中充满着哲理性。而孙绰的《答许询诗》诗句"仰观大造,俯览时物。机过患生,吉凶相拂。智以利昏,识由情屈",则简直似偈语。这就难怪钟嵘《诗品序》曰:"永嘉时,贵黄老,稍尚虚谈,于时篇什,理过其辞,淡乎寡味。爱及江左,微波尚传,孙绰、许询、桓、庾诸公诗,皆平典似《道德论》,建安风力尽矣。"①对玄言诗的哲理性太过而"淡乎寡味",缺乏诗美性,做出批评。但这恰好从反面说明魏晋玄言诗盛行于世,充满着哲理性和象征性,体现出象征性艺术精神。当然,魏晋六朝时期,象征艺术观和象征性艺术精神继续贯穿在当时的艺术创作中,并不是说象征艺术是唯一的形式。实际上,魏晋时期,随着"文"的自觉,抒情性作品大量出现,刘勰《文心雕龙》有《情采篇》专门讨论"情"与"理"之关系;谢灵运的许多诗作吟咏了自然山水等,都说明了抒情艺术观的存在。

总之,魏晋六朝时期,"玄""清"之风大盛,在此影响下,先秦两汉以来的象征艺术观和哲理艺术观继续得到推进。在艺术创作上,哲理诗和玄言诗大量出现,这些诗歌充满着哲理性和象征性,体现出象征性艺术精神。当然,就这种象征性艺术精神的最终根源来说,则可以追溯到两周礼乐文化中的象征性艺术精神,而这种象征性艺术精神在魏晋六朝以后,还继续存在于其他的朝代里,它和其他的艺术精神一道成为中国文艺理论史上和创作史上的多种艺术精神之一。

---

① 钟嵘著,周振甫注:《诗品译注》,北京:中华书局,1998年版,第17页。

结 束 语

我国历史上的两周时期大约处于公元前十一世纪至公元前三世纪,前后绵延八百余年,历史长久为历代之最。这一时期在我国历史上是个特别重要的时期,被称为"轴心时代"。一是因为周族建国后,通过大举分封,建立了以血缘关系为纽带的宗法制统治社会。我国的社会制度开始由奴隶制社会向封建制社会过渡,这是我国古代社会的一次重要转型——即从奴隶制开始转变为封建制;二是周人实行了宗法制和分封制,并将"礼"进行系统化和理论化,把它提高到治国保天下的地位,从而以"礼治"代替了过去殷人的"鬼治""乐治",殷商时代的宗教性礼乐也就在周代转变为政教性礼乐,这是我国历史上的一次重要的文化转型——即由乐文化转变为礼文化。正是由于这两方面的转型,两周时期(特别是西周时期)的人文之礼就非常发达,礼乐文化也就达到了我国历史上的鼎盛时期。当然,两周时期的礼乐文化的发达是与周代以前的礼乐文化的充分发展分不开的。早在原始社会时期,礼乐文化就已经萌芽了,而在夏商时期,乐文化非常发达,尤其在殷代,殷人简直以乐为治,殷代人相信鬼神的真实存在,鬼神可以随时降临祸福于人间,因而,生人要取悦它们,使鬼神们高兴,而殷人认为乐正好具有这种功能,因而,乐自然在殷代备受重视而发达。因此,夏商时代的乐文化的发达自然有助于周代礼乐文化走向鼎盛发达。

周代的礼乐文化包括礼和乐两个方面，礼和乐并重，相需为用。礼乐既是制度，又是道德规范，礼乐作为制度和规范渗透在周代人的各种政治生活和社会生活之中，因而，周代人的生活实际上是一种礼乐生活。而在周代人的礼乐生活中，巫术宗教祭祀活动依然占据着重要地位，甚至是核心地位，当然这与"周因于殷礼"有关，周代沿袭了殷代的礼制，自然殷代兴盛的宗教祭祀之礼在周代继续留存下来，使得周代"国之大事，在祀与戎"。而就在"戎"（战争）中，也有"受脤"（接受祭肉）之礼，因而在两周社会中，巫术宗教气息还很浓厚，宗教祭祀活动依然占据着重要地位。因此，在某种意义上可以说，两周礼乐文化实际上就是一种宗教祭祀文化。既是如此，两周礼乐文化中的宗教祭祀也就经常举行，而祭祀常常要举行各种祭祀活动并进行隆重的乐舞表演，祭祀活动和乐舞表演在长期的举行过程中逐渐形成了一套特定的仪式（或动作），而这种仪式（或动作）及其内在的意义就在程序化的过程中逐渐沉淀为一种象征，此其一。其二，两周礼乐文化中宗教祭祀活动占据着重要地位，而巫术宗教活动所具有的思维方式便是一种巫术性思维，这种巫术性思维便是典型的象征性思维，形成于殷周时代的《周易》是一本卜筮纪录之书，其思维方式便是典型的象征性思维。因此，两周时代的巫术性思维（象征性思维）必然使两周礼乐文化充满着象征性。

　　比如，两周礼乐生活中的"佩玉"和"尸"就是一种象征，充满着浓厚的象征意味。佩玉作为一种装饰品，早在先周以前就已经流行，但是在周代，周代贵族阶级身上佩戴玉器，不仅仅作为一种装饰来美化身体，更是作为一种象征，佩玉晶莹光亮、温润细密的良好品质是周代君子温文尔雅、纯洁温润的良好品德和高尚情怀的象征。正因为如此，在周代，"君无故，玉不去身"，"凡带必有佩玉，唯丧否"。周代的贵族阶级中，上到天子，下到大夫、士等各级贵族，佩带玉饰品成为他们礼乐生活中的必然举动。两周时期的宗庙祭祀中的用"尸"制度也是一种象征。"尸"是宗庙祭祀时充当祖先神灵受人祭拜之人,往往由受祭祖先的孙辈人来充当。用"尸"之风自古有之,但只有到了两周时期才成为一种制度。"尸"是典型的象征,在宗庙祭祀时,"尸"作为祖先神灵的象征受人祭拜,便象征着祖先。正因为如此,即使是威赫天下的国君在进入庙门之后也是以儿臣的身份自称,对装扮"尸"的人毕恭毕敬,因为,这时的"尸"不再是普通的臣民,而是祖先的象征,而谁又能对祖先不毕恭毕敬呢?实际上,不仅周代贵族悬挂佩玉和宗庙祭祀中的用"尸"制度充满着浓厚的象征意味,两周礼乐生活中的其他方面也都具有象征性。因此,两周礼乐文化充满着浓厚的象征意味,实际上就是一种象征文化。既然两周礼乐文化是一种象征文化,那么贯穿于这种象征文化中的文化精神就是一种象征性文化精神。而艺术是文化的一部分,艺术与文化的关系最为密切,那么艺术精神也就必然与文化精神关系密切。甚至从宽泛的意义上说,艺术精神就是一种文化精神,且是文化精神中最为重要的一部分。因此,两周礼乐文化中的象征性文化精神必然深深地影响着其时的艺术精神,从而使两周礼乐文化中的艺术形成一种象征性艺术精神。而这种象征性艺术精神尤为明显地体现在两周礼乐文化中的乐舞艺术、青铜艺术和诗歌艺术之中。

比如,两周礼乐文化中的乐舞艺术非常丰富,有"六大舞""六小舞"等,广泛地使用于周代礼乐生活中的各种礼仪场合中,不过这些乐舞艺术很少是作为纯粹的仅供人娱悦耳目的艺术样式而存在的,或者说是具有独立意义和纯审美价值的艺术。这是因为两周礼乐文化中的乐舞艺术作为礼乐文化之重要组成部分,并没有自由独立过,而是始终笼罩在礼乐文化的氛围中,受两周礼乐文化中的象征性文化精神的影响,这些乐舞艺术也充满着浓烈的象征意味,更多地表现为一种象征。"乐者,通伦理者也"。乐舞艺术总是与社会政治、伦理道德紧密地联系在一起,承载着巨大而深刻的社会意义。"乐者,德之华也"。乐舞艺术不仅具有形式上、情感上的美感因素,更是作为一种伦理道德的载体,是作为一种社会伦理道德的象征。因而,两周礼乐文化中的乐舞艺术中充满着浓烈的象征意味,体现出象征性艺术精神。不仅如此,两周礼乐文化中的青铜艺术也同样具有强烈的象征性,因为,两周礼乐文化中的青铜艺术大多作为礼器或兵器,是两周礼乐文化中的重要组成部分,始终受到两周礼乐文化的象征性文化精神的浸染,自然也充满着浓厚的象征意味,体现出象征性艺术精神。首先,从青铜器的体积上看,有些铜器的体积非常庞大且有气势,如青铜鼎类就是如此,而这正是周代贵族统治阶级铸造巨大的鼎器,以其庞大的体势来象征贵族阶级统治的稳固和长久。其次,从青铜器的形制上看,有些铜器的造型特别怪异、可怖,如人头与兽口结合在一起,或多种神异的怪兽结合在一起等,而这正是统治阶级以此来象征着王权的威严和神圣。再次,从青铜器的纹饰上看,大多数青铜器的纹饰是饕餮纹。青铜饕餮以其巨睛、裂口、獠牙、犄角、立耳的恐怖形象,给人以威猛、狰狞、恐怖、神秘之感,而周代贵族统治阶级正是以此来暗示和象征王权的神秘和威严及阶级统治的可畏。由此可见,两周礼乐文化中的青铜器艺术具有强烈的象征性,青铜器类也在周人长期的礼乐生活中逐渐成为奴隶主贵族阶级的身份地位和等级权势的象征,而其造型和纹饰也是奴隶主贵族阶级的精神意志和情感意愿的集中体现。两周礼乐文化中的诗歌艺术也具有强烈的象征性,体现出象征性艺术精神。因为,一方面,两周时期的诗乐舞三位一体,紧密联系,诗歌艺术还从属于周人的雅乐系统,并被频繁地使用于贵族阶级的礼乐生活中,是两周礼乐文化的一个重要组成部分,自然两周礼乐文化的象征性文化精神必然对其产生深深的影响,使其体现出象征性艺术精神;另一方面,诗歌艺术自产生并经过一段原始歌谣的发展之后,就逐渐地与巫术宗教自为地结合在一起,成为巫术宗教活动中的一个组成部分,自然巫术宗教所具有的象征性文化精神和巫术性思维必然会影响诗歌的艺术精神。就两周礼乐文化中的诗歌艺术来看,有很大一部分是宗教祭祀诗歌,自然深受象征性文化精神影响,从而具有强烈的象征性。如祭祀文王的《清庙》一诗就具有象征意味,体现出象征性艺术精神。而就两周礼乐文化中的诗歌艺术的"比兴"美学原则的运用,从广义上说,也是一种象征,而在周代的各种礼仪和宴会场合中,演奏诗歌乐章或"赋诗言志"也都是把诗歌作为一种象征。因此,两周礼乐文化中的乐舞艺术、青铜艺术和诗歌艺术都可以说是一种象征艺术,体现的艺术精神就是一种象征性艺术精神,而这种象征性艺术精神对后世产生巨大而深远的影响。

首先,以孔子为代表的先秦儒家(特别是孔子)就深受两周礼乐文化及其体现的象征性文化(艺术)精神的影响并承传了它。先秦儒家生活在春秋战国时代,那时虽已"礼崩乐坏",但礼乐文化并没有完全衰退,而儒家又信而好古,对"郁郁乎文哉"的周礼推崇备至。如孔子一生孜孜以求的就是问礼、学礼、复礼、传礼,以恢复周礼和改造周礼为己任。因而,先秦儒家必定深受礼乐文化的象征性文化精神的影响,再加上儒家自身又从巫祝卜史之流脱身而来,深受巫术宗教的巫术性思维的影响,因而,在思维方式上,先秦儒家表现出象征性思维方式,而这种象征性思维方式使他们把万事万物都看成一种象征、一种比德,看山不是山,看水不是水,而在文学艺术观上,也自然形成了象征艺术观。儒家总是把文学艺术与"礼""义"联系起来,重视礼(礼节、仪式)和乐(诗歌、音乐、舞蹈的综合艺术)所象征的"仁""义""理"等道德内涵,在他们眼中,诗乐舞都具有象征意义。比如,他们认为乐舞艺术是一种象征,"舞意天道兼",乐舞艺术兼含"天道(天意)",乐舞艺术要表达的是"天道",因而乐舞艺术就是"天道"的象征,而"舞意天道兼"也就是先秦儒家象征艺术观最清楚、最明确的表达。而先秦儒家在对《诗》的引用和解释上,随意引用,任意"曲解",也正是他们的象征艺术观所使然。

其次,先秦之后的文学艺术也深受两周礼乐文化的象征性艺术精神的影响,蕴涵着深刻的象征意蕴,体现出象征性艺术精神。汉代与周代相去不远,周代辉煌的礼乐文化在汉代人的记忆中还没有尘封,又加上秦代以法家思想治国的失败,使汉代统治者重新重视礼乐文化和礼乐生活,因而礼乐文化重新在汉代"兴盛",而尤为推崇礼乐文化的儒家思想也获得了思想统治地位,儒学重新复兴。而且楚汉相连,汉起楚地,楚文化的巫术祭祀之风也深深地影响着汉文化。这一切使得先秦的象征性文化精神得以在汉代继续盛行,而在文学艺术上,受这种象征性文化精神的影响,汉代的文学艺术自然也就体现出一种象征性艺术观或象征性艺术精神。汉代的象征性艺术观首先体现在汉儒对文学艺术的认识上,他们总是把文学艺术与政治人伦紧密地联系在一起,一首原本无关政治伦理道德的诗歌,在他们看来,却带有浓重的伦理道德化色彩,具有浓厚的象征意味,并总是被作象征性的解释。其次,汉代的象征艺术观或象征性艺术精神还体现在其时的劝谕诗、玄理赋和哲理诗中,像《古诗十九首》《鹏鸟赋》《梦赋》等诗赋艺术都充满着浓烈的象征意味和哲理意味,很明显地体现出象征性艺术精神。魏晋时期,玄学兴起,清谈之风盛行,魏晋名士风流倜傥,谈玄论道。这一时期的诗学思想和艺术精神延续了前代的象征性艺术精神,而在此背景下产生的玄言诗兴盛一百余年而不衰,这些玄言诗大多数是典型的哲理诗,具有深刻的哲理性和深长的象征意味,体现出象征性艺术精神。而在随后的历朝历代,象征性艺术精神也一直贯穿在中华民族文学艺术发展的历史进程中,成为华夏民族文学艺术史上永存的艺术精神之一。

总之,两周礼乐文化丰富发达,贯穿着一种象征性文化精神,受这种象征性文化精神的影响,其时的艺术上体现出一种象征性艺术精神,这种象征性艺术精神是中国早期的一种艺术精神,后来一直贯穿在中国的传统艺术当中,对后世的艺术精神影响很大。本书力图以文化诗学的研究方法,从跨学科的文化视野——主要是从巫术祭祀文化的角度,来还原这种象征性艺术精神存在的历史文化语境,把内部研究和外部研究结合起来,再现其发生、发展和演变的轨迹和路径,探讨其产生根源、性质、表现及其对后世的影响等,以便我们能更好地理解和把握两周礼乐文化中的象征性艺术精神的实质和概貌,并确立其在中国早期艺术精神中的地位、价值和作用。

主要参考文献

[1]（清）阮元校刻.十三经注疏[M].北京：中华书局影印,1980.

[2] 王文锦.礼记译解[M].北京：中华书局,2001.

[3] 黄怀信.大戴礼记汇校集注[M].西安：三秦出版社,2005.

[4] 杨伯峻.论语译注[M].北京：中华书局,1980.

[5] 杨伯峻.孟子译注[M].北京：中华书局,1960.

[6] 周振甫.周易译注[M].北京：中华书局,1991.

[7] 李民,王健.尚书译注[M].上海：上海古籍出版社,2004.

[8] 程俊英.诗经译注[M].上海：上海古籍出版社,2004.

[9] 李梦生.左传译注[M].上海：上海古籍出版社,2004.

[10]（清）王先谦.荀子集解[M].北京：中华书局,1988.

[11] 徐元诰.国语集解[M].北京：中华书局,2002.

[12] 黎翔凤.管子校注[M].北京：中华书局,2004.

[13]（汉）刘向.战国策[M].上海：上海古籍出版社,1985.

[14] 许维遹.吕氏春秋集释[M].北京：中国书店影印,1985.

[15] 杨伯峻.列子集释[M].北京：中华书局,1979.

[16] 何宁.淮南子集释[M].北京：中华书局,1998.

[17] 吴毓江.墨子校注[M].北京：中华书局,1993.

[18] 陈鼓应.庄子今注今译[M].北京:中华书局,1983.

[19] 朱谦之.老子集释[M].北京:中华书局,1984.

[20] 袁珂.山海经校注[M].成都:巴蜀书社,1993.

[21] (汉)许慎.说文解字[M].北京:中华书局,1963.

[22] (汉)司马迁.史记[M].北京:中华书局,1982.

[23] (汉)班固.汉书[M].北京:中华书局,1962.

[24] (唐)杜佑.通典(四)[M].王文锦等点校,北京:中华书局,1988.

[25] (元)马端临.文献通考(上册)[M].北京:中华书局,1986.

[26] 王国维.观堂集林[M].石家庄:河北教育出版社,2001.

[27] 陈梦家.殷墟卜辞综述[M].北京:中华书局,1988.

[28] 李安宅.《仪礼》与《礼记》之社会学的研究[M].上海:上海人民出版社,2005.

[29] 杨华.先秦礼乐文化[M].武汉:湖北教育出版社,1997.

[30] 沈文倬.宗周礼乐文明考论[C].杭州:浙江大学出版社,1999.

[31] 杨向奎.宗周社会与礼乐文明[M].北京:人民出版社,1997.

[32] 张岩.从部落文明到礼乐制度[M].上海:三联书店,2004.

[33] 陈戍国.先秦礼制研究[M].长沙:湖南教育出版社,1991.

[34] 勾承益.先秦礼学[M].成都:巴蜀书社,2002.

[35] 谢谦.中国古代宗教与礼乐文化[M].成都:四川人民出版社,1996.

[36] 刘丰.先秦礼学思想与社会的整合[M].北京:中国人

民大学出版社,2003.

[37] 柳肃.礼的精神——礼乐文化与中国政治[M].长春:吉林教育出版社,1990.

[38] 顾希佳.礼仪与中国文化[M].北京:人民出版社,2001.

[39] 彭林.礼乐人生[M].北京:中华书局,2006.

[40] 翁礼明.礼乐文化与诗学话语[M].成都:巴蜀书社,2007.

[41] 刘清河,李锐.先秦礼乐[M].台北:云龙出版社,1995.

[42] 顾颉刚.秦汉的方士与儒生[M].上海:上海古籍出版社,2005.

[43] 晁福林.先秦社会形态研究[M].北京:北京师范大学出版社,2003.

[44] 杨宽.古史新探[M].北京:中华书局,1965.

[45] 许倬云.西周史[M].北京:三联书店,1994.

[46] 翦伯赞.先秦史[M].北京:北京大学出版社,2001.

[47] 钱穆.秦汉史[M].北京:三联书店,2005.

[48] 徐复观.两汉思想史[M].上海:华东师范大学出版社,2001.

[49] 葛兆光.中国思想史(第一卷)[M].上海:复旦大学出版社,2001.

[50] 李泽厚.中国古代思想史论[M].天津:天津社会科学院出版社,2004.

[51] 郭沫若.奴隶制时代[M].北京:中国人民大学出版社,2005.

[52] 任继愈.中国哲学史[M].北京:人民出版社,1996.

[53] 徐复观.中国人性论史(先秦篇)[M].上海:上海三联书店,2001.

[54] 徐复观.中国艺术精神[M].上海:华东师范大学出版社,2001.

[55] 徐复观.中国文学精神[M].上海:上海书店出版社,2004.

[56] 顾祖钊.华夏原始文化与三元文学观念[M].北京:北京大学出版社,2005.

[57] 顾祖钊.艺术至境论[M].天津:百花文艺出版社,1992.

[58] 王培元,廖群.中国文学精神(先秦卷)[M].济南:山东教育出版社,2003.

[59] 张晓凌.中国原始艺术精神[M].重庆:重庆出版社,1992.

[60] 李达五.中国古代诗歌艺术精神[M].重庆:重庆出版社,2004.

[61] 陈松青.先秦两汉儒学与文学[M].长沙:湖南师范大学出版社,2004.

[62] 周卫东.先秦儒家文学思想研究[M].北京:中央编译出版社,2005.

[63] 陈来.古代宗教与伦理——儒家思想的根源[M].北京:三联书店,1996.

[64] 张蓉等.中国文化的艺术精神[M].西安:西安交通大学出版社,2001.

[65] 韩鹏杰等.华夏艺术历程[M].西安:西安交通大学出版社,2003.

[66] 居阅时,瞿明安.中国象征文化[M].上海:上海人民出版社,2001.

[67] 蒋凡,李笑野.天人之思——《周易》文化象征[M].成都:四川人民出版社,2007.

[68] 瞿明安,郑萍.沟通人神——中国祭祀文化象征[M].

成都:四川人民出版社,2005.

[69] 严云受,刘锋杰.文学象征论[M].合肥:安徽教育出版社,1995.

[70] 林兴宅.象征论文艺学导论[M].北京:人民文学出版社,1993.

[71] [法]茨维坦·托多罗夫.象征理论[M].王国卿译,北京:商务印书馆,2004.

[72] [英]杰克·特里锡德.象征之旅:符号及其意义[M].北京:中央编译出版社,2001.

[73] 刘锡诚.象征——对一种民间文化模式的考察[M].北京:学苑出版社,2002.

[74] 李春青.诗与意识形态[M].北京:北京大学出版社,2005.

[75] 翟廷晋.周易与华夏文明[M].上海:上海人民出版社,1998.

[76] 童庆炳.中国古代心理诗学与美学[M].北京:中华书局,1992.

[77] 詹锳.文心雕龙义证[M].上海:上海古籍出版社,1989.

[78] 郭绍虞.中国历代文论选[M].上海:上海古籍出版社,2001.

[79] 李壮鹰.覆瓿存稿[M].天津:百花文艺出版社,1995.

[80] 李壮鹰.逸园丛录[M].济南:齐鲁书社,2005.

[81] 张少康,卢永璘.先秦两汉文论选[M].北京:人民文学出版社,1996.

[82] 张少康,刘三富.中国文学理论批评发展史[M].北京:北京大学出版社,1995.

[83] 郭绍虞.中国文学批评史[M].天津:百花文艺出版社,1999.

[84] 廖群.中国审美文化史(先秦卷)[M].济南:山东画报出版社,2000.

[85] 敏泽.中国美学思想史[M].济南:齐鲁书社,1987.

[86] 叶朗.中国美学史大纲[M].上海:上海人民出版社,1985.

[87] 彭亚非.华夏审美风尚史(第二卷)[M].郑州:河南人民出版社,2000.

[88] 李泽厚,刘纲纪.中国美学史(先秦两汉编)[M].合肥:安徽文艺出版社,1999.

[89] 吴功正.六朝美学史[M].南京:江苏美术出版社,1996.

[90] 吴功正.唐代美学史[M].西安:陕西师范大学出版社,2000.

[91] 李泽厚.美学三书[M].合肥:安徽文艺出版社,1999.

[92] 何永康.红楼美学[M].太原:北岳文艺出版社,1994.

[93] 何永康.小说艺术论稿[M].南京:河海大学出版社,1981.

[94] 吴功正.中国文学美学[M].南京:江苏教育出版社,2001.

[95] [德]黑格尔.美学[M].朱光潜译,北京:商务印书馆,1979.

[96] [英]詹·乔·弗雷泽.金枝:巫术与宗教之研究[M].徐育新,汪培基等译,北京:中国民间文艺出版社,1987.

[97] [英]爱德华·泰勒.人类学:人及其文化研究[M].连树声译,桂林:广西师范大学出版社,2004.

[98] 刘源.商周祭祖礼研究[M].北京:商务印书馆,2004.

[99] 薛艺兵.神圣的娱乐:中国民间祭祀仪式及其音乐的人类学研究[M].北京:宗教文化出版社,2003.

[100] 林惠祥.文化人类学[M].北京:商务印书馆,1991.

[101] 郭沫若.青铜时代[M].北京:中国人民大学出版社,2005.

[102] 张光直.中国青铜时代[M].北京:三联书店,1999.

[103] 张光直.美术、神话与祭祀[M].沈阳:辽宁教育出版社,2002.

[104] 马承源.中国古代青铜器[M].上海:上海人民出版社,1982.

[105] 邹衡.夏商周考古学论文集[C].北京:文物出版社,1980.

[106] 朱凤瀚.古代中国青铜器[M].天津:南开大学出版社,1995.

[107] 李泽奉,刘如仲.铜器鉴赏与收藏[M].长春:吉林科学技术出版社,1994.

[108] 邓乔彬.古代文艺的文化观照[M].上海:上海教育出版社,2003.

[109] [德]格罗塞.艺术的起源[M].蔡慕晖译,北京:商务印书馆,1984.

[110] 朱狄.艺术的起源[M].北京:中国青年出版社,1999.

[111] 朱志荣.商代审美意识研究[M].北京:人民出版社,2002.

[112] 谢崇安.商周艺术[M].成都:巴蜀书社,1997.

[113] 于民.春秋前审美观念的发展[M].北京:中华书局,1984.

[114] 修海林.古乐的沉浮[M].济南:山东文艺出版社,1989.

[115] [美]弗朗兹·博厄斯.原始艺术[M].金辉译,刘乃元校,上海:上海文艺出版社,1989.

[116] 谢崇安.中国史前艺术[M].海口:三环出版

社,1990.

[117] 刘锡诚.中国原始艺术[M].上海:上海文艺出版社,1998.

[118] 吴诗池.中国原始艺术[M].北京:紫禁城出版社,1996.

[119] 马学良,梁庭望,张公瑾.中国少数民族文学史(上)[M].北京:中央民族学院出版社,1992.

后　记

　　中华民族有着悠久的历史、灿烂的艺术文化。大约在公元前十一世纪,我国历史进入"三代"时期的周代。周代是我国奴隶制社会达到了鼎盛并由鼎盛走向衰落,由奴隶制开始转向封建制的重要转型时代。赫赫宗周,辉煌文明,最为后人称道的是其礼乐文化。周代的礼乐文化渗透在当时的国家政治和社会生活各个方面(如政治、外交、朝聘、祭祀、丧葬、庆典、宴饮等)。礼乐既是社会制度,承担着维护周代贵族统治和社会稳定的重任;又是道德规范,约束着全体社会成员,维护君、臣、父、子的纲常伦理。而贯穿于礼乐文化的核心精神即是一种象征性文化精神。受此影响,两周礼乐文化中的艺术也体现出一种象征性艺术精神。它是中国的元艺术精神,一直贯穿在中国传统的艺术中,影响很大,其根源可以追溯到两周的礼乐文化,甚至更早。对此研究,很有学术必要和意义。

　　早在读硕士学位期间,我就对中国上古时期的文化艺术感兴趣,关注过先秦儒家的象征艺术观。攻读博士学位期间,我以"周代礼乐文化中的中国早期艺术精神"为研究课题,也思考过周代礼乐文化中的象征性艺术精神,并在博士论文中稍有涉及,但没有深入研究。在博士后研究工作期间,我终于把两周礼乐文化的象征性艺术精神及其对后世的影响,作为研究课题进行深入探讨和研究。这本拙著就是在博士后出站报告的基础上加以修改而成的。拙著略陈了我的一些思考和拙见,还有许多不妥之处,恳请诸学者和专家提出宝贵的意见。

在这本拙著的写作和修改中,我得到了诸多恩师的教诲和指导,从北京师范大学文艺学中心的诸位先生到南京师范大学中国语言文学博士后流动站的诸位导师,都对我的学术研究提出殷切的期望和悉心的指导。我在拙著的写作中,还请教了安徽大学的诸位硕士生导师以及多位同门师兄弟。他们给了我无私的帮助和关爱。这份师生、同门情谊是我生命中最珍贵的精神财富。在此向他们一并表示真诚的谢意。我还要感谢我的家人,是她们的理解、宽容与支持,使我能够追寻着自己的梦想,个中的乐与苦、喜与痛、欣慰与愧疚,只有自己才能深切体味。

本拙著在写作过程中,曾以各种方式参考或引用了相关文献资料与研究成果以及图片资料等,在此向有关作者表示诚挚的谢意。全国博士后管理委员会和南京师范大学的博士后研究工作相关部门提供了科研资助和工作条件;安徽大学出版社提供了出版机会;巢湖学院及学院省级"中国古代文学教学团队"分别提供了出版资助,以及诸多一直关心我、支持我的领导、同仁与朋友,在此也一并表示真诚的感谢。

褚春元记于 2016 年 5 月 15 日